数字化背景下企业财务经济管理研究

朱文波　张玉娟　何　碧　著

东北林业大学出版社
Northeast Forestry University Press
·哈尔滨·

图书在版编目（CIP）数据

数字化背景下企业财务经济管理研究 / 朱文波, 张玉娟, 何碧著. -- 哈尔滨 : 东北林业大学出版社, 2023.7

ISBN978-7-5674-3283-3

Ⅰ.①数⋯ Ⅱ.①朱⋯ ②张⋯ ③何⋯ Ⅲ.①企业管理－经济管理－研究 Ⅳ.①F272

中国国家版本馆CIP数据核字(2023)第144725号

责任编辑: 姚大彬

封面设计: 郭　婷

出版发行: 东北林业大学出版社

　　　　　　（哈尔滨市香坊区哈平六道街 6 号　邮编: 15 0040)

印　　装: 北京四海锦诚印刷技术有限公司

开　　本: 787 mm×1092 mm　1/16

印　　张: 19.25

字　　数: 448千字

版　　次: 2023 年 7 月第 1 版

印　　次: 2024 年 4 月第 1 次印刷

书　　号: ISBN　978-7-5674-3283-3

定　　价: 95.00元

前　言

　　进入 21 世纪以来，互联网的普及率日益提升，大数据、云计算、物联网等技术迅速发展，并渗透于现代企业的运营与管理之中，进而推动了数字经济的发展，促进了企业业务流程与内部管理的重构。在数字化背景下，企业想要在激烈的市场竞争当中获取更大的发展空间，必然需要利用数字化技术武装自己，尤其是作为企业管理核心的财务管理工作，一定要及时采取有效措施进行管理模式的全面优化与创新，通过采取管理工作的数字化转型以壮大企业综合发展实力，从而提高企业对于各种风险的识别与抵御能力，在行业市场中抢占更多市场份额，为企业自身的长效、稳定，高质量发展奠定更加稳固的基础。

　　财务管理是企业管理体系中的关键组成部分，凭借专业技能以及知识结构，为企业日常运营以及管理提供有价值的参考依据，简单来看，财务管理是企业日常运营管理中的重要基础，但财务管理并不是一项独立活动，更不能让财务信息变成孤岛信息，财务信息只有与其他信息充分结合，才能发挥价值。总而言之，作为企业及其经营管理者，要积极应用数字化信息技术手段推进财务管理工作模式的转型、优化和升级；而企业财务管理转型工作所涉及的内容繁重复杂、任务巨大，属于一项系统性的管理工程，企业一定要未雨绸缪做好财务管理转型工作总体规划，有序落实，以充分发挥数字化财务管理模式的重要价值，不断提升企业经营管理水平；要通过对企业财务管理工作的转型、革新和优化，保证企业业务正常运营，促进企业管理现代化，从而为实现健康、稳定、高质量发展的企业目标提供坚实基础和强大保障。

本书以数字化时代与数字经济时代的概念为入口展开论述，同时明确了数字化背景下的财务共享运营及其信息系统，接下来阐述了企业投资管理、资产管理、资本管理等，随即分析了在数字化背景下的财务建设助力企业价值提升与企业财务智能化转型，最后提出数字化背景下的企业财务信息化规划与创新，希望能够以此为推进我国企业管理现代化提供一定助力。

本书由潍坊工商职业学院（潍坊市经济学校）朱文波、郑州经贸学院张玉娟、广州珠江职业技术学院何碧等著，具体分工如下：朱文波负责第一章至第四章、第八章（共计17.2万字），张玉娟负责第五章和第六章、第九章（共计17.1万字），何碧负责第七章（共计10.5万字）。朱文波负责全书的统稿和修改。

目 录

第一章 数字化时代与数字经济时代

第一节 数字化时代

一、计算机、数字化与数字化时代

（一）计算机

从人类有意识地制造出第一件劳动工具以来的千万年里，艺术设计的行为始终贯穿在人类发展历史的每一个环节里，并且随着时代和文明的发展，不断地有更合适的艺术表现形式来创造更符合人类社会发展需要的艺术作品。

旧石器时代的原始人为了满足生存和生活的需要，自发地在自然界中寻找工具和武器，并逐步发展到有意识、有目的地挑选石块，进行简单的加工，打磨成器，作为敲、砸、刮、割的工具，这就是人类最初的设计作品。这些设计作品完全是从功能目的的角度出发的，自然谈不上对美的追求，所以还不能确切地称其为艺术设计。

进入新石器时代以后，人们的设计创造能力在无数次的实践中得到了提高，根据功能需要设计创造各种石器工具成为可能；人们对形式感的把握和造型的能力逐渐提高，人们的审美意识也得到了初步的启蒙和发展，发现并掌握了诸如对称、节奏等多种形式美的规律，并自觉地应用于设计活动中。从纯功能性设计到对美的设计的自觉追求，完成了由功能设计向艺术设计的巨大飞跃。在随后的千万年里。由于生产力的发展、生产关系的变革、社会形态的进步以及人类文明的积累的影响和推动，新的艺术设计表现形式不断涌现。从我国的陶器、青铜器、唐三彩、园林、家具到西方的建筑和工业产品，艺术设计以多姿多彩的形式满足了人们对功能的需求，体现了人们对美的追求。在此期间，数字化的概念已有迹可寻，从我国古代的"太极生两仪，两仪生四象，四象生八卦"，及"一生二，二生三，三生万物"到西方近代的蒙特里安的"数理美学"，都是人们对数字化最原始的概念和探索。计算机的出现使得这种概念转化为理论和方法，并直接导致了数字化艺术设计的出现。

计算机的出现无论是在人类的科技史还是艺术史上都是一座划时代的里程碑，它使得人类生产的对象从有形的物质转为无形的电子，信息的处理和交流成为人们新时代里生活的主要内容。

计算机的出现对人类的影响和意义是超出想象的，人类从此进入数字化时代。设计计算机的最初目的是使之成为处理抽象符号的数学工具，直到加上显示器运行之后，人们才能看到计算结果。这种视觉的、而不是书写的结果，导致了电子图像的产生，最终成为一种新的艺术表达形式。

（二）数字化

对于数字化的定义，《百度百科》中有两种解释。解释一：数字化就是将许多复杂多变的信息转变为可以度量的数字、数据，再以这些数字、数据建立起适当的数字化模型，把它们转变为一系列二进制代码，引入计算机内部，进行统一处理，这就是数字化的基本过程。解释二：数字化将任何连续变化的输入如图画的线条或声音信号转化为一串分离的单元，在计算机中用0和1表示。通常用模数转换器执行这个转换。从以上两种解释中，我们不难看出，数字化都和计算机技术信息技术离不开。

当今时代是信息化时代，而信息的数字化也越来越为研究人员所重视。早在40年代，香农（Shannon）证明了采样定理，即在一定条件下，用离散的序列可以完全代表一个连续函数。就实质而言，采样定理为数字化技术奠定了重要基础。

英文digit译成"数字"是中国大陆的译法。最开始是不是由原信产部的研究所科研人员这样译出，尚不可考，愿有心有力者相助查寻。但在媒体（这很重要，大多数新生词汇，都要经过媒体而不是学校打开自己的生存空间）那里被普遍认可并得以广泛传播的，莫过于《数字化生存》（Being Digital，尼葛洛庞帝著，海南出版社出版，胡泳、范海燕译），在这本书里，digital被译为"数字化"。

数字化技术的重要性至少可以体现在以下几个方面:

数字化是数字计算机的基础:若没有数字化技术,就没有当今的计算机,因为数字计算机的一切运算和功能都是用数字来完成的。

数字化是多媒体技术的基础:数字、文字、图像、语音,包括虚拟现实,及可视世界的各种信息等,实际上通过采样定理都可以用 0 和 1 来表示,这样数字化以后的 0 和 1 就是各种信息最基本、最简单的表示。因此计算机不仅可以计算,还可以发出声音、打电话、发传真、放录像、看电影,这就是因为 0 和 1 可以表示这种多媒体的形象。用 0 和 1 还可以产生虚拟的房子,因此用数字媒体就可以代表各种媒体,就可以描述千差万别的现实世界。

数字化是软件技术的基础,是智能技术的基础:软件中的系统软件、工具软件、应用软件等,信号处理技术中的数字滤波、编码、加密、解压缩等等都是基于数字化实现的。例如图像的数据量很大,数字化后可以将数据压缩至 10 到几百倍;图像受到干扰变得模糊,可以用滤波技术使其变得清晰。这些都是经过数字化处理后所得到的结果。

数字化是信息社会的技术基础:数字化技术还正在引发一场范围广泛的产品革命,各种家用电器设备,信息处理设备都将向数字化方向变化。如数字电视、数字广播、数字电影、DVD 等等,现在通信网络也向数字化方向发展。

数字化是信息社会的技术基础,有人把信息社会的经济说成是数字经济,这足以证明数字化对社会的影响有多么重大。

(三)数字化时代

数字化时代就是利用数字化产生的特点技术应用于我们生活的各个角落,及数字化的发展普及到了生活中的方方面面。也就是我们常说的运用计算机将我们生活中的信息转化为 0 和 1 的过程,是指信息领域的数字技术向人类生活各个领域全面推进的过程。其中通信领域包括大众传播领域内的传播技术手段以数字制式全面替代传统模拟制式的转变过程。数字化时代是一个伟大的时代,尤其是在我们的传媒领域通过计算机存储、处理和传播的我们的信息得到了最大速度的推广和传播,数字技术已经成为当代各类传媒的核心技术和普遍技术。数字化时代的本质与特点就是开放、兼容与共享。

二、数字化技术的时代限度

（一）数字化技术的限度

数字化技术正在深入到我们日常生活的每一个角落，它不仅改变了我们原有的生存和发展模式，也改变了我们对世界的一些认知图式和价值判断方式。但是，由数字化技术所开创的数码印刷24、数字艺术等种种应用成果，其功能并不是无限的，"数字化技术"本身也具有其历史和现实的局限性。

数字化不仅是指数学和物理学的特有范畴，它表现为从熵到人、从物质到精神的一切领域。世界之间的"数字化关联"不可能仅仅停留在数字、物理学所截取的层次上，如果我们的认识只限定于信息技术意义上的数字，就会忽视数字与实物、精神之间联系的历史性、客观性。一旦人们对数字孤立化理解，就会忽略道德精神、美学修养、崇高理性、个性自由的价值与意义，就会变成单纯数字化的奴隶。

在以数字化为中介所构建的技术整合体系中，数字化成为所有社会领域的主要概念，它已经向各个领域进行渗透，甚至成为支配诸多领域的重要机制。通过遗传密码的数字化可以控制生命；计算机网络信息的数字程序设计和传输手段可以筛选和过滤各种信息；一切社会资源与自然资源，通过规则、口令、符号等标准化的数字处理，可以塑造出一个数字控制的世界。但是，数字化技术的特性仍然具有自身的限度。

首先，数字化不仅是科学技术，而且是一种"辅人技术"。虽然数字化可以塑造出人们数字化生存的整体氛围，但它并不可能孤立地发挥作用，而必须是与人类的原有成果进行联结，从而突破部分（特定）人、部分（特定）地区限制知识与文化的状态。从这个意义上来说，数字化的本质应是辅人的技术，不必将其神秘化。这是把握"数字化"限度的关键。

毕竟人类要依靠自身五官的能力了解世界还需要经过若干阶段，人们还要在掌握某个专业知识的基础上学会使用计算机，学会采集音视频，学会制作网页，等等。数字化世界的人文生态，本质上也是为适应人类在数字化世界交往的需要而提出来的。

其次，数字化技术是一种重要的"社会技术"。数字化具有高参与性，它使每个人在网上进入"自由交往"的门槛都非常低，它不再是远离我们生存的外在技术形态，它的存在本身就构成了我们的生存方式与实践交往方式。人们的数字化生存是以虚拟的时空结构、组织方式、交往方式加以展开的，数字经济、数字政治、数字文化等成为数字化得以展开的社会场景和具体条件。正是数字化的社会性，决定了它不能仅仅停留于虚拟的分析、虚拟世界的漫游，它与个人成长、社会安定、经济发展密切相关，必须诉诸行之有效的人文素质教育和社会保障制度建设等。我们在肯定数字化世界对"社会人"生存与发展的价值的同时，还应珍视人类这一新的交往时空、交往天地，不断加强"社会人"的人文教育，提升"社会人"的人文素质，培育"社会人"的人文精神，以更好地构建适应人类生存与交往的"数字人文社会"，并使之与现实的"人文社会"形成良好的互动。

最后，数字化也是一种"人文技术"。数字化是"高技术与高人文"相互融合的产物，如果仅仅强调其中的一方面，而忽视另一方面，就会降低数字化变革所具有的整体意义。数字化作为技术选择和进步的产物，本身就包含了历史人文价值的选择因素，技术发展越快，人文价值的选择性也就越强。可以说：数字化时代是愈加承受个体与群体选择的时代。因此，从技术角度探索数字化的时代限度，就是认识数字化对于传统技术观的超越问题，要走出一条技术逻辑与人文逻辑相协调发展的道路，需要逐步消除数字化本身的技术鸿沟和数字化与人文价值的鸿沟。

数字化的技术限度反映出技术时代的限度问题。数字化将所有知识、技能、规则、标准、程序的个性特征加以模糊，尽管统一的测量与转化是一种提升，但同时也可能是一种对所有事物原始价值和意义的脱离，数字化的程序和关联只能是人为的改造和反映而已，不可能测试出组织的功效、文化的价值和生命的意义，它所揭示出的只是事件—关系—信息的一个新维度而已。

（二）数字化技术的自由限度

"自由"是衡量现代文明程度的一个关键术语。人对于自由的向往和追求成为社会发展的持久动力。如今，数字化技术广泛地拓展了人类想象力的自由，它从逻辑上实现了自由的四种价值：①促成个人自我价值的实现；②拓展自由空间的一种手段；③保证社会成员参与社会的一种方式；④维持社会实体与虚拟之间的平衡。但是，我们也要看到这种数字化自由本身所具有的"单向"和"匮乏"，在单向度的、虚拟的信息面前，所有的"自由和独立"并不具有改造世界的价值。数字化技术的自由也是有限度的并不断面临一些发展中的难题。

第一个是数字化的控制难题。处于数字化时代，通过数字化逻辑机制的参与，人们对公共事件、公共议题讨论、辩论及投票的权利会逐步增加，分布式、交互式的无数个节点的自由网络，成为数字化时代自由选择的象征和主要内容。但这种自由涉及用途最广泛的 Internet 协议服务。文件传送协议是数字化接受、输录、传送文件的基础性规定和服务，如果没有被正式授权或符合协议的要求，人们就不能自由进入，这是数字化社会控制的主要方式和内容。控制病毒、截取垃圾信息往往与各种自由紧密结合在一起。这样现代社会生活的过程和后果就被转化为各种"数字化事件"和"数字化现象"，使整齐划一的数字化场域塑造出被控制的新现实。

第二个是数字化的共享悖论的问题。营造平等、公正、诚信等的数字化环境和秩序，是数字化自由的应有之义，但从现有的数字化实践来看，它有可能沦为技术上的强者独享特权的借口。掌握和控制数字化的群体 Knows 和不占有信息的属体 Knows nots 已经成为现实社会的两大阶层。现在通行的数字化"自由秩序"有时只是单向度执行某种约定，或只是单向度地照顾技术上的弱者，它们总是有意无意地令 Knows 受益，而令 Knows nots 受损。因此，数字化的自由本身具有明显的现实限度，理想的自由空间并不能掩饰现实生活中的数字困乏与信息过剩之间的矛盾。

因此，数字化的自由限度反映出数字化循环的简单逻辑。数字化生成机制的连续循环逻辑，是将一切转化为控制程序所设定的信息，而程序本身的意义与价值却被忽视，原有世界的复杂意义被程序过滤得井井有条，而复杂性问题本身却日渐被遗忘。从自由发展的维度看数字化的时代限度问题，实质上是一个技术发展的限度与人的全面发展的问题，只有站在历史辩证发展的角度才能破除对于数字化自由的盲目迷信。

（三）数字化技术的自然限度

在回归自然和感性变革的呼声中，数字化由于塑造出了一个虚拟的"自然现实"而被远离自然又向往自然的人们所推崇。我们认为这种"自然式"的数字现实突出了数字化的感性价值，但"数字化的自然"依然具有其局限性，一旦从纯粹的数字世界返回现实世界，其冲突的程度不但不会减少，相反会有进一步增多的趋势。

首先，数字化所塑造出的"自然状态"是一种虚拟的状态。由于自然状态是人类梦想的地方，所以数字化的自然性取消了实物占有的等级性、狭隘性，任何参与者都可以根据不同利益、兴趣、爱好和见解构造自己的"自然状态"。因此，数字化重新塑造出一种新的可以亲身经历的自然状态，它是一种人性最为真实的表达。但是，人不可能转化为"无名"，被隐藏的名字与虚拟的名字之间的张力始终存在，虽然"自然状态"表现出人类"去文明"幻想，但这种"自然"是一种文明的"反面"，并不是真正的自然。

其次，数字化逻辑与自然逻辑的偏离。传统社会（包括工业社会）立足于自然物质世界的时间、空间体系之中，人直接属于自然界的一部分，表现出人对自然环境的依赖性。数字化社会则立足于超越物理时空的结构体系之中，它不是自然存在之物，而是对于自然力的某种截取和控制。数字化的显现、配置、占有等成为自然"数字化整形"的内在形式：数字化是一个本身封闭的循环，它以数字化的循环代替了自然界自在的循环系统，尽管数字化已经打破了机器时代僵化的逻辑控制，表现出更多的想象力和创造性，"自然"拥有更多的地位，但是"数字化自然"依然具有简单复制的特征，自然自身的复杂性并不能由数字清晰的画面完全表现。

再次，"数字丛林"与社会化的背离。在数字化社会中，实践活动的方式主要是用计算机网络虚拟，人的数字关系是一种社会关系还是一种自然关系很难确定，数字化个人之间的直接交往、言谈举止都被转换成二进制的语言，人的音容笑貌以数字化字符的方式在屏幕上传播，人与人之间的"自然交流"越来越少，自然意义上的各种群体纽带越来越松弛。

可以说，数字化在一定程度上左右着自然与人类的亲和程度及其亲密方式，数字化的转换和测量成为我们认识自然、改造自然的一种越来越重要的方式。但是无论数字化的技术如何先进，我们时刻都要警醒数字化技术的自然限度问题，为数字化社会扩张划界，从数字化技术比较封闭循环的逻辑中走出来，重新思考人与自然的和谐。数字化技术的"真理性与真实性"，无论如何不能替代原件的复杂性问题，原件的自然性一定是超越数字化技术的。

综合这里所述内容，我们的初步结论是：从数字化技术发展的趋势来看，"技术""自由""自然"已经成为现代社会的三个关键词，从这三个纬度去探索"数字化的时代限度"问题，对于我们科学合理地借助数字化技术进行创造性的工作是具有积极意义的。

数字化时代的到来，仅仅是人类社会发展的一个阶段而已。数字化技术的发展，具有自身的时代限度，其凸显的是价值选择的内在决定作用，每一种数字化现象都隐含着人与人之间价值选择的新型关系与机制。数字化时代的真实不是"数字化物"的总和，它的关键部分是人，而不是物；人们一旦将数字化技术等同于"数字编码和解码"的过程，就等于取消了自身在数字化技术中的主体价值地位，也必然将数字化技术的发展引向其终结处。

数字化时代的真正价值就在于其超越性，在于其为更多的可能性和差异性留下发展的空间。我们对数字化时代限度的考察带来的不是答案，而是更多的思考，在数字化技术改变了我们生活态度和艺术态度的同时，我们也将改变数字化世界本身。

第二节 数字经济时代

当前，全球正处于新一轮科技革命和产业变革突破爆发的历史交汇期，新一代信息通信技术和人类生产生活交汇融合，成为引领创新和驱动转型的先导力量，正在加速重构全球经济的新版图。

一、数字经济的相关概念

数字经济是继农业经济、工业经济之后的一种新的经济社会发展形态。人们对数字经济的认识是一个不断深化的过程。在众多关于数字经济的定义中，以 2016 年 G20 杭州峰会发布的《二十国集团数字经济发展与合作倡议》最具代表性。该倡议认为，数字经济是指以使用数字化的知识和信息作为关键生产要素、以现代信息网络作为重要载体、以信息通信技术（ICT）的有效使用作为效率提升和经济结构优化的重要推动力的一系列经济活动。

随着数字经济的深入发展，其内涵和外延不断演化。根据现行的国民经济行业分类和统计制度，准确界定数字经济并不是一件容易的事情。其中，计算机制造、通信设备制造、电子设备制造、电信、广播电视和卫星传输服务、软件和信息技术服务等行业是数字经济的基础产业，互联网零售、互联网和相关服务等是架构于数字化之上的行业，可看作数字经济范畴。数字经济难以准确界定的另一个原因在于它是融合性经济。其他行业因信息通信技术的应用与向数字化转型所带来的产出增加和效率提升，是数字经济的主体部分，在数字经济中所占比重越来越高。这部分却更难以准确衡量。

实际上，数字经济是一个阶段性的概念。互联网将成为像水和电一样的生态要素渗透到各行各业，渗透到经济社会活动的各个环节，对国民经济的促进作用将不断得到释放。届时，将不会有数字经济的提法，就像现在没有企业认为自己是一家用电的企业一样。

（一）数字经济概念历史沿革

信息通信技术持续创新、融合扩散、引领转型的过程，也是人们对信息经济内涵外延认识不断深化的过程：从 1962 年马克卢普提出"知识产业"，到 1977 年波拉特提出"信息经济"；从 1996 年 OECD（经济合作与发展组织）提出"以知识为基础的经济"，到世纪之交"数字经济""网络经济""虚拟经济""互联网经济"等新概念涌现，无不反映了人们对信息化新实践的新理解和新认识。

1996 年美国学者泰普斯科特在《数字经济时代》中正式提出数字经济概念，1998 年、1999 年、2000 年美国商务部先后出版了名为《浮现中的数字经济》（Ⅰ，Ⅱ）和《数字经济》的研究报告。联合国、欧盟、美国、英国等国际组织和国家纷纷提出了数字经济、信息经济、网络经济的新概念，不同国家对数字经济内涵外延认识的共同点是，把信息通信技术产业作为数字经济的内核，差异在于信息通信技术（ICT）与传统经济融合的深度和广度。

（二）数字经济定义与内涵

半个世纪以来，国际社会围绕信息通信技术的创新、扩散、应用及带来的影响提出了知识经济、网络经济、数字经济、信息经济、互联网经济等一系列新概念，都试图描述新一代信息通信技术与经济社会变革，随着技术演进和认识深化，数字经济成为国际社会发展的共识。信息经济与数字经济的内涵和外延大体一致，根据当前国际国内关于信息化和经济转型发展的共识，中国信息化百人会认为数字经济是全社会基于数据资源开发利用形成的经济总和。在这个定义中，数据是一切比特化的事物，是与物质、能量相并列的人类赖以利用的基本生产要素之一。数据资源开发利用是为了服务于人类经济社会发展而进行的数据产生、采集、编码、存储、传输、搜索、处理、使用等一切行为及支持这些行为的ICT制造、服务与集成。

数字经济是以数字化信息为关键资源，以信息网络为依托，通过信息通信技术与其他领域紧密融合，形成了五个层次和类型。

第一，以信息产业为主的基础型数字经济层。基础型数字经济主要体现为信息产品和信息服务的生产和供给，主要包括电子信息制造业、信息通信业和软件服务业等。

第二，以信息资本投入传统产业而形成的融合型数字经济层。信息通信技术的持续创新发展，推动了信息采集、传输、存储、处理等信息设备不断融入传统产业的生产、销售、流通、服务等各个环节，形成了新的生产组织方式，带来了更多的产出。

第三，体现信息通信技术带来全要素生产率提高的效率型数字经济层。效率型数字经济是指因信息通信技术的使用带来全要素生产率的提高而增加的经济总量部分。

第四，以新产品新业态形式出现的新生型数字经济层。信息通信技术与传统产业融合不断催生出新技术、新产品、新模式，并形成了富有创新活力和发展潜力的新产业，即新生型数字经济。

第五，产生社会正外部效应的福利型数字经济层。信息通信技术在经济社会领域的普及推广，带来了更多的社会信任、更高的公共安全和更广的社会参与等潜在的社会福利，即福利型数字经济。

二、数字经济的特征和属性

（一）数字经济的特征

1. 数据成为驱动经济发展的关键生产要素

随着移动互联网和物联网的蓬勃发展，人与人、人与物、物与物的互联互通得以实现，数据量呈爆发式增长。全球数据增速符合大数据摩尔定律，大约每两年翻一番。庞大的数据量及其处理和应用需求催生了大数据概念，数据日益成为重要的战略资产。数据资源将是企业的核心实力，谁掌握了数据，谁就具备了优势。对国家也是如此。

如同农业时代的土地和劳动力、工业时代的技术和资本一样，数据已成为数字经济时代的生产要素，而且是最为关键的生产要素。数据驱动型创新正在向科技研发、经济社会等各个领域扩展，成为国家创新发展的关键形式和重要方向。

2. 数字基础设施成为新的基础设施

在工业经济时代，经济活动架构在以"铁公机"（铁路、公路和机场）为代表的物理基础设施之上。数字技术出现后，网络和云计算成为必要的信息基础设施。随着数字经济的发展，数字基础设施的概念变得更广泛，既包括宽带、无线网络等信息基础设施，也包括对传统物理基础设施的数字化改造，如安装了传感器的自来水总管、数字化停车系统、数字化交通系统等。这两类基础设施共同为数字经济发展提供了必要的基础条件，推动工业时代以"砖和水泥"为代表的基础设施转向以"光和芯片"为代表的数字时代基础设施。

3. 数字素养成为对劳动者和消费者的新要求

农业经济和工业经济，对多数消费者的文化素养基本没有要求；对劳动者的文化素养虽然有一定要求，但往往局限于某些职业和岗位。然而在数字经济条件下，数字素养成为劳动者和消费者都应具备的重要能力。

随着数字技术向各领域渗透，劳动者越来越需要具有双重技能——数字技能和专业技能。具有较高的数字素养成为劳动者在就业市场胜出的重要因素。

对消费者而言,若不具备基本的数字素养,将无法正确地运用数字化产品和服务,而成为数字时代的"文盲"。

因此,数字素养是数字时代的基本人权,是与听、说、读、写同等重要的基本能力。提高数字素养既有利于数字消费,也有利于数字生产,是数字经济发展的关键要素和重要基础。

4. 供给和需求的界限日益模糊

传统经济活动严格划分了供给侧和需求侧,一个经济行为的供给方和需求方界限非常清晰。但是,随着数字经济的发展,供给方和需求方的界限日益模糊,逐渐成为融合的"产消者"。

在供给方面,许多行业中涌现出新的技术,能够在提供产品和服务的过程中充分考虑用户需求,不仅创造了满足现有需求的全新方式,也改变了行业价值链。例如,很多企业通过大数据技术挖掘用户需求,有针对性地设计产品、开发影视作品和图书作品等。公共服务的提供也是如此,政府通过听取民众意见,及时了解经济社会数据,进行科学决策、精准施策。相应的,在需求方面也出现了重大变化,透明度增加、消费者参与和消费新模式的出现,使公司不得不改变原来的设计、推广和交付方式。

5. 人类社会、网络世界和物理世界日益融合

随着数字技术的发展,网络世界不再仅仅是物理世界的虚拟映象,而是真正进化为人类社会的新天地,成为人类新的生存空间。同时,数字技术与物理世界的融合,也使得现实物理世界的发展速度向网络世界靠近,人类社会的发展速度将呈指数级增长。网络世界和物理世界融合主要是靠信息系统和物理系统的统一体信息物理系统(CPS)实现的。信息物理系统是一个结合了计算领域和传感器、致动器装置的整合控制系统,包含了无处不在的环境感知、嵌入式系统、网络通信和网络控制等系统工程,使我们身边的各种物体具有计算、通信、精确控制、远程协作和自组织功能,使计算能力与物理系统紧密结合与协调。

在此基础上,随着人工智能、VR(虚拟现实)、AR(增强现实)等技术的发展,又出现了"人机物"融合的信息物理生物系统(CPHS),这一系统改变了人类和物理世界的交互方式,更强调人机互动,强调机器和人类的有机协作。

信息物理生物系统推动物理世界、网络世界和人类社会之间的界限逐渐消失，构成一个互联互通的新世界。

（二）数字经济的属性

信息通信技术的蓬勃发展带来了快速、复杂、多变的经济社会转型方向、规律、特征、路径和模式的多元化认识，带来了社会各界对数字经济达成共识的挑战。

1. 数字经济是继农业经济、工业经济之后的更高级经济阶段

作为人类历史上第三经济形态，数字经济具有鲜明的时代特征，信息的零边际生成成本、复制无差异性、即时传播等特征颠覆了物质、能量要素的独占性、排他性，随之也颠覆了农业经济和工业经济的一些固有经济理念。数字经济与农业经济、工业经济的基本差异在于，从生产要素来看，相对农业社会的土地、工业社会的资本和能源，数字化的知识和信息上升为关键生产要素。从生产工具来看，传统工业经济中的电动机和制造装备等能量转换工具，被信息所改造，成为具有感知、传输、处理、执行能力的智能工具，以及智能工具组合而成的智能制造生态系统。从基础设施来看，在数字经济中除了传统的铁路、公路等交通基础设施外，宽带、泛在、融合的网络基础设施成为经济社会运行不可或缺的重要支撑。

2. 普惠性是数字经济发展的根本特性

数字经济中开放、包容、协作、共享、共赢等特征不断凸显，其共同交集是普惠性让更多的人受益，确保人人都能从数字经济的发展和带来的机遇中受益。数字经济的充裕性、无所不在的互联性给人类带来的财富和福利的增长及潜力毋庸置疑，更重要的是这些财富和福利的增长将惠及更多的人群。数字经济借助时空压缩之功，尽可能地兼顾每个人，给每个人的全面发展提供比历史上任何一个时期都要大的自由度。数字经济能够让每个人享受更多的健康、自由和幸福。

3. 数字经济可预见的趋势是泛在连接与全面智能化的叠加

伴随着传感、传输、处理、存储等新技术持续创新和扩散，数字经济已经跨越了 ICT 的简单应用、局部融合，正在迈向全面渗透、加速融合、深度集成

的新阶段。未来，无所不在的感知需要无所不在的连接，无所不在的连接带来无所不在的数据，当感知、连接、数据、计算无所不在的时候，就意味着无所不在的智能，产品、装备、生产、服务、管理的智能化迈向新阶段。泛在连接和全面智能化的时代必将到来，泛在互联将使"时间一空间"物理世界、信息空间和"人的网络"三者高度融合，并将带来人类生活、娱乐智能化，催生新的物质世界、精神家园和文明形态。

4. 数字经济发展的中国经验既独特又具有普适意义

数字经济发展的中国经验具有独特性，同时又对发展中国家具有普遍的借鉴意义。在发展中国家发展数字经济，可能出现越落后越"革命"的逆袭。中国在面向个人的电子商务、移动支付、分享经济等领域有可能率先走到世界的前列，成为带动整个数字经济发展的先遣部队。我们看到了在全球产业竞争的格局中，与传统的工业社会相比，中国数字经济部分领域赶超的进程、动因、路径、模式独特，中国的数字经济发展模式增强了发展中国家的信心，在特定领域发展中国家可以探索具有本国特色的数字经济发展之路。

5. 最具创见的思想是数字经济最稀缺的资源

在农业经济中，最稀缺的资源是劳动力；在工业经济中，最稀缺的资源变成资本；而在数字经济中，信息技术使得资本的稀缺性降低，那些具有创新精神并创造出新产品、新服务、新商业模式的人才在市场资源配置中的作用不断凸显，信息链条顶端最具有创见的思想成为比资本更稀缺的资源，资本的支配地位要让位于最具创意的人力资本，创新性人才比以往任何时候都重要。信息是数字经济中的一个基本生产要素，在零边际生产成本和网络效应的作用下，数字经济会呈现要素回报递增的规律，回报递增将带来领先者"恒久领先、大者愈大"的新趋势。

6. 数字经济彰显劳动者自主性

信息通信技术的普及应用不仅带来了生产效率的提高，也带来交易效率的提高。从分工的角度看，数字经济发展推动了分工不断深化，超级细化的分工正成为一种现实。数字经济能够实现超级细分工的基础是交易成本的极大降低和时空距离的极大压缩。在农业经济、工业经济中，不断深化的分工是提高经济效益的根本机制。在数字经济中，超级细分工在进一步提高经济效益的同时，也更加彰显了劳动者的自主性。人的天赋得到进一步的发挥。劳动者自主性的彰显会带来数字经济的组织和形态的深刻变化，超级细分工还将会导致组织的去中心化，将孕育数字经济的新经济生态。

7.数字经济发展加速产业融合

在产业层面上，数字经济将会浸润、渗透、弥漫所有产业，产业融合在数字经济中会更深、更广，最终会使传统的产业边界逐渐淡化。数字经济对产业渗透与融合是有一定顺序的，这在发展中国家表现得尤为明显，这与一个国家原有的工业体系的发达程度与发育水平相关，也与传统产业对信息及时性、准确性、完整性的需求有关。在中国传统产业信息化的进程中，传媒、零售、通信、批发、物流、金融、制造、能源、农业等产业将逐步迈上数字经济的列车。数字经济对产业的全面融合将带来生产方式的根本改变，工业经济下的产业边界清晰，重视对资源的占有、产业链上的分工，数字经济对产业的全面融合将使"信息密集度"成为产业观测的一个重要标准，产业边界的淡化还会对全球产业分工的格局产生重大影响。

8.数字经济需要适应性的新规则体系

数字经济带来了创新与效率的提高、选择的多样化、人的充分发展等"阳光"的一面，但如同人类在历史上经历的所有经济制度一样，数字经济也有另外一面：财富有可能进一步集中、全球性和国内不平等可能会加剧、数字鸿沟加深、隐私更容易被侵犯、信息技术风险与安全问题成为全球性问题、赢者通吃、加大垄断的暴利、国际贸易规则可能被改写等。为了应对这些挑战，需要在创新、税收、反垄断、国际规则、信息技术风险与安全等方面建立适应数字经济特点的新规则体系。数字经济的创新性可能会带来冲击、摩擦甚至旧的经济的解构，在各个方面对传统的利益格局可能带来冲击。数字经济对经济监管的理论和理念也带来新挑战。

三、数字经济：推动经济发展的新引擎

中国数字经济已经扬帆起航，正在引领经济增长从低起点高速追赶走向高

水平稳健超越，供给结构从中低端增量扩能走向中高端供给优化。动力引擎从密集的要素投入走向持续的创新驱动，技术产业从模仿式跟跑并跑走向自主型并跑领跑全面转型，为最终实现经济发展方式的根本性转变提供了强大的引擎。

（一）数字经济成为国家经济发展的重要引擎

迄今为止，关于数字经济规模及其对 GDP 的贡献并没有可信的统计资料，但国内外都有机构做了一些研究性测算，对于数字经济成为经济增长重要引擎给出了一致性判断。

数字经济不仅驱动经济快速增长，促进全球贸易，还能提高经济增长的质量，加快实体经济的转型升级，有利于创业创新和节能减排。

1. 促进实体经济转型升级

数字经济是融合性经济，赋能效应显著，不仅实现了自身的快速发展，还有助于推动传统产业优化资源配置、调整产业结构、实现转型升级。

制造业是国民经济的主体，是实施"互联网＋"行动、发展数字经济的主战场。新一代信息技术正加速与传统制造业的全方位深度融合，成为引领传统制造业数字化转型的动力源泉。

国际制造业龙头企业都在积极拥抱数字革命，也有越来越多的中小企业借助融合技术实现了创新转型。我国的制造业转型发展取得了显著成效，制造业的数字化、网络化、智能化水平显著提高。数字经济与传统制造业的创新融合，不断催生出网络化协同制造、大规模个性化定制和远程智能服务等符合市场需求的新业态、新模式。

2. 促进创业创新

在全球经济剧烈变动、人口结构改变及新科技加速变化等多种因素影响下，各国政府对创业的重视程度持续提高。各国为提升国家竞争力与就业机会，都积极出台鼓励创业政策，扶植新创企业强化产业竞争力。很多国家加大了对学生数字技能和创业培训的培养力度。

在新一轮科技革命和产业变革的带动下，特别是在政府的大力推动下，我国正在数字经济领域形成新一波创业创新浪潮，创业企业、创业投资、创业平台爆发式增长，创业群体迅速扩大，创业创新在全社会蔚然成风。数字经济的发展孕育了一大批极具发展潜力的互联网企业，成为激发创新创业、带动就业的驱动力量。

依托充满活力的巨大市场和庞大的制造业体系，中国企业的创新能力不断提高。中国移动互联网在某些方面已经领先于美国，吸引硅谷开始从中国的微信、支付宝、滴滴等应用中寻求创意。

3. 促进绿色发展

信息通信技术有助于节能减排，促进绿色发展。一方面，信息通信技术自身的发展有助于减少社会经济活动对部分物资的消耗，从而减少生产这些物资的能源消耗。另一方面，将信息通信技术应用于其他产业可以带来更大的节能效果。

4. 促进就业

数字经济激发人类智力，提高人们的认知水平，促进生产能力的大幅跃升，引发产业结构变迁，对就业的带动作用十分明显。很多国家都将发展数字经济作为促进就业的重要手段。

互联网降低交易成本，为难以找到工作或生产性投入的人带来更多机会。从就业方式来说，就业者可以摆脱时间、空间束缚，获得更大自由。就业场所可能不再是工厂企业，而是虚拟网络组织；就业组织形式也可能不再是项目制、合伙人制，而是自由职业的形式，人的个体价值被更自由地激发、流动和共享。

对经济整体而言，互联网对个人最深刻的影响在于提高劳动者的生产率。把常规性、重复性工作交给技术完成后，劳动者能够专注于价值更高的活动。劳动者可以利用技术更迅速了解价格、投入或新技术信息，不但成本低廉，而且减少了摩擦和不确定性，有利于增进民众福祉。

数字化水平的提高有助于提升人们幸福感，增进社会福祉，而且数字化密度越高，幸福感提升得越快。更重要的是，数字经济有利于消弭地区间的数字鸿沟，为更多地处边远地区的人们增进福祉。数字技术对民众福祉的改善体现在日常生活各方面，包括购物、银行业务、娱乐及亲朋好友之间的互动。

（二）数字经济在生产生活各个领域全面渗透

针对当前的经济结构调整和产业转型升级趋势，中国数字经济也发挥着积极的推动作用。目前，工业云服务、大企业双创、企业互联网化、智能制造等领域的新模式新业态正不断涌现。

1. 渗透入传统产业

2015 年 7 月，中国发布《关于积极推进"互联网＋"行动的指导意见》，明确了"互联网＋"的 11 个重点行动领域：创业创新、协同制造、现代农业、智慧能源、普惠金融、益民服务、高效物流、电子商务、便捷交通、绿色生态、人工智能。数字经济引领传统产业转型升级的步伐开始加快。以制造业为例，工业机器人、3D 打印机等新装备、新技术在以长三角、珠三角等为主的中国制造业核心区域的应用明显加快，大数据、云计算、物联网等新的配套技术和生产方式开始得到大规模应用，海尔集团、沈阳机床、青岛红领等在智能制造上的探索已初有成果，华为、三一重工、中国南车等中国制造以领先技术和全球视野打造国际品牌，已稳步进入全球产业链的中高端。

2. 数字经济开始融入城乡居民生活

网络环境的逐步完善和手机上网的迅速普及，使得移动互联网应用的需求不断被激发。近年来，基础应用、商务交易、网络金融、网络娱乐、公共服务等个人应用发展日益丰富，其中手机网上支付增长尤为迅速。共享单车市场呈现多强竞争姿态，单车企业尝试通过多种方式拓展营收来源，并开始提供免押金服务以规避风险。网约车行业出现跨界融合现象，平台企业围绕出行服务领域进行全面化布局，由单一业务开始向平台化生态拓展。互联网的普惠、便捷、共享等特性，已经渗透到公共服务领域，也为加快提升公共服务水平、有效促进民生改善与社会和谐提供了有力保障。

3. 数字经济正在变革治理体系

数字经济带来的新产业、新业态、新模式，使得传统监管制度与产业政策遗留的老问题更加突出，发展过程中出现的新问题更加不容忽视。数字经济发展，促进了政府部门加快改革不适应实践发展要求的市场监管、产业政策，如推动放管服改革、完善商事制度、降低准入门槛、建立市场清单制度、健全事中事后监管、建立"一号一窗一网"公共服务机制，为数字经济发展营造良好的环境。另一方面，数字经济发展也在倒逼监管体系的创新与完善，如制订网约车新政、加快推进电子商务立法、规范互联网金融发展、推动社会信用管理等。当然，数字经济也为政府运用大数据、云计算等信息技术提升政府监管水平与服务能力创造了条件和工具。

在"三期叠加"的大背景下，影响经济增长的突出问题有总量问题，但结构性问题更为突出。推进供给侧结构性改革是适应和引领经济发展新常态的重大创新。充分发挥互联网的比较优势，发展数字经济，促进供需对接、汇聚创新要素、优化资源配置，是解决制约发展的深层次问题的必然选择。

第一，互联网显著提升有效供给能力。这是供给侧结构性改革的主攻方向，要通过"三去一降一补"五大任务，减少无效和低端供给，扩大有效和中高端供给。互联网与制造、物流、农业等传统产业深度融合，促进产业组织、商业模式、供应链管理创新，大幅提高生产运营和组织效率，推动传统产业升级。同时，基于互联网的新技术、新产品、新模式、新业态蓬勃发展。作为大众创业、万众创新的基础平台，互联网正在释放出蕴藏在人民群众中无穷的智慧和创造力。

第二，互联网适度扩大总需求。这是供给侧结构性改革不可或缺的重要组成部分。我国已进入中等收入阶段，居民消费正在升级，定制化生产和销售更能满足群众多样化的需求。互联网进一步扩大各融合领域的市场和消费空间，提供更优质的产品、更便利的服务、更丰富的业态，增强用户体验，优化消费环境，积极培育新型消费、挖掘传统消费，发展新的消费模式，释放有效消费需求。

第三，互联网推动低水平供需平衡向高水平供需平衡的跃升。供给侧结构性改革的根本目的是提高供给质量满足需求，使供给能力更好地满足广大人民日益增长、不断升级和个性化的物质文化和生态环境的需要。互联网的快速发展，推动供给结构由低端供给向高端供给发展，需求结构由生存型需求向品质型需求转变，通过解放和发展社会生产力，用改革的办法推进结构调整，增强供给结构对需求变化的适应性和灵活性，提高全要素生产率。

第二章 数字化背景下的财务共享运营及其信息系统

第一节 共享运营

一、共享服务的含义

（一）共享服务的概念

共享服务是以顾客需求为导向，按照市场价格和服务水平协议为企业内部多个分支机构，或集团内部多个公司，及外部企业提供跨地区的专业化共享服务。它将企业各分支机构"分散式"的、重复性的职能业务整合到共享服务中心进行处理，以促进企业集中有限的资源和精力专注于自身的核心业务，创建和保持长期竞争优势，并达到整合资源、降低成本、提高效率、保证质量、提高客户满意度的目标。

（二）共享服务的驱动因素

随着企业规模的不断扩张和业务单位的持续增加，每个分部都需配备相应的财务、人力、IT、采购等人员，人力成本随之增加；而不同地区、不同分部间流程的多样和标准的差异势必会影响企业整体的发展运作，对企业的日常经营和存续产生阻力；同时，业务单位之间业务量的不平衡也会导致一些地区或分部资源不足而另一些地区或分部资源富余，从集团层面来讲无疑造成了浪费。如何有效解决上述问题，消除企业发展的阻力成为企业势必面临的难题。

企业战略决策的制定与实现、战术的产生与落实对信息质量提出了极高的要求，这种需求驱动企业必须建立一种适应企业目前经济规模的、稳定的管理模式。共享服务的建立正是旨在提高业务处理效率、提高信息价值、降低成本、加强管控。因此，来自企业战略与战术制定方面的需求，对共享服务模式的建立起到了巨大的驱动作用。

（三）共享服务的特点

不同的学者对共享服务定义的描述各有侧重，但归根结底，共享服务作为一种创新的管理模式，其特点主要体现在如下方面：

规模性：共享服务管理模式最具吸引力的部分在于它能够通过合并以前协调性非常差和完全迥异的业务活动来形成规模经济，从而降低企业的交易成本；

专业性：共享服务中心是一个相对独立的商业实体，拥有专业化的知识和人员为客户提供专业化的共学服务；

统一性：共享服务中心之所以能够提高效率、降低成本，关键在于其对集中起来的不同业务单位的非标准化业务流程进行标准化、建立统一的操作模式，运作统一的流程，执行统一的标准，这样既可以降低管理成本，又有利于企业的规模扩张；

技术性：共享服务中心很大程度上依赖于高效率、高度集中的软件系统和电子通信技术；

协议性：通过签订服务水平协议（Service Level Agreements，SLA），界定共享服务中心与客户的实际关系，明确提供服务的内容、时间期限和质量标准等；

服务性：以顾客需求为导向，以提高客户满意度为宗旨，为集团公司内部客户以及外部客户提供服务，并按照实现签订的服务协议收取费用。从理念上将业务处理变成服务，把服务变成商品，以服务为中心。

共享服务颠覆了传统职能部门的工作方式，特征鲜明，显示出与传统管理模式的显著区别。借助精细化的专业分工、标准化的流程和发达的信息技术，以"服务"为定位从事业务，服务的客户越多，显现出来的规模优势就越为明显，共享服务也就越有生命力。

共享服务作为一种创新的管理模式，具有其独特的特点。尽管在共享服务发展的不同阶段，服务对象、服务方式上会展现出各自的差异，但是从宏观层面来看，共享服务的特点是始终保持一致的。

（四）共享服务的使用范围

共享服务是将分散在企业不同业务单位的资源、业务整合到一起、采用相同的运作模式、业务流程和规则，这就要求这些业务必须是可以或容易进行标准化的业务，这也是适用共享服务模式的一个条件。

企业中的服务职能如财务会计、人力资源、供应链、IT、客户关系和金融业后台处理的职能都可进行共享。价值链核心环节中的大量可标准化、重复性高的工作也能予以抽离进行共享。根据这些业务的不同，目前全球企业建立起来的共享服务中心可分类为财务共享服务中心、信息技术共享服务中心、人力资源共享服务中心、客户服务共享服务中心、采购／供应链共享服务中心和行业性服务共享服务中心等。

另外，共享服务中心还适用于那些重组、并购、变革比较频繁的企业。由于企业的后台支撑部门都整合到共享服务中心处理，所以企业在建立新业务、扩大企业规模时不必考虑为新业务、新业务单位建立财务、人力资源等支撑职能。这样既可大大降低管理难度，又能促进新业务的快速整合。

（五）共享服务的收益

共享服务为企业提供的服务并非单一的，它可以在财务、人力资源管理、信息服务、后勤、物料管理、客户服务、金融后台业务、法律事务服务等诸多方面为企业提供专业的、标准化的服务。因此，共享服务能给企业带来的益处也是多方面的，包括降低企业成本、增强企业规模扩大的潜力、加速企业的标准化进程、服务质量与效率提高、促进企业核心业务发展。

二、财务共享服务的含义

财务共享服务作为财务领域的重大变革，是一次观念再造、流程再造、组织再造、人员再造、系统再造的过程。实施财务共享，跨国集团企业真正实现了优化组织结构、规范流程、提升效率、降低成本、创造价值的目的。财务共享服务中心是实现财务共享服务的载体，规模化处理大量的基础业务，是财务的一次"工业化"改造，在这个过程中，必须遵循标准化原则。

财务共享服务中心通过大量交易业务的集中处理，以统一业务流程、统一技术、统一数据口径，促进财务流程的标准、规范和高效。对所有成员单位采用相同的标准作业流程，废除冗余的步骤和流程，对"来料"进行加工，消除了由于分散的地域、独立的规则造成的信息孤岛，保证了数据逻辑的有序、财务信息的准确性和及时性，为企业提供了高质量的数据。财务部门要成为企业的"数字神经网络"，用数据来管理、用数据来决策、用数据来创新，在平凡的会计数据中发掘信息价值和未来商机，实现从"价值守护"到"价值创造"的转变。

财务共享服务是一种将分散于各业务单位、重复性高、易于标准化的财务业务进行流程再造与标准化，并集中到财务共享服务中心统一进行处理，以实现降低成本、提升客户满意度、改进服务质量、提升业务处理效率等目的的作业管理模式。它实际上是在企业发展到一定程度的基础上，对财务自身的一次工业化革命，这就需要将分散于各地的基础财务业务集中起来，进行专业分工和流程再造，同时借助信息化手段，构建覆盖全业务流程的财务信息系统，实现财务信息的快速处理和实时共享。

财务共享服务一方面实现了财务的标准化、流程化和信息化，其中财务标准化包括流程标准化与数据标准化，标准化使得财务部门能够进一步实现自动化，极大提升工作效率，降低运行成本；另一方面提升了财务的数据采集能力和数据处理能力，逐步实现财务的数字化。

三、为什么需要共享运营

财务共享服务将分散的业务集中起来，对其进行进一步标准化、流程化改造，并由共享服务中心的财务人员统一处理。但是，传统模式下单一的岗位划分和直接的工作分配机制无法支撑共享服务中心庞大的业务量，主要体现在以下几个方面：

传统模式下不同财务岗位的人员数量少，工作任务可直接分配至个人，或由领导进行人工分配。但是在共享模式下，分散的财务工作被集中处理，各岗位业务量剧增，财务处理难度增加，若由人工进行分配或由财务人员进行全业务处理，会降低财务处理的效率和专业的服务水平。

传统财务模式下，财务人员承担的工作职责范围宽广，需要具备丰富的专业知识，人才培养成本高。而在共享模式下，较高的人员流动率需要借助精细化分工降低人才培养成本。

因此，财务共享服务中心需要进行专业化分工和共享运营。那么，共享服务中心如何进行共享运营呢？

共享运营的机制可以参考呼叫中心的电话任务分配方式。呼叫中心为了最大程度地平衡接线员的工作量，保证服务的专业性，会在客户呼叫接入前让客户选择问题分类，根据问题类别将呼叫转接到不同的接线小组；同时，系统通过话务排队机制，实现循环分配、顺序分配，或者按照平均话务量、来电记忆、优先上次接听、VIP优先分配等方式提高服务质量。

针对共享服务中心的运营，企业可以根据实际业务情况选取合适的划分标准，对业务小组进行精细化分工，不同企业适用的划分标准不同。有的企业按照服务区域对业务小组进行划分，但是在这种模式下，不同区域的工作量大小存在差异，区域之间存在空间和时间的壁垒，不同区域之间的人员难以调度，存在忙闲不均的情况。企业也可以选择按照业务类型对业务小组进行划分，比如员工费用报销业务工作量较大，可以给费用报销审核小组配置更多工作人员。除此以外，企业也可以选择按照核算主体、单据类型等其他任务规则进行划分。在进行任务分配时，可以设置财务人员自由取单、定时派单、人工派单等拉式、推式的任务派发模式，实现灵活高效的业务处理目标。

第二节　共享运营系统

一、财务云平台

企业的财务信息系统可以分为四个层面，分别是业务层、核算层、管理层和决策层。

业务层信息系统覆盖企业的主价值链流程、支撑企业的业务发展，主要为业务人员所使用，但业务系统在设计时也需要充分考虑财务需求，将财务所需数据和信息的采集节点都放在业务前端，在业务人员进行业务处理的过程中，产生的数据和信息传递至财务信息系统。业务层信息系统包括客户关系管理系统（Customer Relationship Management，简称 CRM）、供应商关系管理系统（Supplier Relationship Management，简称 SRM）等。

核算层信息系统支持财务会计交易处理、财务报告、资金管理、税务管理的职能，主要处理来源于企业业务系统与用于财务交易处理的数据，可以提供多种供企业内、外部使用的财务报告和财务信息。

其中核算层信息系统也称作财务云平台，财务云平台主要包括业财连接、财务控制、共享核心、会计核算、资金管理和税务管理六大模块，各模块中的信息系统通过接口互通互联，以确保业务全流程线上流转。

业财连接模块可以智能化采集前端业务信息，打通业务数据与财务数据的线上通道，节省采集时间，提高采集效率，便于业务人员操作。

财务控制模块包含预算控制系统和合同结算系统，该模块可以内嵌管控规则，保障业务规范可控。

共享核心模块系统主要有报账系统（包含业务报账和费用报销两个模块）、电子影像、电子档案、智能采集、智能审核和共享运营六大系统，借助这些系统可以规范业务流程和操作，提升运营效率和质量，沉淀数据和信息。

会计核算模块能够向公司股东、政府、债权人等提供所用的财务报告和信息，包括会计核算系统、合并报表系统、信息披露系统，会计核算模块的系统与企业内外部各业务系统、共享运营系统、资金管理系统存在着复杂的数据交互关系。

资金管理模块的系统是资金流、资金调度、资金结算和运作管理的信息系统，与会计核算系统、业务系统、银行系统对接，实现资金的全流程管理。资金管理系统功能一般包括账户管理、资金计划管理、资金结算、银企直联、资金监控、银企对账、票证管理、债务管理、外汇管理等。银企直联是资金管理系统中的重要模块之一，有的企业会单独上一套"银企直联"系统，以提升资金结算效率。

税务管理模块包括企业进行税务结算、税务申报、税务管理的财务信息系统，一般包括税务政策维护、税务数据采集、税务核算、审核、汇总、税务报表、纳税申报及税务预测分析等功能，涵盖企业的间接税管理、直接税以及转移定价管理等内容，是企业税务管理和分析的平台。

管理层信息系统包括企业从战略到经营计划、预算管理、过程成本管理、绩效管理以及企业风险控制管理的相关信息系统，其与企业的经营过程及管理要求密切相关，数据来源于核算层信息系统，经过进一步加工和处理，为企业管理提供财务信息。管理层包含的系统有预算管理系统、合同管理系统、成本管理系统、绩效管理系统等。

决策层信息系统属于支持管理决策的财务信息系统，为管理者提供交互式的决策支持。

为了满足企业庞大的信息系统功能需求，适应复杂的信息系统环境，中兴新云财务云平台采用微服务架构。微服务一词最早于2014年共同提出，如今已成为最主流的分布式应用解决方案之一。其是将一个大而全的复杂信息系统，按照业务模块拆成若干个简单的小型服务，每个小型服务都可采用不同的技术并独立运行，服务之间采取松耦合的联系机制，进而实现整个易扩展、灵活性高的信息系统。

在微服务的架构下，信息系统的集中化管理程度降低，强调系统内服务的独立性、自治性。系统内的每个微服务都是一个轻量级的系统，可以建立自己的数据库，进行独立的开发、测试、部署，拓展，不必使用同一种编写语言，也可以采用不同的数据存储技术，服务之间通过RPC或者是Rest协议等轻量级机制来进行通信。除此以外，微服务间的更新周期可以不同步，系统更新时，可以通过只单独更新某一模块的服务来进行整个系统的升级、实现系统的快速演化。

共享运营系统就是财务云平台的微服务之一。

二、共享运营系统及其外部系统

共享运营系统位于财务云框架中的共享核心模块，其通过与报账系统互联互通，从报账系统采集相关的报账信息，并运用任务调度机制将报账单派发给财务人员审核，审核后的信息自动流转至会计核算、资金管理等系统完成相应的财务处理。

共享运营系统与报账系统完全解耦，拥有独立的可扩展性，可以支持多共享中心和多报账系统的接入，内置的绩效管理、信用管理等机制使共享中心运营更为高效合规。

作为财务共享服务中心的作业平台、财务业务统一处理平台、共享服务中心人员运营管理平台，共享运营系统是财务共享服务中心稳定运行的重要支撑工具，可以帮助企业整合内部资源、提升运营效率、降低管理成本，全方位支持企业共享服务模式的落地实施与优化。

共享运营系统在信息系统整体架构中，实现了业务流程和财务流程的有机融合。系统前端对接电子影像系统和报账系统；系统后端对接会计核算系统、资金管理系统、银企直联系统。

与电子影像系统的对接：电子影像系统将合同、报账、核算等环节各类实物单据转换为电子影像；实现电子信息采集、影像传输、集中存储和调阅管理。电子影像系统可扩展支持其他类型影像（如财务报表、银行回单）的采集、管理和调阅。电子影像系统配合报账系统搭建基于影像的预览和电子审核模式，提升审核效率，降低审核成本。共享运营系统对接电子影像系统，获取单据的电子影像，完成线上审核，节省了纸质单据传递的时间。

与费用报销和业务报账的对接：费用报销和业务报账共同组成了报账系统，报账系统是财务共享服务的核心系统之一，是报账人员提单以及业务领导审批的平台。报账系统与共享运营系统对接，将业务领导审批完成的任务自动推送至共享运营系统。报账系统优化了企业内部审批流，提高了业务层面的审批效率。

与资金管理系统与银企直联系统的对接：资金管理系统是财务云平台的核心系统之一，可以实现企业资金管理的标准化和自动化，是企业重要的资金管理工具。银企直联系统建立了企业和银行之间安全通畅的信息交互通道，帮助企业快速高效地在客户端通过调用数据接口完成各项指令，实现财务信息与银行账户信息的实时一致。银企直联系统以标准技术接口方式，整合银行核心业务，为大型企业提供个性化的网上银行服务。资金管理系统后端对接银企直联系统，可以实现转账支付、监控对账、查询统计等多项与银行有关的功能，有效降低企业财务管理成本、提升资金管理水平。

与会计核算系统的对接：会计核算系统是整个财务系统的中心，与业务系统、共享运营系统、资金管理系统均存在数据交互关系，在国内应用较多的主要有Oracle、SAP、用友、金蝶等。对于共享审核通过的单据，共享运营系统会自动生成预制凭证。共享运营系统与会计核算系统对接，将预制凭证推送至会计核算系统，由会计核算系统根据预制凭证生成正式的会计凭证。

三、共享运营系统功能

（一）系统流程

共享运营系统是共享服务中心作业平台、财务业务统一处理平台及共享服务中心人员运营管理平台，支持审核任务分配、在线审核、稽核以及信用管理等，实现共享服务中心业务流程的高效运营。

以员工费用报销为例、员工在报账系统中提交单据后，单据经扫描员扫描和业务领导审批后流转至共享运营系统。共享运营系统根据分配规则将单据审核任务自动分配至审核小组和个人，共享中心主任或业务领导也可进行任务调整。审核会计提取到审核任务后，对照电子单据信息与影像进行人工审核或智能审核，对违规单据进行信用分数扣减；审核通过后出款；同时，财务审核结束后稽核系统根据分配规则将待稽核单据分配至稽核人员工作台，稽核人员进行单据抽检稽核，系统自动生成稽核报告。

（二）系统功能

由上节共享运营系统的内部流程可知，系统功能主要包括任务处理、运营监控、凭证管理、支付中心、实物单据管理等多个模块。除此以外，共享运营系统支持多集团、多报账系统、多会计体系；内置三级任务调度机制、绩效管理机制、信用管理机制、运营监控机的及公示共享服务中心运营更为高效、合理、合规。

1.组织管理

组织管理是对共享运营系统内部组织的管理,包含子中心定义、工作组定义。

子中心定义：将共享服务中心设置为由下一级子中心组成的财务共享服务中心，可为各子公司建立子中心。

工作组定义：也称工作组管理，用于为各共享服务中心建立财务审核人员的工作小组。

2. 服务管理

服务管理可以为共享服务中心分配服务范围,规定服务流程,制定标准系数。其中分配服务范围是指系统可以按照集团、核算主体、业务类型、单据类型和币种等要素定义该服务对应的任务范围;规定服务流程是指系统支持设置服务所需的审核节点、指定分配工作组或审核角色;制定服务系数是指系统支持为每一种服务设定服务标准系数,该系数主要用于绩效管理。服务管理可实现共享服务中心的服务标准化、流程化,有利于提升服务接受者的满意度。

3. 任务管理

任务管理是指对共享中心的待处理任务进行的管理,包含基础设置、派单策略和任务分配三个方面。

基础设置:系统内部可以按照业务类型、单据类型、组织等不同维度设立任务组和任务池。不同类型的任务可灵活组合,共享服务中心可按组织、岗位、人员灵活配置其处理的任务类型。在配置每个任务池的规则后,系统自动判断是否满足规则条件,进入任务池。系统支持前端业务处理完成后自动生成待提取任务;当条件满足要求时,就会将任务推送到相应的任务池里。

派单策略:系统支持按工作组配置的派单规则进行任务分配。系统的派单方式有自动分派、自由抢单、人工分派、指定到人、指定到单据、指定到组织等多种方式。财务部门可按不同业务类型、不同单据类型分别灵活配置派单方式。

任务分配:是指共享运营的任务池中存在大量待处理的各类任务、会计人员以自动分配或手工获取的方式获取待处理任务的过程,系统支持从各个维度设置分配规则。

4. 会计工作台

会计工作台是会计人员的工作中心,包括上下班管理、凭证审核、单据审核、影像审核。在审核环节,系统自动显示业务类型对应的审核要点与相关制度,以供审核人员参考。

5. 出纳工作台

出纳工作台处于共享运营系统的基础功能层面,是出纳人员的工作中心,主要包括线上支付、线下支付、支票台账和票据台账四大功能。

审核会计在任务处理平台完成报账单审核后，任务处理平台自动生成支付单推送至支付中心—线上支付/线下支付。系统可按照支付方式的线上、线下属性或者付款账户的直联属性来分别生成线上支付台账或线下支付台账。

线上支付：出纳审核确认支付后推送资金管理系统或银企直联系统发起支付；同时可对非共享服务中心原因造成的无法支付单据进行挂起或解挂。

线下支付：出纳人员在线下支付完成后，在系统内登记支付结果，更新付款状态。操作栏的支付退票按钮适用于支付退票导致的付款失败场景；财务人员点击生成付款凭证按钮，凭证信息可自动推送至会计核算系统；点击详情按钮可以查看支付明细数据和历史记录。

支票/汇票台账：系统支持对应收票据、应付票据、支票等票据进行线上管理，后续线下支付可调用票据台账中的票据完成付款的操作。

6. 信用管理

信用管理是指对企业员工进行报账信用管理，包括分值事项、优先级管理、信用报表、信用等级和信用评分五个方面。

分值事项也称违规事项，是指企业可以在系统中配置多种违规参数建立信用违规扣分标准。

信用评分是指财务审核人员在共享运营系统根据扣分制度对问题单据进行分数扣减。

企业可以在系统中根据信用分数区间设置信用等级，信用分数和信用等级会显示在每一张需要审核的单据上，以提醒审核人员在进行审核时重点关注，同时员工的信用情况还将影响员工报账单据的审核效率和审批时长。

优先级管理是指系统支持按照员工分数等级设置相应的审批优先级，例如信用分数高的员工提交的单据可以优先审核。

信用报表是指系统可以抽取所有员工的信用分数，生成信用统计报表用于员工信用分析。

7. 风险管理

风险管理为单据设置了合规监管和超期预警，及时防范资金风险。合规监管是指为单据设置不合规字段，单据提交时若包含不合规字段，系统会自动提醒。

超期预警保证业务处理时效，监控页面数字化呈现实时业务数据，对于超期单据进行预警，提醒共享中心负责人或组长尽快安排人员审核、最大限度地保证业务处理时效。

8.满意度管理

满意度管理是指系统使用者通过填写问卷或评价的形式对系统进行满意度评价。系统经过统计评价状况得出相应的满意度评分。系统管理员通过查看满意度评分及时了解系统运行情况，通过查看问卷和评价内容了解系统问题所在，针对性地改进和优化系统功能。

满意度管理包括问卷设置、评价方式和评价统计三个部分。问卷设置部分提供设计问卷功能；评价方式可以提供满意度评价的方式和渠道；评价统计能够进行评价情况的统计分析，展示系统使用者对系统的满意度评价，进而计算得出满意度评分。

9.质量管理

质量管理是对共享服务中心的服务质量进行管理，确保运营质量达标，具体包含过程管理、稽核计划和稽核报告。

过程管理是指在单据流转的整个过程进行质量管理。系统自动记录业务处理环节操作日志，以供问题分析、绩效分析、效率跟踪使用。

稽核计划是指系统可根据报账单质量管理方案以及检查标准和内容，形成质量稽核计划，稽核人员可以自行抓取稽核任务。

稽核报告是指系统自动根据稽核任务生成质量稽核报告，展示稽核单据总量、不合格单据量、合格率及稽核单据统计报表，供管理层参考决策，同时有助于加强审核人员质量意识，帮助审核人员高质量完成审核任务。

10.绩效管理

绩效管理包含工作量统计和效率统计，在共享运营系统中以运营监控的方式体现。运营监控系统提供财务共享服务中心运营监控看板用以支撑中心主任和各小组组长实时监控自己权限范围内的共享人员审单情况。

中心监控是指共享中心主任可对共享服务中心当前待审核单据、当日任务生成数、当日任务处理数、挂起单据数、超期单据数、待处理加急单据数量进行整体监控，同时还可以对各个小组的任务生成数、已审核数、待审核数、挂起数进行实时监控。

小组监控是指各小组组长可对各自组内当前待审核单据数、当日任务生成数、当日任务处理数、挂起单据数和超期单据数进行监控，同时还可以对待审批调整申请单据、紧急任务提醒单据、当日成员任务处理情况、超期单据进行监控。

组员管理是指各小组组长可实时监控到各自组内的具体成员信息以及每个成员的当月累计已处理量、平均用时；当天已处理量、平均用时；当前在手单据量、最后处理单据时间等具体信息。同时还可以对请假的组员标识请假（系统会停止自动派单，也不允许手工派单），支持对在手单据量少的组员进行单据分派操作。

第三节 共享运营任务及其分配

一、作业的含义

作业，即任务，是指为了完成生产、经营等方面的既定事务而进行的活动。从 IT 的角度来看，作业指在某些操作系统中由计算机操作者交给操作系统的执行单位。在财务领域、费用报销、采购付款、资产调拨、资金支付、收款认领等均可以看作是一项任务。

作业流转到共享运营系统后，经过统一分配、统一调度在各组织与用户间进行专业化分工，从而实现共享运营任务处理的标准与高效。

二、任务分配

任务分配是指共享运营系统将各种待处理的业务以任务的形式存放在作业池或任务池中，由财务审核人员以自动或者手工方式从作业池中提取待处理单据，通过各类规则将系统内各类单据在组织与用户间进行分工的过程。

那么，共享运营系统是如何实现对任务的分配呢？共享运营系统的三级任务调动机制通过集团到共享服务中心、共享服务中心到组、组到个人的路径实现了财务审核的高效性，保证了审核质量。共享运营系统接收前端系统流转的单据、先进入任务池中汇总，然后通过自由派单、定时派单和人工派单的派单规则，系统对任务池中的任务自动完成推送或人工提取。单据先分配至各个工作组，比如费用核算组、收入核算组、采购核算组、总账核算组、资金核算组、资金会计组等，然后再分配至个人。财务初审人员登录共享运营系统获取任务、初审完成后系统生成预制凭证。单据及预制凭证流转至复核组，由复核岗的财务审核人员进行复核，复审完成后凭证信息推送至会计核算系统生成正式凭证，付款信息推送至资金管理系统或银企直联系统待支付。基于共享运营系统这种智能化和自动化的任务分配机制，共享运营系统被称为共享服务中心的调度指挥中枢。

（一）工作组管理

工作组管理可定义为共享服务中心财务审核小组的划分、审核任务量取单范围及任务取单量的设置。在企业财务审核中，不同的业务所审核的重点有所不同，共享运营系统通过对共享中心人员进行分组来实现财务审核的专业化。工作组管理通过成员管理、关联派单规则从而实现任务的分配，同时通过对任务量的安排可实现灵活高效的业务处理。企业可以按照不同标准对工作组进行划分，例如按照组类型可划分为初审组和复审组；按照业务类型可以划分为费用组、借款组、应收组、应付组、资产组等；按照区域可以划分为华北组、华中组、华南组、西北组等。

（二）分配机制

任务分配机制是共享中心运作的核心功能之一。共享运营系统的分配机制是指对共享运营系统中的任务按照特定的流程机制进行划分，以保证任务的合理归属与处理。共享运营系统支持多种任务分配方式，可选择按照核算主体、报账金额等规则类型进行任务范围的划分。

共享运营系统三级任务调度机制包括集团任务调度池集中管理、多任务规则分配和多任务派发模式，三级任务调度机制可以全面实现灵活高效的业务处理。

1. 集团任务调度池集中管理

集团任务调度池集中管理是指任务从集团到共享服务中心分配，实现集团专业化分工、降低财务运行成本、提高审核效率与质量，使得共享中心运营更为高效。集团任务调度池可类比资金池，超级管理员将所有集团的任务汇总到一个任务调度池，由超级管理员按照最优化原则将任务向各个共享服务中心进行划分。目前集团任务调度池管理主要有两种模式：即按照区域进行任务调度或按照业务类型进行任务划分。通过对多个集团、多个共享服务中心制定统一的业务指引、作业流程和交付标准达到共享运营任务的可配置管理和实时驱动，共享运营系统能够实现在任何时间将某一集团下的任务向任一共享服务中心迁移。同时还可实现将某一共享服务中心的所有任务转移至另一共享服务中心。

2. 多任务规则分配

多任务规则分配是指任务从共享中心向组进行分配，即按照核算主体、单据类型、业务类型、报账金额、币种等多种任务规则在工作组间分配任务。任务流转到某一共享运营系统，财务共享中心负责人需要考虑各种业务场景，灵活根据任务规则进行任务范围的划分，从而使共享运营中心集中处理业务的人力资源调用更加均衡，提升人力使用效率。

3. 多任务派发模式

多任务派发模式是指通过多种派单规则将任务从组向个人分配，从而实现业务标准化和任务分派智能化。任务通过共享运营中心向小组分配后，不同的财务人员如何实现对业务的获取呢？我们知道、传统的任务抢单模式能充分调动员工的积极性，但是在机制不够明晰的时候会出现任务分配不均的情况、而单一的派单机制保证了相对公平、但财务审核量达到一定量级上才能保持财务审核人员的积极性。共享运营系统以自动分配为主、人工分配为辅的多任务派发模式对任务进行分配，解决了传统任务派发机制带来的弊端。

任务派发规则主要有以下几种方式：

定时派单：又称作按照工作量动态分配，系统可自行定义从数据中台向该任务组派单的时间和数量，自定义共享人员的单次提取数量。共享运营定时器遵循成员在手任务从低到高依次派发、员工在手量不得多于最大在手量等通用原则，同时对比工作组任务池、组员数量与单次取单量的大小关系，取较小数，从而避免派单时某个成员获取任务过多，而其他成员没有任务的情况，从而系统实现自动分配单据给待处理工作量少的财务审核人员。

自由取单：又称任务池自动抓取，待办业务统一提交到任务池后，共享运营系统通过工作组管理进行成员分配，实现共享人员自行抓取任务。自由取单的派单模式，使业务流程的处理时间缩短了一半以上，任务等待的时间缩短了约70%。

人工派单：又称手工派单，待办业务除了可按照所属岗位等规则自动分配给相关的财务审核人员外，同时人工对任务可进行分配或者调整。共享中心主任可监控流转到下属工作组的所有任务、将任务进行分配到人、跨组调整等操作。例如某一财务人员离职，共享中心主任可以将该员工的待审任务手动分配给其他在岗员工。工作组组长也可将待分配任务强制从任务池中选择分配给某一位财务审核人员；或者可以根据财务审核人员任务在手量、审核效率及质量等将某位财务审核人员的任务池中的任务强制收回（包括申请调整任务）进行重新分配，从而避免工作量分配不均、任务超时等情况的出现。

（三）任务调整

任务调整是指共享中心主任或者作业组组长将已经分配至某一工作组或者财务审核人员的任务重新分配到其他组或其他人的操作。在共享运营管理中，共享中心主任关注共享运营系统整体的运营情况，包括待完成任务、已完成任务、处理效率、退单和质量等，并根据每个组的任务完成情况进行任务调整，从而整合企业内部资源、提高运营效率、降低管理成本。充分考虑到共享中心主任、工作组组长和财务审核人员等不同用户的使用需求差异，共享运营系统支持个性化配置任务权限。任务调整根据主任、组长和财务审核人员的角色和权限分页面展示，不同角色可在各自权限范围内对相应任务进行分配、收回、调整、挂起、解挂等操作。

1.共享中心主任

共享中心主任一般拥有财务共享中心的所有权限，包括分配到组、分配到人员、任务收回、挂起和解挂等权限。共享中心主任可以对已经进入共享服务中心任务池的单据进行任务管理和跟踪，当需要人工调整任务分配时，共享中心主任可操作某一组内或不同组别的任务池进行任务调整。共享中心主任还可将任务分配至特定组内的某一财务审核人员，从而实现共享任务的特定化审核。

2. 工作组组长

共享运营系统通过派单规则将单据分配到不同工作组后，工作组组长可对进入各审核组任务池的单据进行任务管理和跟踪，当需要人工调整任务分配时、组长可对组内任务进行调整。工作组组长可以将任务池中待分配的任务强制指派给相关财务审核人员；也能将待处理的任务强制取回，以进行重新分配；也可以将组员退回的任务转交至其他组以及将其他组转交的任务分配给组员；还可以针对特殊单据设置优先级（加急）。

3. 财务审核人员

财务审核人员可以根据情况进行任务的提取、挂起、解挂或者申请调整。当财务审核人员申请调整任务后，该任务在组长的"待处理任务"中变为"待调整"状态。如果财务审核人员一个人无法决定单据的审核结果，需要经过大量的沟通，则需要将该项任务进行"挂起"、待沟通完成后，进行"解挂"，进行后续的任务处理。

第三章 企业投资管理

第一节 筹资管理

筹资活动是企业根据生产经营、对外投资和调整资本结构等需要，通过各种筹资渠道和方式经济有效地筹措资金的一项基本财务活动。通过筹资活动，企业取得投资和日常生产经营活动所需的资金，从而使企业投资、生产经营活动能够顺利进行。

一、预测筹资数量

企业在开展筹资活动之前，需要科学合理地预测其未来一定时期内所需要的资金数量，即预测资金需要量，从而保证筹集的资金既能满足生产经营需要，又不会有过多闲置。在预测资金需要量时，企业应根据实际情况选择合适的预测方法，综合考虑经营规模、利息率、对外投资额、信用状况等因素，做到预测的资金需要量科学、准确、合理。

预测资金需要量比较常用的方法有因素分析法、销售百分比法和资金习性预测法，具体见表3-1。

表3-1 资金需要量预测方法

预测方法	预测原理	预测公式
因素分析法	以有关项目基期年度的平均资金需要量为基础，根据预测年度的生产经营任务和资金周转速度要求进行分析调整，从而预测资金需要量	资金需要量－（基期资金平均占用额－不合理资金占用额）×（1±预测期销售增减率）×（1－预测期资金周转速度增长率）

销售百分比法	根据某些资产和负债项目与销售额存在稳定的百分比关系，通过预计销售增长情况预测资金需求增长额，再扣除利润留存后，预测所需要的外部筹资额	外部融资需求量＝（随销售变动的敏感性资产与销售额的关系百分比－随销售变动的敏感性负债与销售额的关系百分比）×销售变动额－销售净利率×利润留存率×预测期销售额
资金习性预测法	根据资金的变动同产销量变动之间的依存关系这一资金习性，预测外来资金需要量	回归直线方程：$Y = a + bX$ 式中，因变量 Y 为资金占用量；自变量 X 为产销量；a 为不变资金；b 为单位产销量所需变动资金

二、选择筹资渠道

筹资渠道是指筹集资金来源的方向与通道，体现了资金的源泉和流量。从筹资来源的角度看，企业筹资渠道可分为内部渠道和外部渠道。内部筹资主要指企业日常生产经营过程中，在维持原有经营规模的前提下所形成的利益积累，即通过利润留存形成筹资来源。外部筹资是指企业向外部社会更广范围筹集资金。

从企业内部筹资具有保密性好、风险小的优点，一般没有筹资费用。从企业外部筹资则具有速度快、弹性大、资金量大的优点，但缺点是保密性差、风险较大、筹资成本也较高。企业在进行筹资决策时，应综合考虑自身实际以及外部资本市场的变化情况，选择合适的筹资渠道。

三、确定筹资方式

筹资方式是指企业筹集资金所采取的具体方式，不同筹资渠道的资金可以通过不同的筹资方式取得。一般来讲，企业主要的筹资方式包括三种，即债务筹资、股权筹资和混合筹资。企业在进行筹资决策时，可综合权衡筹资风险和收益，选择不同的筹资方式组合，达到企业筹资目的。

各种筹资方式在资金成本、筹资风险、灵活性、方便程度、筹资期限、使用限制方面的比较。

四、计量资本成本

企业作为筹资者，从各种渠道、利用各种筹资方式筹集所需资金，都需要为取得资本使用权而付出一定的代价，资本成本即企业筹集和使用资金所付出的代价。

准确计量资本成本能够为企业选择筹资渠道和筹资方式、做出筹资决策提供客观依据，在计量资本成本时，可从绝对数和相对数两个角度来考虑。

（一）资本成本绝对数

从绝对数来看，资本成本包括筹资费用和占用费用，计算公式为

$$资本成本 = 筹资费用 + 占用费用 \qquad (3\text{-}1)$$

式中，筹资费用包括借款手续费、股票/债券发行费、评估费、公证费、律师费、广告费等；占用费用包括利息支出、股利支出、租金支出等。

（二）资本成本相对数

从相对数来看，资本成本可用资本成本率来表示，在不考虑货币时间价值时，其计算公式为

$$资本成本率 = \frac{年资金占用费}{筹资总额 - 筹资费用} = \frac{年资金占用费}{(1 - 筹资费用率)} \qquad (3\text{-}2)$$

企业筹资的资本成本，需要通过资金使用取得的收益与报酬来补偿，资本成本率即是企业使用资金所要求达到的最低投资报酬率。在各种筹资方式对企业控制权的影响、对投资者的吸引力、筹资方便程度、筹资风险等因素相同的条件下，企业应选择资本成本率最低的筹资方式。

五、优化资本结构

长期负债和权益资本构成了企业的资本结构，各种不同的筹资方式组合决定了企业的资本结构及其变化。总的来看，企业通过不同筹资方式筹集到的资金分为债务资本和权益资本两大类。一般情况下，债务资本与权益资本相比，其资本成本较低，但其财务风险比权益资本要大一些。优化资本结构，即要求企业在进行筹资决策时，权衡负债的低资本成本和高财务风险关系，确定合理

的资本结构。

企业在进行资本结构决策时，应计算和比较各种可能的筹资组合方案的平均资本成本，选择平均资本成本率最低的筹资方案，从而确定企业筹资相对最优的资本结构。平均资本成本是指在多种筹资方式下的综合资本成本，是对各项个别资本成本率进行加权平均而得到的总资本成本率，其计算公式为

$$K_w = \sum_{j=l}^{n} K_j W_j \qquad (3-3)$$

式中，K_w——为平均资本成本；

K_j——为第 j 种个别资本的资本成本率；

W_j——为第 j 种个别资本占全部资本的比重。

由此可见，企业改变资本结构时，其平均资本成本也会随之改变。增加债务资本的权重，会使平均资本成本降低，但同时会提高企业的财务风险，因此企业在进行筹资决策时，应考量适度负债，选择资本成本最小化的资本结构。

第二节 项目投资管理

投资活动，是指企业为获取未来长期收益而向一定对象投放资金的经济行为，是企业筹资活动的延续，也是筹资的重要目的之一。投资活动作为企业的一种盈利活动，对于筹资成本补偿和企业利润创造，具有举足轻重的意义。

一、投资项目现金流量分析

现金流量，是指一个投资项目所引起的企业现金支出和现金收入增加的数量，包括现金流出量、现金流入量和现金净流量三个概念。所谓现金，不仅包括库存现金、银行存款等货币性资产，还包括非货币性资产（如厂房、设备、原材料等）的变现价值。

（一）投资期的现金流量

投资阶段的现金流量主要是现金流出量，即在该投资项目上的原始投资，包括长期资产投资（如固定资产的购置成本、运输费、安装费等）和营运资金垫支（即投资项目形成生产能力后，需要追加投入的日常营运资金。

（二）营业期的现金流量

营业阶段的现金流量既有现金流入量，也有现金流出量。现金流入量主要指营运各年的营业收入，现金流出量主要指营运各年的付现营运成本和所得税。因此投资项目正常营运阶段所获得的营业现金净流量为：

$$营业现金净流量 = 营业收入 - 付现成本 - 所得税 \qquad (3-4)$$

（三）终结期的现金流量

投资项目终结阶段的现金流量主要为现金流入量，包括固定资产退出生产经营的变价净收入和收回的项目开始时垫支的营运资金。

二、投资项目财务评价指标

企业进行投资决策，需要采用一些专门的评价指标和方法对投资项目进行分析和评价。比较常用的财务评价指标包括净现值、内含报酬率和回收期。

对投资项目进行财务评价时，现金流量是主要的分析对象，净现值、现值指数、内含报酬率、回收期等财务指标均以现金流量为基础。企业在进行投资决策时，投资项目的现金流量状况比盈亏状况更重要。所以，判断投资项目是否可行、有无经济上的效益，应重点关注项目能否带来正现金流量，即整个项目能否获得超过项目投资的现金回收。

三、项目投资方案决策方法

项目投资，是指将资金直接投放于生产经营实体性资产已形成生产能力的投资，如购置设备、建造工厂等。项目投资方案一般分为独立投资方案和互斥投资方案两种。独立投资方案是指两个或两个以上项目互不依赖、可以同时并存；互斥投资方案是指方案之间相互排斥、不能并存。

企业可以运用财务评价指标，在各个项目投资方案中进行对比和择优选择，从而做出投资决策。项目投资方案不同，其适用的评价指标也不尽相同。

四、固定资产投资项目管理

固定资产反映了企业的生产经营能力，固定资产投资决策是项目投资决策的重要组成部分。所谓固定资产投资，是指建造和购置固定资产的经济活动，即固定资产再生产活动，主要包括固定资产更新（局部和全部更新）、改建、扩建、新建等。

固定资产投资项目管理一般包括以下六个部分。

（一）投资立项审批

投资立项审批，包括编制项目建议书，开展项目可行性研究、环境影响评价及其他专项评估，履行相关审批手续等。

（二）项目计划管理

拟订和下达项目实施计划，与项目承担单位签订项目责任书。

（三）项目实施管理

项目承担单位按照批准的项目实施计划和具体实施方案实施项目，企业项目归口管理单位对项目实施过程进行跟踪、督促和协调，企业其他各单位密切配合项目实施工作。

（四）投资项目验收

投资项目验收，包括项目财务验收、项目档案验收及项目整体竣工验收等。

（五）投资项目后评价

投资项目后评价，主要包括项目全过程的回顾、项目绩效和影响评价、项目目标实现程度和持续能力评价、经验教训和对策建议。

（六）投资项目统计

投资项目统计，主要包括投资项目基本情况统计、单项工程统计、项目投资完成情况统计、项目费用统计、项目资金来源情况统计等。

五、证券投资风险收益评估

证券投资是指企业以金融资产（如股票、债券、基金及其衍生证券等）为对象进行投资，从而获得投资收益或达到特定经营目的的一种投资行为。

第三节 证券投资管理

一、证券投资概述

企业除了直接将资金投入生产经营活动，进行直接投资外，常常还将资金投放于有价证券，进行证券投资。证券投资相对于项目投资而言，变现能力强，少量资金也能参与投资，便于随时调用和转移资金，这为企业有效利用资金，充分挖掘资金的潜力提供了十分理想的途径，所以证券投资已经成为企业投资的重要组成部分。

（一）证券的概念及特点

证券是指具有一定票面金额，代表财产所有权和债权，可以有偿转让的凭证，如股票、债券等。

证券具有流动性、收益性和风险性三个特点。

（1）流动性又称变现性，是指证券可以随时抛售取得现金。

（2）收益性是指证券持有者凭借证券可以获得相应的报酬。证券收益一般由当前收益和资本利得构成。以股息、红利或利息所表示的收益称为当前收益。由证券价格上升（或下降）而产生的收益（或亏损），称为资本利得或差价收益。

（3）风险性是指证券投资者达不到预期的收益或遭受各种损失的可能性。证券投资既有可能获得收益，也有可能带来损失，具有很强的不确定性。

流动性与收益性往往成反比，而风险性则一般与收益性成正比。

（二）证券投资的概念和目的

证券投资是指企业为获取投资收益或特定经营目的而买卖有价证券的一种投资行为。不同企业进行证券投资的目的各有不同，但总的来说有以下几个方面。

（1）充分利用闲置资金，获取投资收益。企业正常经营过程中有时会有一些暂时多余的资金闲置，为了充分有效地利用这些资金，可购入一些有价证券，在价位较高时抛售，以获取较高的投资收益。

（2）为了控制相关企业，增强企业竞争能力。企业有时从经营战略上考虑需要控制某些相关企业，可通过购买该企业大量股票，从而取得对被投资企业的控制权，以增强企业的竞争能力。

（3）为了积累发展基金或偿债基金，满足未来的财务需求。企业若考虑在将来扩建厂房或归还到期债务，可按期拨出一定数额的资金投入一些风险较小的证券，以便到时售出，满足所需的整笔资金的需求。

（4）满足季节性经营对现金的需求。季节性经营的公司在某些月份资金有余，而有些月份则会出现短缺，可在资金剩余时购入有价证券，短缺时则售出。

二、证券投资的种类

（一）证券的种类

1. 按证券体现的权益关系分类

证券可分为所有权证券、信托投资证券和债权证券，所有权证券是一种既不定期支付利息，也无固定偿还期的证券，它代表着投资者在被投资企业所占权益的份额，在被投资企业盈利且宣布发放股利的情况下，才可能分享被投资企业的部分净收益，股票是典型的所有权证券。信托投资证券是由公众投资者共同筹集、委托专门的证券投资机构投资于各种证券，以获取收益的股份或收益凭证，如投资基金。债权证券是一种必须定期支付利息，并要按期偿还本金的有价证券，各种债券如国库券、企业债券、金融债券都是债权证券。所有权证券的投资风险要大于债权证券。投资基金的风险低于股票投资而高于债券投资。

2. 按证券的收益状况分类

证券按收益状况分，可分为固定收益证券和变动收益证券。固定收益证券是指在证券票面上规定有固定收益率，投资者可定期获得稳定收益的证券，如优先股股票、债券等。

变动收益证券是指证券票面无固定收益率，其收益情况随企业经营状况而变动的证券。变动收益证券风险大，投资报酬也相对较高；固定收益证券风险低，投资报酬也相对较低。

3. 按证券发行主体分类

证券按发行主体可分为政府证券、金融证券和公司证券三种。政府证券是指中央或地方政府为筹集资金而发行的证券，如国库券等；金融证券是指银行或其他金融机构为筹集资金而发行的证券；公司证券又称企业证券，是工商企业发行的证券。

4. 按证券到期日的长短分类

按证券到期日的长短，可分为短期证券和长期证券。短期证券是指一年内到期的有价证券，如银行承兑汇票、商业本票、短期融资券等。长期证券是指到期日在一年以上的有价证券，如股票、债券等。

（二）证券投资的分类

1. 债券投资

债券投资是指企业将资金投入各种债券，如国债、公司债和短期融资券等。相对于股票投资，债券投资一般风险较小，能获得稳定收益，但要注意投资对象的信用等级。

2. 股票投资

股票投资是指企业购买其他企业发行的股票作为投资，如普通股、优先股股票。股票投资风险较大，收益也相对较高。

3. 组合投资

组合投资是指企业将资金同时投放于债券、股票等多种证券，这样可分散证券投资风险，组合投资是企业证券投资的常用投资方式。

4. 基金投资

基金就是投资者的钱和其他许多人的钱合在一起，然后由基金公司的专家负责管理，用来投资于多家公司的股票或者债券。基金按受益凭证可否赎回分为封闭式基金与开放式基金。封闭式基金在信托契约期限未满时，不得向发行人要求赎回；而开放式基金就是投资者可以随时要求基金公司收购所买基金（即赎回），当然目标应该是卖出价高于买入价，同时在赎回的时候，要承担一定的手续费。而投资者的收益主要来自于基金分红。与封闭式基金普遍采取的年终分红有所不同，根据行情和基金收益状况的不定期分红是开放式基金的主流分红方式。基金投资由于由专家经营管理，风险相对较小，正越来越受广大投资者的青睐。

三、证券投资的一般程序

（一）合理选择投资对象

合理选择投资对象是证券投资成败的关键，企业应根据一定的投资原则，认真分析投资对象的收益水平和风险程度，以便合理选择投资对象，将风险降低到最低限度，并取得较好的投资收益。

（二）委托买卖

由于投资者无法直接进场交易，买卖证券业务需委托证券商代理。企业可通过电话委托、计算机终端委托、递单委托等方式委托券商代为买卖有关证券。

（三）成交

证券买卖双方通过中介券商的场内交易员分别出价委托，若买卖双方的价位与数量合适，交易即可达成，这个过程叫成交。

（四）清算与交割

企业委托券商买入某种证券成功后，即应解交款项，收取证券。清算即指证券买卖双方结清价款的过程。交割指券商向企业交付证券而企业向券商支付价款的过程。

（五）办理证券过户

证券过户只限于记名证券的买卖业务。当企业委托买卖某种记名证券成功后，必须办理证券持有人的姓名变更手续。

第四节 资金投资管理

一、债券投资管理

（一）债券投资概述

1.债券投资的概念

债券投资是指投资者通过购入债券以取得债券利息和买卖差价的投资行为。作为债券投资载体的债券有以下几个方面的内涵：第一，发行人是借入资金的经济主体；第二，投资者是出借资金的经济主体；第三，发行人需要在一定时期内还本付息；第四，反映了发行人和投资者之间的债权与债务关系，而且是这一关系的法律凭证。

2.债券的特点

①偿还性。债券有规定的偿还期限，债务人必须按期向债权人支付利息和偿还本金。②流动性。债券持有人可按自己的需要和市场的实际状况，转出债券收回本息。债券流动性的强弱主要取决于市场对转让债务所提供的便利程度。③安全性。债券持有人的收益相对固定，不随发行人经营收益的变动而变动，并且可按期收回本金。④收益性。债券能为投资者带来一定的收入。

（二）债券价值的确认

1.债券价值确认的基本原理

债券价值即债券投资价值，是投资者投资债券后预期现金流入的现值，是投资者进行投资可以接受的最高价格。如果债券持有到期，则债券投资未来的流入包括债券利息和债券到期时收到的本金，求债券价值就是求债券利息和本金的现值；如果债券不打算持有到期而中途转让，则债券投资未来的流入包括债券利息和转让价格，求债券价值就是求债券利息和转让价格的现值。

由此可见，债券价值的计算原理与债券发行价格的计算原理差不多，都是求现值，其未来的流量都主要是利息和本金。二者的区别在于以下两个方面。

一方面，流量性质不一样。债券发行价格是站在发行人的角度，发行人未来要支付利息和本金，主要是流出，因而求债券发行价格就是求未来流出的现值。债券价值是站在投资者的角度，投资者未来要获得利息收入及收回本金，主要是流入，因而求债券价值是求未来流入的现值。另一方面，求现值用到的折现率不一样。债券发行价格用的是市场利率，也就是债券发行人的实际资本成本率，或者是债券投资者的实际收益率。债券价值用的是投资者要求的必要报酬率，即投资者期望达到的一个最低收益率，它可以是市场利率或者行业平均收益率或者企业期望的收益率。

一般情况下，只有当债券价值高于购买价格时，才能购买债券。因为价值是未来的流入，而价格是流出，流入大于流出，净现值大于零，具有财务可行性，所以只有当债券价值高于购买价格时，才能购买债券。

2. 不同种类债券价值的确认

投资者进行债券投资，其主要目的是获取利息收入，计息方式不同，债务价值的具体计算也有所不同。按照计息方式的不同，债券有复利债券、单利债券和贴现债券之分。复利债券是指按复利计息，即对本金和本金所产生的前期利息计算的债券。单利债券是指按单利计息，即只对本金计息的债券。贴现债券是指以低于面值发行，债务发行价格与票面金额之差相当于预先支付的利息，债券期满按面值偿付的债券。

（1）到期还本、分期付息债券价值的确认

债券持有到期时的价值计算公式为：

$$P = M \times i \times (P/A, K, n) + M \times (P/F, K, n) \qquad (3-5)$$

式中 P——债券价值；

M——债券面值；

i——债券票面利率；

K——折现率；

n——息期数。

如果债券发生中途转让，其价值就是转让之前所获利息收现值与转让价格现值之和。

（2）到期一次还本付息且不计复利的债券价值的确认

债券持有到期时的价值计算公式为：

$$P = M \times (1+i \times n) \times (P/F, K, n) \qquad (3\text{-}6)$$

如果债券发生中途转让，则投资者只能获得一笔转让价格收入，因而求其价值就是求中途转让价格的体现的价值。

（3）贴现债券价值的确认

由于贴现债券的未来流入只有一笔债券面值，所以求其价值就是求到期面值的现值。该债券持有到期时的价值计算公式为：

$$P = M(P/F, K, n) = \frac{M}{(1+K)^n} \qquad (3\text{-}7)$$

如果债券发生中途转让，则投资者只能获得一笔转让价格收入，因而求其价值就是求中途转让价格的价值。

3. 债券投资收益的计算

收益的高低是影响债券投资的主要因素，债券投资收益有绝对数和相对数两种表达方式。在财务管理中，通常用相对数即收益率来表示债券投资收益，收益率通常有票面收益率、直接收益率、持有期收益率和到期收益率之分。只有投资债券的实际收益率高于投资者要求的最低报酬率时，企业才进行债券投资。

（1）票面收益率

票面收益率又叫作名义收益率，是印制在债券票面上的固定利率，通常指债券年利息收入与债券面值的比率。其计算公式为：

$$票面收益率 = \frac{债券年利息收入}{债券面值} \times 100\% \qquad (3\text{-}8)$$

如果投资者在债券发行日以面值购入债券并持有到期，则其投资收益率与票面收益率相等。

（2）直接收益率

直接收益率又称为本期收益率，是指债券年利息收入与债券买入价格的比率。其计算公式为：

$$直接收益率 = \frac{债券年利息收入}{债券买入价格} \times 100\% \qquad (3\text{-}9)$$

直接收益率反映的是投资者的投资成本所带来的收益。

（3）持有期收益率

持有期收益率是指投资者在买入债券并持有一段时间，在债券到期前将其出售而得到的收益率。它包括持有债券期间的利息收入和资本损益。

（4）到期收益率

到期收益率是指企业购入债券后持有到期所获得的收益率。按照企业购入债券至持有到期的时间是否超过一年，到期收益率可分为短期债券到期收益率和长期债券到期收益率。计算长期债券到期收益率时，需要考虑资金时间价值。

短期债券到期收益率。短期债券是指从购入至持有到期的时间不超过一年的债券。在计算短期债券到期收益率时不需要考虑资金时间价值。

长期债券到期收益率。长期债券是指从购入至持有到期的时间超过一年的债券。计算长期债券的到期收益率时，需要考虑资金时间价值。其计算原理与短期债券持有期收益率的计算原理相同，即计算现金流入等于现金流出的折现率。需要注意的是，持有期收益率的未来流入是未来利息收入和债券卖出价格，而到期收益率的未来流入是未来利息收入和本金收回。

二、股票投资管理

（一）股票投资概述

1. 股票投资的概念

股票是指股份有限公司为了筹集自有资金而发行的代表所有权的有价证券。购买股票是企业投资的一种重要方式。股票投资的目的主要有两个：一是获利，即作为一般的证券投资，获取股利收入及股票买卖差价；二是控股，即通过购买某一企业的大量股票达到控制该企业的目的。

2. 股票投资的特点

股票投资和债券投资都属于证券投资。总的来说，证券投资与其他投资一样，具有高风险、高收益、易于变现的特点。但股票投资相对于债券投资而言又具有以下特点。

（1）股票投资是权益性投资

股票投资与债券投资虽然都是证券投资，但它们投资的性质不同，股票投资是权益性投资，股票是代表所有权的凭证，持有人作为发行公司的股东，有权参与公司的经营决策。

（2）投票投资的风险高

投资者购买股票后，不能要求股份有限公司偿还本金，只能在证券市场上转让股票。因此，股票投资者至少面临两个方面的风险：一是由于股票发行公司经营不善所形成的风险；二是由于股票市场价格变动所形成的价差损失风险。

（3）股票投资的收益高

由于投资的高风险性，股票作为一种收益不固定的证券，其收益率一般高于债券的收益率。

（4）股票投资的收益不稳定

股票投资的收益主要是公司发放的股利和股票转让的价差收益，相对于债券而言，其稳定性较差。

（5）股票价格的波动性大

股票价格既受到发行公司经营状况的影响，又受到股市投机等因素的影响，波动性极大。

（二）股票价值的确认

1. 股票价值确认的基本原理

股票价值，即股票投资价值，是投资者投资股票后预期现金流入的现值。股票给持有者带来的未来现金流入包括股利收入和出售股票的收入两个部分。其价值计算基本公式为：

$$P = \sum_{t=1}^{n} \frac{R_t}{(1+K)^t} \qquad (3\text{-}10)$$

式中 P ——股票价值；

R_t ——股票第 t 年的现金流入量（包括股利收入、出售股票的收入）；

K ——股票折现率；

n ——股票持有年限。

股票价值的计算原理与现金流量折现法确定股票发行价格的计算原理差不多，都是求现值，但在流量性质及折现率的选取上有区别。

同债券一样，一般情况下，只有当股票价值高于股票购买价格时，股票才值得购买。

2. 不同种类股票价值的确认

（1）零增长股票价值的确认

零增长股票即每期股利是固定的股票，其价值计算公式为：

$$P = \frac{D}{K} \qquad (3\text{-}11)$$

式中 D——每期固定的股利。

优先股的股利也是固定的，其价值计算也用这一公式。

（2）固定增长股票价值的确认

如果企业发行的股票按固定比率增长，则该股票称为固定增长股票，其价值计算公式为：

$$P = \frac{D_1}{K - g} \qquad (3\text{-}12)$$

式中 D_1——第一年的股利；

g——每年固定的增长率。

（3）阶段性增长股票价值的确认

阶段性增长股票价值的确认总的来说就是分段计算现值，然后求和。如对于前一阶段是非固定增长的，后一阶段固定增长的股票，其价值计算公式如下。

$$P = \sum_{t=1}^{n} \frac{D_t}{(1+K)^t} + \frac{D_n(1+g)}{K - g} \times (P / F, n) \qquad (3\text{-}14)$$

式中 D_t——第 t 年的股利。

（4）中途转让股票价值的确认

若中途转让股票，未来现金流入不仅有股利，转让时还有转让价格收入。因此，它的价值是以投资者必要投资利润率为折现率的未来股利收益和未来卖出价格收入的现值，计算公式如下。

$$P = \frac{P_n}{(1+K)^n} + \sum_{t=l}^{n} \frac{D_t}{(1+K)^t} \qquad (3-15)$$

式中 P_n——股票卖出价格。

（三）股票投资收益的计算

股票投资收益通常用相对数（即收益率）来表示。股票收益率主要有直接收益率、持有期收益率等。

1. 直接收益率

直接收益率是指股票的年现金股利与本期股票价格的比率，其计算公式为：

$$\text{直接收益率} = \frac{\text{股票的年现金股利}}{\text{本期股票价格}} \times 100\% \qquad (3-16)$$

式中，股票的年现金股利——发放的上年每股股利；

本期股票价格——该股票在当日证券市场上的收盘价。

2. 持有期收益率

持有期收益率是指投资者买入股票持有一定时期后又卖出该股票，在投资者持有该股票期间的收益率，它反映了股东持有股票期间的实际收益情况。

（1）短期股票投资持有期收益率

如投资者持有股票时间不超过一年，不考虑复利计息问题，其持有期收益率可按如下公式计算：

$$\text{持有期收益率} = \frac{\text{股票年股利}+(\text{股票卖出价格}-\text{股票买入价格})/\text{持有年限}}{\text{股票买入价格}} \times 100\% \quad (3-7)$$

（2）长期股票投资持有期收益率

如投资者持有股票的时间超过一年，需要按每年复利一次考虑资金时间价值，其持有期年均收益率的基本计算原理为：

$$P = \frac{P_n}{(1+K)^n} + \sum_{t=l}^{n} \frac{D_t}{(1+K)^t} \qquad (3-17)$$

通过此公式，运用逐步测试法，倒推出股票折现率 K，K 就是所求持有期收益率。

三、基金投资管理

（一）基金投资的含义

基金投资，是一种利益共享、风险共担的集合投资方式，即通过发行基金股份或收益凭证等有价证券聚集众多的不确定投资者出资，并交由专业投资机构经营运作，以规避投资风险并谋取投资收益的证券投资方式。

（二）投资基金的种类

1. 根据组织形态的不同分类

根据组织形态的不同，投资基金可分为契约型基金和公司型基金两种。

（1）契约型基金

契约型基金又称为单位信托基金，是指把受益人（投资者）、管理人、托管人三者作为基金的当事人，由管理人与托管人通过签订信托契约的形式发行受益凭证而设立的一种基金。契约型基金由基金管理人负责管理操作；由基金托管人作为基金资产的名义持有人，负责基金资产的保管和处置，对基金管理人的动作实行监督。

（2）公司型基金

公司型基金是指按照《中华人民共和国公司法》以公司形态组成的一种基金。它以发行股份的方式募集资金，一般投资者购买该公司的股份即为认购基金，也就成为该公司的股东，凭其持有的基金份额依法享有投资收益。

（3）契约型基金与公司型基金的比较

资金的性质不同。契约型基金的资金是信托财产，公司型基金的资金为公司法人的资本。

投资者的地位不同。契约型基金的投资者购买收益凭证后成为基金契约的当事人之一，即受益人；公司型基金的投资者购买基金公司的股份后成为该公司的股东，以股息或红利形式取得收益。因此，契约型基金的投资者没有管理基金资产的权利，而公司型基金的投资者通过股东大会和董事会享有管理公司基金的权利。

基金的运营依据不同。契约型基金依据信托契约运营基金，公司型基金依据基金公司章程运营基金。

2. 根据变现方式的不同分类

根据变现方式的不同，投资基金可分为封闭式基金和开放式基金两种。

（1）封闭式基金

封闭式基金是指基金的发起人在设立基金时，限定了基金单位的发行总额，筹集到这个总额后，基金即宣告成立，并进行封闭，在一定时期内不再接受新的投资的一种基金。基金单位的基金流通采取在交易所上市的办法，通过二级市场进行竞价交易。

（2）开放式基金

开放式基金是指基金的发起人在设立基金时，基金单位的总数是不固定的，可视经营策略和发展需要追加发行的一种基金。投资者也可根据市场状况和各自的投资决策，要求发行机构按现期净资产值扣除手续费赎回股份或收益凭证，或者再买入股份或收益凭证，增加基金单位份额的持有比例。

（3）封闭式基金与开放式基金的比较

期限不同。封闭式基金通常有固定的封闭期，而开放式基金没有固定的封闭期，投资者可随时向基金管理人赎回股份或收益凭证。

基金单位的发行规模要求不同。封闭式基金在招募说明书中列明其基金规模，开放式基金没有发行规模限制。

基金单位转让方式不同。封闭式基金的基金单位在封闭期内不能要求基金公司赎回。开放式基金的投资者则可以在首次发行结束一段时间（多为三个月）后，随时向基金管理人或中介机构提出购买或赎回申请。

基金单位的交易价格的计算标准不同。封闭式基金的交易价格受市场供求关系的影响，并不必然反映公司的净资产值。开放式基金的交易价格则取决于基金的每单位资产净值的大小，不受供求关系的影响。

投资策略不同。封闭式基金的基金单位数不变，资本不会减少，因此基金可用于长期投资。开放式基金因基金单位可随时赎回，为应付投资者随时赎回兑现，基金资产不能全部用来投资，更不能把全部资本用于长期投资，必须保持基金资产的流动性。

3.根据投资标的的不同分类

根据投资标的的不同，投资基金可分为股票基金、债券基金、货币基金、期货基金、期权基金、认股权证基金、专门基金等。

（1）股票基金

股票基金是所有基金品种中最为流行的一种投资基金，它是指投资于股票的投资基金，其投资对象通常包括普通股和优先股，其风险程度比个人投资股票市场的风险程度要小得多，且具有较强的变现性和流动性，因此它也是一种比较受欢迎的基金。

（2）债券基金

债券基金是指投资管理公司为稳健型投资者设计的，投资于政府债券、市政公券、企业债券等各类债券品种的投资基金。债券基金一般情况下定期派息，其风险和收益水平通常比股票基金的风险和收益水平低。

（3）货币基金

货币基金是指由货币存款构成投资组合，协助投资者参与外汇市场投资，赚取较高利息收入的投资基金。其投资工具包括银行短期存款、国库券、市政债券、公司债券、银行承兑票据和商业票据等。这类基金的投资风险低，投资成本低，安全性和流动性高，在整个基金市场上属于低风险的安全基金。

（4）期货基金

期货基金是指投资于期货市场以获取较高投资回报的投资基金。由于期货市场具有高风险和高回报的特点，因此投资期货基金既可能获得较高的投资收益，又面临着较高的投资风险。

（5）期权基金

期权资金是指以期权作为主要投资对象的投资基金。期权交易是指期权购买者向期权出售者支付一定的费用后，取得在规定时期内的任何时候，以事先确定好的协定价格，向期权出售者购买或出售一定数量的某种商品合约的权利的一种买卖。

（6）认股权证基金

认股权证基金是指以认股权证为主要投资对象的投资基金。认股权证是指由股份有限公司发行的、能够按照特定的价格，在特定的时间内购买一定数量该公司股票的选择权凭证。由于认股权证的价格是由公司的股份决定的，一般来说，认股权证的投资风险比通常的股票的投资风险要高得多。因此，认股权证基金也属于高风险基金。

（7）专门基金

专门基金是由股票基金发展演化而成的投资基金，属于分类行业股票基金或次级股票基金。它包括黄金基金、资源基金、科技基金、地产基金等。专门基金的投资风险较高，收益水平易受到市场行情的影响。

（三）基金单位价值

基金价值是指基金投资带来的现金净流量。它取决于目前能给投资者带来的现金流量，用基金的净资产价值来表达，这与股票、债券等证券的价值确定依据不同，债券和股票的价值取决于未来的现金流量而不是现在的现金流量。

基金单位价值是指在某一时点每一基金单位（或基金股份）所具有的市场价值，是基金净资产价值总额与基金单位总份额的比率，其计算公式如下。

$$基金单位价值 = \frac{基金净资产价值总额}{基金单位总份额} \qquad (3-18)$$

式中

$$基金净资产价值总额 = 基金资产总额 - 基金负债总额 \qquad (3-19)$$

在基金净资产价值总额的计算中，基金的负债除了以基金名义对外融资借款以外，还包括应付给投资者的分红基金、应付给基金经理公司的首次认购费、经理费用等各项基金费用。由于基金的负债金额相对固定，基金净资产的价值主要取决于基金资产总额。这里的基金资产总额并不是指资产总额的账面价值，而是指资产总额的市场价值。

开放式基金的柜台交易完全以基金单位价值为基础，通常采用认购价格（卖出价格）和赎回价格（买入价格）两种报价形式。二者的计算公式分别为：

$$基金认购价格 = 基金单位净值 + 首次认购费 \qquad (3-20)$$

$$基金赎回价格 = 基金单位净值 - 基金赎回费 \qquad (3-21)$$

第四章 企业资产管理

第一节 流动资产管理

企业流动资产主要包括现金、应收账款、存货等。它的配置和管理是企业财务管理的重要组成部分。如果流动资产过多，会增加企业的财务负担，从而影响企业的盈利能力；相反，流动资产不足，则其财务周转不灵，会影响企业正常经营。企业在生产经营中恰好存在着此类问题，理应及时、合理地对流动资产进行管理，结合自身的发展特点，制定出符合自身要求的管理体系。

一、流动资产概述

（一）流动资产的概念

所谓流动资产，是指可以在1年内或长于1年的一个营业周期内变现的资产。按照流动资产的变现速度（速度越快，流动性越高，反之亦然）划分，流动性最高的资产属货币资金；其次是短期投资；再次是应收账款；最后是存货。同样地，流动负债是指需要在1年或者超过1年的一个营业周期内偿还的债务，又称短期融资，主要包括以下几类项目：短期借款、应付账款、应付工资、应交税金及应付利润（股利）等。

（二）流动资产的分类

流动资产所包含的具体内容多种多样，根据不同的标准可以将其分为不同的种类。根据资产的占用形态分类，可将流动资产分为现金、各种银行存款、应收及预付款和库存等。

1. 现金、各种银行存款

现金、各种银行存款是指企业的库存现金或外币现钞，以及存入境内外的人民币存款和外币存款。在流动资产中，它流动性最强，可直接支用，也是其他流动资产的最终转换对象。

2. 应收及预付款项

应收及预付款项是指企业在生产经营过程中所形成的应收而未收的或预先支付的款项，包括应收账款、应收票据、其他应收款和预付货款。企业为了加强市场竞争能力，通常采取赊销或预先支付一笔款项的做法。

3. 库存

库存是指企业在生产经营过程中为销售或者耗用而储存的各种资产，包括商品产成品、半成品、在产品原材料、辅助材料、低值易耗品、包装物等。库存具有较大的流动性，且其占用分布于各经营环节，故在流动资产中占有较大的比重。

二、现金管理

现金，是在企业生产经营过程中以货币形态存在的资金，广义上包括库存现金、银行存款和其他现金。现金是企业变现能力最强的资产，代表着企业的直接支付能力和应变能力。企业进行现金管理，其重要内容便是保持合理的现金水平，使企业持有的现金数额既能满足生产经营开支的各种需要，又能及时偿还贷款和预防不时之需。

（一）企业现金的持有动机

企业持有现金，主要来源于三种动机，即交易性动机、预防性动机和投机性动机，具体如表4-1所示。

表4-1　企业持有现金的动机

现金动机	现金持有目的	适用的业务活动
交易性动机	为了维持企业日常周转及生产经营活动需要而持有的现金	购买材料、支付工资、缴纳税款、支付股利等
预防性动机	为了应对意外或突发事件而需持有的现金	客户违约、生产事故等导致的突发性偿付
投机性动机	为了把握市场价格波动带来的投资机会，从而使企业获得收益而需持有的现金	股票投资等

一般情况下，企业的现金持有量小于表 4-1 中三种需求下的现金持有量之和。企业可以根据自身实际情况确定三种需求下的现金数额，力求做到既能保证企业交易所需现金，降低风险，又能从暂时闲置的现金中增加收益。

（二）现金持有成本分析

企业持有现金或在现金与有价证券之间进行转换都是有成本的。一般来说，与现金相关的成本包括表 4-2 中的几个项目。

表 4-2　企业现金持有成本

机会成本	企业因持有一定现金余额而丧失的再投资收益，与现金持有量呈正相关关系
管理成本	因持有一定数量的现金而发生的管理费用，与现金持有量无比例关系
短缺成本	因现金持有量不足，又无法及时通过有价证券变现加以补充给企业所造成的损失，与现金持有量负相关
交易成本	企业用现金购入有价证券以及用有价证券换取现金时所需付出的交易费用，与现金持有量成反比

（三）最佳现金余额确定

最佳现金余额，又称最佳现金持有量，是指现金满足生产经营的需要，又是现金使用的效率和效益最高时的现金最低持有量，确定最佳现金余额对企业生产经营和财务管理来说具有重要意义。当实际现金余额与最佳现金余额不一致时，企业可采用短缺融资（出现现金短缺时）、归还借款和投资有价证券（出现现金多余时）等策略来使现金余额达到合理水平。

（四）现金的日常管理

企业在确定了最佳现金持有量后，还应采取各种措施，加强对现金的日常管理，以保证现金的安全、完整，最大限度地发挥其效用。现金日常管理的基本内容主要包括两个方面，即现金支出管理和现金回收管理。

1.现金回收管理

企业在日常的生产经营活动中，应及时回收应收账款，使企业支付能力增强。为了加速现金的回收，就必须尽可能缩短应收账款的平均收现期。企业在制定销售政策和赊销政策时，要权衡增加应收账款投资和延长收账期乃至发生坏账的利弊，采取合理的现金折扣政策；采用适当的信用标准、信用条件、信用额度，建立销售回款责任制，制定合理的信用政策；另一方面是加速收款与票据交换，尽量避免由于票据传递而延误收取货款的时间。具体可采用以下方法。

（1）邮政信箱法

邮政信箱法又称锁箱法，是西方企业加速现金流转的一种常用方法。企业可以在客户分布地区的邮局设置加锁信箱，让客户将支票汇至当地的这种信箱，然后由当地指定的银行每天数次收取信箱中的支票并存入特别的活期账户。由银行将这些支票在当地交换后以电汇方式存入该企业的银行账户。这种方法的优点是不但缩短了票据邮寄时间，还免除了公司办理收账、货款存入银行等手续，因而缩短了票据邮寄在企业的停留时间。但采用这种方法成本较高，因为被授权开启邮箱的当地银行除了要求扣除相应的补偿性余额外，还要收取额外服务的劳务费，导致现金成本增加。因此，是否采用邮政信箱法，需视提前回笼现金产生的收益与增加的成本的大小而定。

（2）银行业务集中法

银行业务集中法即在客户较为集中的若干地区分设"收款中心"，并指定一个收款中心的开户银行（通常是企业总部所在地）为"集中银行"。各收款中心的客户在收到付款通知后，就近将货款交至收款中心；收款中心每天将收到的款项存入指定的当地银行；当地银行在进行票据交换后立即转给企业总部所在银行。这种方法可以缩短客户邮寄票据所需的时间和票据托收所需时间，但是采用这种方法须设立多个收账中心，从而增加了相应的费用支出。因此，企业应在权衡利弊得失的基础上，做出是否采用银行业务集中法的决策。

除上述方法外，还可以采取电汇、大额款项专人处理、企业内部往来多边结算，集中轧抵、减少不必要的银行账户等方法加快现金回收。

2.现金支出管理

现金管理的其中一个方面是决定如何使用现金，企业应根据风险与收益权衡原则选用适当方法延期支付账款，现金支出管理的主要任务是尽可能延缓现金的支出时间，延缓支付账款的方法一般有以下几种。

（1）使用汇票付款

在使用支票付款时，只要受票人将支票存入银行，付款人就要无条件地付款。但汇票不一定是"见票即付"的付款方式，在受票人将汇票送达银行后，银行要将汇票送交付款人承兑，并由付款人将一笔相当于汇票金额的资金存入银行，银行才会付款给受票人，这样就有可能合法地延期付款。

（2）推迟应付款的支付

企业在不影响自身信誉的前提下，应尽可能推迟应付款的支付期限。这样可以最大限度地使用债权人的资金进行经营。在享受现金折扣优惠政策时，可在折扣期的最后一天付款，如果急需现金而放弃折扣优惠，可选择在信用期限的最后一天付款。此外，企业还可选择商业汇票等结算方式来推迟款项的支付。

（3）合理使用现金"浮游量"

现金的浮游量是指，由于未达账项，企业银行日记账账户上现金余额与银行账户上所示的存款余额之间的差额。有时，企业账户上的现金余额已为零或负数，而银行账上的该企业的现金余额还有很多。这是因为有些企业已经开出的付款票据尚处在传递中，银行尚未付款出账。如果能正确预测浮游量并加以利用，可节约大量现金。使用现金浮游量，会使得企业向银行开出从存款账户中提取款项的总金额超过了其存款账户上结存的金额。准确地估计出现金浮游量，就可减少银行存款的余额，将腾出的资金进行其他收益更加可观的投资项目。但是，企业使用现金浮游量，一定要准确估计其数额及控制使用时间，否则会产生银行存款透支的情况。

三、应收账款管理

应收账款，是指企业因对外销售产品、材料，提供劳务及其他原因，应向购货单位或接受劳务单位收取的款项，包括应收销售款、其他应收款、应收票据等。随着商业竞争的日益激烈，企业出于扩大销售的竞争需要，不得不以赊销方式招揽客户，这就产生了应收账款。赊销方式产生的应收账款实际上是一种商业信用，因此，企业的应收账款管理，本质上属于商业信用管理。

（一）应收账款的成本

企业为扩大销售而持有应收账款，也是需要付出一定代价的。应收账款的成本主要有机会成本、管理成本和坏账成本，具体如表 4-3 所示。

表 4-3　应收账款成本计量

应收账款成本	内涵	计算公式
机会成本	企业因资金被应收账款占用而放弃其他投资所带来的收益	应收账款机会成本 = 应收账款占用资金 × 资本成本 = 日销售额 × 平均收现期 × 变动成本率 × 资本成本
管理成本	企业进行应收账款管理时所需的费用	应收账款管理成本 = 客户信用调查费用 + 信息收集费用 + 账簿记录费用 + 收账费用 + 数据处理费用 + 相关管理人员成本等
坏账成本	应收账款因故可能无法收回而发生的损失	应收账款坏账成本 = 赊销额 × 预计坏账损失率

（二）应收账款的管理政策

应收账款的管理政策，又称信用政策，是指通过权衡收益、成本与风险，对应收账款投资水平进行规划和控制的原则性规定。一般包括信用标准、信用条件和收款政策三个方面。

1. 信用标准

信用标准，是指顾客获得企业的交易信用所应具备的条件。如果顾客达不到信用标准，便不能享受企业的信用或只能享受较低的信用优惠。

企业在设定某一顾客的信用标准时，往往先要评估其赖账的可能性。这可以通过"5C"系统来进行。所谓"5C"系统，是评估顾客信用品质的五个方面，即：品质（character）、能力（capacity）、资本（capital）、抵押（collateral）和条件（conditions）。

（1）品质

品质指顾客的信誉，即履行偿债义务的可能性。企业必须设法了解顾客过去的付款记录，看其是否有按期如数付款的一贯做法，及与其他供货企业的关系是否良好。这一点经常被视为评价顾客信用的首要因素。

（2）能力

能力指顾客的偿债能力，即其流动资产的数量和质量以及与流动负债的比例。顾客的流动资产越多，其转换为现金支付款项的能力越强。同时，还应注意顾客流动资产的质量，看是否有存货过多、过时或质量下降，影响其变现能力和支付能力的情况。

（3）资本

资本指顾客的财务实力和财务状况，表明顾客可能偿还债务的背景。

（4）抵押

抵押指顾客拒付款项或无力支付款项时能被用作抵押的资产。这对于不知底细或信用状况有争议的顾客尤为重要。一旦收不到这些顾客的款项，便以抵押品抵补。如果这些顾客提供足够的抵押，就可以考虑向他们提供相应的信用。

（5）条件

条件指可能影响顾客付款能力的经济环境。比如，万一出现经济不景气。会对顾客的付款产生什么影响，顾客会如何做等，这需要了解顾客在过去困难时期的付款历史。

2. 信用条件

信用条件是公司要求客户支付赊销款项的若干规定，包括信用期限、折扣期限和现金折扣等。信用期限是公司给客户规定的最长付款期限；折扣期限是为客户规定的可享受现金折扣的付款时间；现金折扣是鼓励客户及早付款给予的优惠，如"2／10，n／30"，是指如果客户在10天内付款，可享受2%的折扣，如果不想取得现金折扣，必须在30天内付清。提供比较优惠的信用条件有利于增加销售量，但也会带来额外的负担，比如会增加应收账款机会成本、坏账损失、现金折扣成本等。因此，公司必须仔细权衡利弊，针对客户的具体情况，在交易时给予客户灵活的信用条件，这样既可扩大销售，又能降低优惠信用条件产生的成本。

3. 收款政策

收款政策是指公司向客户收取过期账款所应遵循的程序和方法。积极的收款政策可能会减少应收账款的机会成本，减少坏账损失，但同时也会增加收账费用；反之，消极的收款政策虽然可以减少收账费用，但会增加应收账款机会成本，增加坏账损失。因此，公司制定收款政策时，必须将可能减少的坏账损失与需要支出的收款费用相比较，采用合理的收款政策。

通过以上分析，公司要制定合理的信用政策，应把信用标准、信用条件和收款政策三者结合起来，根据公司的产销情况和市场竞争的激烈程度，综合考虑三者的变化对销售额、应收账款机会成本、坏账损失和收款费用的影响，决策的原则仍是总收益大于因赊销而带来的总成本。既要通过具体数字的测算比较进行数量分析，也要依靠管理经验和主观判断来决定。

四、存货管理

存货，是指企业在生产经营活动中为销售或者耗用而储备的物资，包括各类材料、燃料、低值易耗品、在产品、半成品、产成品、商品以及包装物等。存货是企业进行生产经营活动的基础，存货管理水平直接影响着企业生产经营活动能否顺利进行，并最终影响企业的收益。所以，存货管理也是财务管理的一项重要内容。

（一）存货成本

企业为保证生产或销售的正常经营，总是需要储存一定的存货，并因此占用或多或少的资金。也就是说，企业持有一定数量的存货，必须会有一定的成本支出。

（二）存货管理决策

企业进行存货管理，往往会涉及四项决策，即决定进货项目、选择供应单位、决定进货时间和决定进货批量。其中，前两项决策一般由企业销售部、采购部和生产部门共同负责，而后两项决策则需要企业财务部参与。通过确定合理的进货批量和进货时间，可使企业存货的总成本降到最低水平。

目前大多数企业采用经济订货批量模型（Economic Order Quantity，

EOQ）来确定经济订货量，进而找出最适宜的进货时间。经济订货批量，是指使订货成本和储存成本总和最低的存货采购批量。根据经济订货批量模型，企业按照经济订货批量来订货时，可实现订货成本和储存成本之和最小化。

由于经济订货批量模型是建立在一系列假设基础上的，而实际中企业存货管理则是一个比较复杂的问题，并不能满足经济订货批量模型的所有假设。为使经济订货批量模型更接近于实际情况，在存货管理实践中，往往对该模型进行一些扩展，使其具有更高的实用性。

（三）存货日常管理

存货日常管理的目标是在保证企业生产经营正常进行的前提下减少库存，防止挤压。库存日常管理方法主要有 ABC 分类法等。

企业库存品种繁多，尤其是大中型企业多达上万种甚至数千万种。这些库存中，有的尽管占全部品种数量很少，但金额巨大，有的虽然占全部品种数量繁多，但金额微小。在库存管理中，如果主次不分，面面俱到，对每一种库存都用同样的精力实施管理，严格控制，就抓不住重点，库存管理工作的成本远大于效益。ABC 分类管理正是基于这一考虑而提出的，其目的在于使企业分清主次，突出重点，兼顾一般，舍弃细节，提高库存资金管理的整体效果。

所谓 ABC 分类管理就是按照一定的标准，将企业的库存划分为 A、B、C 三类，分别实行按品种重点管理，按类别一般控制和按总额灵活掌握的库存管理方法。

1. 库存 ABC 分类的标准

分类的标准主要有两个：一是金额标准，二是品种数量标准。其中金额标准是最基本的，品种数量标准仅作为参考。

A 类库存的特点是金额巨大，但品种数量较少；B 类库存金额一般，品种数量相对较多；C 类库存品种数量繁多，但价值金额却很小。一般而言，三类库存的金额比重大致为 A：B：C=0.7：0.2：0.1，而品种数量比重大致为 0.1：0.2：0.7。可见，A 类库存占用着企业绝大多数的资金，应给予重点管理。B 类库存金额相对较小，可以通过划分类别的方式进行大类管理。C 类库存尽管品种数量繁多，但其所占金额却很小，可进行一般管理。

2.ABC 三类库存的具体划分

该方法的具体实施步骤是：

（1）列示企业全部库存的明细表，并计算出每种库存的价值总额及占全部库存金额的百分比。

（2）按照金额标志由大到小进行排序并累加金额百分比。

（3）当金额百分比累加到 70% 左右时，以上库存视为 A 类库存；介于70% ～ 90% 之间的库存作为 B 类库存，其余则为 C 类库存。

第二节 固定资产管理

从财务活动的进程看，企业取得资金后，应进行资金投放和使用，以取得投资收益。在企业的财务活动中，投资是价值创造的关键环节，它占据了最重要的地位。而固定资产等长期投资因自身的特点而成为投资活动中的重点。固定资产是企业从事生产经营活动的物质基础，又是所有投资中投资风险最大的。为了避免固定资产投资失误，企业必须重视固定资产投资的决策与管理。

一、固定资产的概念

（一）固定资产的概念和特点

固定资产是指同时具有下列特征的有形资产：为生产商品、提供劳务、出租或经营管理而持有；使用寿命超过一个会计年度。常见的固定资产有房屋、建筑、机械设备、运输工具等。在企业众多资产中，通常能视为固定资产的，有表 4-4 中的八类项目。

表 4-4　企业固定资产项目一览表

类别	具体项目
房屋及建筑物	办公楼、厂房、职工宿舍、仓库等
机械设备	机床、锅炉、压力容器、注塑设备、抛光设备等
生产线	产品生产线、零部件生产线等
动力设备	烟尘净化器、位移传感器、空气压缩机等

续表

运输设备	轿车、货车、客车等
仪器仪表	电工仪器、分析仪器、光学仪器、实验室仪器等
办公设备	计算机、打印机、复印机、扫描仪、照相机、投影仪、空调等
其他设备	企业其他可视为固定资产的设备

从固定资产的定义看，固定资产具有以下三个特征：①持有的目的是为生产商品、提供劳务、出租或经营管理。这意味着企业持有的固定资产是企业的劳动工具或者手段，而不是直接用于对外出售的商品。②使用寿命超过一个会计年度。③固定资产是有形资产。

企业应当根据固定资产的定义和特征，结合本企业的具体情况，制定适合本企业的固定资产目录、分类方法、每类或每项固定资产的预计使用年限和折旧方法，以作为进行固定资产核算的依据。

（二）固定资产的种类

企业固定资产种类很多，根据不同的分类标准可以分成不同的类别。企业应当选择适当的分类标准将固定资产进行分类以满足经营管理的需要。

按照经济用途可以将固定资产分为经营用固定资产和非经营用固定资产两大类：①经营用固定资产，是指直接参加或直接服务于生产经营过程的各种固定资产，如用于企业生产经营的房屋、建筑物、机器设备、运输设备、工具器具等。②非经营用固定资产，是指不直接服务于生产经营过程的各种固定资产，如用于职工住宅、公共福利设施、文化娱乐、卫生保健等方面的房屋、建筑物、设施和器具等。

按照使用情况可以将固定资产分为使用中固定资产、未使用固定资产、出租固定资产和不需用固定资产四大类：①使用中固定资产，是指企业正在使用的经营性固定资产和非经营性固定资产。企业的房屋及建筑物无论是否实际使用，都应视为使用中固定资产。由于季节性生产经营或进行大修理等原因而暂时停止使用，以及存放在生产车间或经营场所备用、轮换使用的固定资产，都属于企业使用中的固定资产。②未使用固定资产，是指已构建完成但尚未交付使用的新增固定资产，以及进行改建、扩建等暂时脱离生产经营过程的固定资产。③出租固定资产，是指企业根据租赁合同的规定，以经营租赁方式出租给其他企业临时使用的固定资产。④不需用固定资产，是指本企业多余或不适用、待处置的固定资产。

除上述基本分类外，固定资产还可按其他标准进行分类，如按固定资产的所有权分类，可分为自有固定资产和租入固定资产；按固定资产的性能分类，可分为房屋和建筑物、动力设备、传导设备、工作机器及设备、工具、仪器及生产经营用具、运输设备、管理用具等；按固定资产的来源渠道分类，可分为外购的固定资产、自行建造的固定资产、投资者投入的固定资产、融资租入的固定资产、改建扩建新增的固定资产、接受抵债取得的固定资产、非货币性资产交换换入的固定资产、接受捐赠的固定资产及盘盈的固定资产等。

二、固定资产的成本计量

企业取得固定资产时，会发生一定的成本支出。固定资产的来源不同，其成本计量也有所不同，具体如表 4-5 所示。

表 4-5　固定资产的成本计量

固定资产来源	固定资产的成本
外购的固定资产	购买价款、进口关税和其他税费，以及使固定资产达到预定可使用状态前发生的可归属于该项资产的场地整理费、运输费、装卸费、安装费和专业人员服务费等
自行建造的固定资产	建造该项固定资产达到预定可使用状态前发生的必要支出，包括工程用物资成本、人工成本、相关税费、应予资本化的借款费用，以及应分摊的间接费用等
投资者投入的固定资产	按照投资合同或协议约定的价值加上应支付的相关税费

在对企业资产的成本进行计量时，还应注意与固定资产有关的后续支出问题。固定资产的更新改造等后续支出，满足固定资产确认条件的，应当计入固定资产成本，如有被替换的部分，应扣除其账面价值。固定资产的修理费用等后续支出，不满足固定资产确认条件的，应当在发生时计入当期损益，有确凿

证据表明符合固定资产确认条件的部分，则可以计入固定资产成本。

三、固定资产的折旧管理

固定资产折旧，是指固定资产由于磨损和损耗而逐渐转移的价值，是在固定资产使用寿命内按照一定的方法对应计折旧额进行的系统分摊。所谓应计折旧额，是指应当计提折旧的固定资产原价扣除其预计净残值后的金额。

（一）固定资产折旧的影响因素

原值，固定资产原值，即固定资产的账面成本。

净残值，固定资产的净残值，是指假定固定资产预计使用寿命已满并处于使用寿命终了时的预期状态，企业目前从该项资产处置中获得的扣除预计处置费用以后的金额。由于在计算折旧时，对固定资产的残余价值和清理费用是人为估计的，所以净残值的确定有一定的主观性。

减值准备，固定资产减值准备，是指固定资产已计提的固定资产减值准备累计金额。

使用寿命，固定资产的使用寿命，是指企业使用固定资产的预计期间，或者该固定资产所能生产产品或提供劳务的数量。固定资产使用寿命的长短直接影响各期应计提的折旧额。

（二）固定资产折旧计算方法

除了特殊情况外，企业应根据与固定资产有关的经济利益的预期实现方式，选择合理的固定资产折旧方法，对所持有的固定资产计提折旧。比较常见的折旧方法如表 4-6 所示。

表 4-6　固定资产折旧计算方法

折旧方法	原理	计算公式
年限平均法	将固定资产的应计折旧额均衡分摊到固定资产预计使用寿命内，每期的折旧额相等	年折旧率＝（1－预计净残值率）／预计使用寿命月折旧率＝年折旧率／12 月折旧额＝固定资产原价×月折旧率

工作量法	根据固定资产的实际工作量计算每期应提折旧额	单位工作量折旧额＝固定资产原价 ×（1- 预计净残值率）/ 预计总工作量 月折旧额＝单位工作量折旧额 × 当月工作量
双倍余额递减法	在不考虑预计净残值情况下，根据每期期初固定资产原价减去累计折旧后的余额和双倍的直线折旧法折旧率计算固定资产折旧	年折旧率＝2 / 预计使用寿命 月折旧率＝年折旧率 / 12 月折旧额＝每月月初固定资产账面净值 × 月折旧率
年数总和法	将固定资产的原价减去预计净残值后的余额乘以一个逐年递减的变动折旧率，计算每年的折旧额	年折旧率＝尚可使用年限 / 预计使用寿命的年数总和 月折旧率＝年折旧率 / 12 月折旧额＝（固定资产原价 - 预计净残值）× 月折旧率

四、固定资产的投资管理

（一）固定资产投资的程序

企业投资的程序主要包括以下步骤：①提出投资领域和投资对象。这需要在把握良好投资机会的情况下，根据企业的长远发展战略、中长期投资计划和投资环境的变化来确定。②评价投资方案的可行性。在评价投资项目的环境、市场、技术和生产可行性的基础上，对财务可行性做出总体评价。③投资方案比较与选择。在财务可行性评价的基础上，对可供选择的多个投资方案进行比较和选择。④投资方案的执行。投资方案的执行即投资行为的具体实施。⑤投资方案的再评价，在投资方案的执行过程中，应注意原来做出的投资决策是否合理、是否正确。一旦出现新的情况，就要随时根据变化的情况做出新的评价和调整。

（二）固定资产投资项目的可行性研究

可行性是指一项事物可以做到的、现实行得通的、有成功把握的可能性。就企业投资项目而言，其可行性就是指对环境的不利影响最小，技术上具有先进性和适应性，产品在市场上能够被容纳或被接受，财务上具有合理性和较强的盈利能力，对国民经济有贡献，能够创造社会效益。

广义的可行性研究包括机会研究、初步可行性研究和最终可行性研究三个阶段，具体又包括环境与市场分析、技术与生产分析和财务可行性评价等主要分析内容。

1. 环境与市场分析

（1）建设项目的环境影响评价

在可行性研究中，必须开展建设项目的环境影响评价。所谓建设项目的环境，是指建设项目所在地的自然环境、社会环境和生态环境的统称。

建设项目的环境影响报告书应当包括下列内容：①建设项目概况；②建设项目周围环境现状；③建设项目对环境可能造成影响的分析、预测和评估；④建设项目环境保护措施及其技术、经济论证；⑤建设项目对环境影响的经济损益分析；⑥对建设项目实施环境监测的建议；⑦环境影响评价的结论。

（2）市场分析

市场分析又称市场研究，是指在市场调查的基础上，通过预测未来市场的变化趋势，了解拟建项目产品的未来销路而开展的工作。

进行投资项目可行性研究，必须要从市场分析入手。因为一个投资项目的设想，大多来自市场分析的结果或源于某一自然资源的发现和开发，以及某一新技术新设计的应用。即使是后两种情况，也必须把市场分析放在可行性研究的首要位置。如果市场对于项目的产品完全没有需求，项目仍不能成立。

市场分析要提供未来运营期不同阶段的产品年需求量和预测价格等预测数据，同时要综合考虑潜在或现实竞争产品的市场占有率和变动趋势，以及人们的购买力及消费心理的变化情况。这项工作通常由市场营销人员或委托的市场分析专家完成。

2. 技术与生产分析

（1）技术分析

技术是指在生产过程中由系统的科学知识、成熟的实践经验和操作技艺综合而成的专门学问和手段。它经常与工艺通称为工艺技术，但工艺是指为生产某种产品所采用的工作流程和制造方法，不能将二者混为一谈。

广义的技术分析是指构成项目组成部分及发展阶段上凡与技术问题有关的分析论证与评价。它贯穿于可行性研究的项目确立、厂址选择、工程设计、设备选型和生产工艺确定等各项工作，成为与财务可行性评价相区别的技术可行性评价的主要内容。狭义的技术分析是指对项目本身所采用工艺技术、技术装备的构成以及产品内在的技术含量等方面内容进行的分析研究与评价。

技术可行性研究是一项十分复杂的工作，通常由专业工程师完成。

（2）生产分析

生产分析是指在确保能够通过项目对环境影响评价的前提下，所进行的厂址选择分析、资源条件分析、建设实施条件分析、投产后生产条件分析等一系列分析论证工作的统称。厂址选择分析包括选点和定址两个方面内容。前者主要是指建设地区的选择，主要考虑生产力布局对项目的约束；后者则指项目具体地理位置的确定。在厂址选择时，应通盘考虑自然因素（包括自然资源和自然条件）、经济技术因素、社会政治因素和运输及地理位置因素。

生产分析涉及的因素多，问题复杂，需要组织各方面专家分工协作才能完成。

3. 财务可行性分析

财务可行性评价，是指在已完成相关环境与市场分析、技术与生产分析的前提下，围绕已具备技术可行性的建设项目而开展的，有关该项目在财务方面是否具有投资可行性的一种专门分析评价。

五、固定资产的日常管理

固定资产的日常管理是对企业使用固定资产的各个部门所进行的经常性管理。固定资产日常管理的主要内容如下。

（一）完善制度管理

建立健全固定资产管理责任制度，实行归口分级管理。企业固定资产的管理必须在总经理或财务总监的统一领导下，实行归口分级管理。将企业全部固定资产归口列入有关部门，同时根据"谁用谁管"的原则，将固定资产管理的权限和责任下放到各使用部门并落实到班组和个人，做到层层落实，控制责任的一种管理方法。

归口管理部门应配备专职或兼职的管理人员负责归口管理工作。归口管理部门的各项固定资产应有记载其详细资料的卡片。并要将固定资产进行编号，贴在每项固定资产上，以便于核对检查，做到账实相符。同时要将每项固定资产的管理落实到每个班组、每个人，做到固定资产的管理人人有责。归口管理部门设立的固定资产卡片要定期与财务部门的固定资产明细账进行核对，保证账卡相符。另外归口管理部门作为固定资产管理的基层单位要对固定资产负有管、用、养、修的职责。而且要将班组和个人对固定资产的管理进行经常性岗位考核，以保证固定资产的充分利用。

（二）合理配置企业资源

根据企业业务经营情况，合理进行固定资产配置。企业在购建和建造固定资产时，必须进行充分的可行性分析和论证，看其是否符合企业业务经营需要，一旦购入能否给企业带来良好的回报。然后按规定报经有关部门批准后方可执行，而且要办理好相关手续。在交付使用时必须由财务部、归口管理部门、使用部门共同验收，以确保所购固定资产符合本企业的需要。企业调出固定资产，必须经总经理或财务总监批准，并按企业规定程序由归口部门填制"固定资产调拨单"，财务部门和使用部门都要签章。如果未按规定私自调出固定资产，则要追究当事人的责任。固定资产出租、出借的有关事宜须报经总经理或财务总监批准，要严格出租、出借的有关手续，并建立相关档案，以确保固定资产的完整无缺。固定资产的报废和毁损，要及时办理相关手续，同时要报经上级有关主管部门批准后，方可进行有关清理工作。

（三）提高企业资产利用效率

搞好固定资产的维修保养，提高固定资产的完好率和利用率。为了保证企业业务经营活动的顺利开展，使固定资产处于良好的运转状态，固定资产的使用保管部门要负责固定资产的维修保养工作，到一定时期还要进行固定资产的大修和全面检查，以防止意外事故发生给企业造成不良影响及带来不必要的损失。财会部门还要对固定资产的使用情况进行定期和不定期的检查，分析固定资产的利用情况和完好程度，对于闲置未用的固定资产要及时采取措施，提出处理意见和办法。对于设备需要更新的，要及时报送有关部门批准进行更新。要监督使用和保管部门经常进行设备的日常维修和保养，以使固定资产处于完好状态，提高固定资产利用率。

（四）建立定期盘点清查制度

由于企业固定资产种类繁多，占用资金数额较大，分布在企业的各个部门，因此为了保证账实相符，了解企业现有固定资产的实有状况，企业每年应定期对固定资产进行清查盘点。要在总经理的领导下，由财务部、工程部、固定资产使用保管部门的相关人员参加，组成盘点清查小组，以便及时发现问题，解决问题。通常可采用"账账核对""账实核对"的办法。对于盘盈、盘亏的固定资产要填制"固定资产盘盈盘亏报告单"，并按有关规定报请处理。

第三节 无形资产管理

无形资产，是指企业拥有或者控制的没有实物形态可辨认的非货币性资产专利权、非专利技术、商标权、著作权、特许权、土地使用权等。

一、无形资产的特征和内容

（一）无形资产的特征

1. 无形资产不具有实物形态

无形资产通常表现为某种权利、某项技术或是某种获取超额利润的综合能力，它们不具有实物形态，如土地使用权、非专利技术等。固定资产是通过实物价值的磨损和转移来为企业带来未来经济利益，而无形资产很大程度上是通过自身所具有的技术等优势为企业带来未来经济利益。某些无形资产的存在有赖于实物载体。

2. 无形资产具有可辨认性

要作为无形资产进行核算，该资产必须是能够区别于其他资产可单独辨认的。满足下列条件之一的，应当认定为其具有可辨认性：能够从企业中分离或者划分出来，并能单独或者与相关合同、资产或负债一起，用于出售、转移、授予许可、租赁或交换；源自合同性权利或其他法定权利，无论这些权利是否可以从企业或其他权利和义务中转移或者分离。

3. 无形资产属于非货币性资产

无形资产属于非货币性资产且能够在多个会计期间为企业带来经济利益。无形资产的使用年限在1年以上，其价值将在各个受益期间逐渐摊销。

（二）无形资产的内容与分类

1. 无形资产的内容

无形资产主要包括专利权、非专利技术、商标权、著作权、土地使用权、特许权等。因为商誉的存在无法与企业自身分离，不具有可辨认性，所以，它不属于无形资产的范畴。

2. 无形资产的分类

无形资产按取得的来源不同分类，可分为外购的无形资产、自行开发的无形资产、投资者投入的无形资产、企业合并取得的无形资产、债务重组取得的无形资产、以非货币性资产交换取得的无形资产，以及政府补助取得的无形资产等。

无形资产按其使用寿命是否有期限，可分为有期限无形资产和无期限无形资产。无形资产的使用寿命是否有期限，应在企业取得无形资产时就加以分析和判断，其中需要考虑的因素是很多的。

二、无形资产的管理原则

对企业的无形资产进行科学的管理，是企业财务管理的一项重要任务。在日常管理中，要在以下几个方面强化无形资产管理。

（一）树立无形资产的管理观念

无形资产作为企业一项重要的资产，只有树立正确管理无形资产的观念，才能保障企业的正当权益，维护企业的形象，使无形资产更好地为企业创造最佳的经济效益。良好的企业形象能给企业带来无穷的益处：预先为新产品的成功做了保证；为保留或吸引人才创造了条件；为吸引社会资金提供了方便；有助于增进政府对企业的好感和帮助；有助于建立良好的营销网络。因此，企业应牢固树立无形资产的管理观念。

（二）科学地进行计价和核算

无形资产是以价值形式进行核算和管理的。无形资产本身具有特殊性质，在对无形资产进行价值评估时，应坚持以成本计价原则为基础，同时充分考虑相关因素对无形资产价值的影响，从而维护无形资产购销双方的利益。在核算无形资产时，应及时对外购无形资产、自行开发无形资产、无形资产摊销、无形资产减值、无形资产处置、无形资产出租等业务进行正确的核算和记录。只有这样，才能保证各期的无形资产成本均衡合理，避免少报资产，以合理调节利润。

（三）建立健全无形资产的管理制度

由于无形资产是企业拥有的一个特殊资产项目，所以无形资产的市场价值、经济源泉、框架概念、确认计量、信息披露等诸多领域，都要求企业建立完善、有效的无形资产管理制度，以保障和维护企业的利益，充分发挥无形资产的效能，提高无形资产的使用效益。

（四）重视无形资产的创建和发展

创立和积累无形资产的基本目的，是取得企业最大的经济效益。无形资产的创建和发展，形成企业文化，而企业文化是一种管理文化和经济文化，它包括企业经营的最高目标、经营思想、经营哲学、经营发展战略及有关制度等，力求用较少的消耗取得较大的效益。因此，重视无形资产的创建和发展，可以从根本上改善企业的素质，增强企业的活力，提高企业的竞争能力。

（五）加强对无形资产的法律保护

无形资产具有盈利功能、促销功能、竞争功能、扩张功能和导购功能等，它的价值构成企业的核心竞争力。在市场竞争中，企业的产品、资金、技术、人才、管理，别人都可以模仿，无形资产经过注册，是任何人都无法学习和取而代之的。例如可口可乐的绝密配方无疑是最重要的核心竞争力，但是当有人敲诈说要公布其配方时，可口可乐公司说你公布吧，只要它不叫可口可乐就行。可见，同品牌相比绝密配方也要逊色一筹。所以，加强对无形资产的法律保护是企业财务管理的一个重要内容。

第四节 外汇管理

外汇是一国特有的以外币表示的、用以进行国际之间结算的支付手段。根据《中华人民共和国外汇管理暂行条例》的规定，外汇包括以下内容：①外国货币，包括钞票、铸币等；②外国有价证券，包括政府公债、国库券、公司债券、股票、息票；③外币支付凭证，包括票据、银行存款凭证、邮政储蓄凭证；④其他外汇资金。国际发生的债权、债务问题，必须按约定的条件清偿。因此，外汇的实质是外汇成为清偿国际债权、债务的手段。

一、外汇的特点和种类

（一）外汇的特点

并非所有国家的货币都能成为外汇。只有在国际上被广泛用作国际结算支付手段和流通手段的货币才是真正意义上的外汇。因此，一种货币要成为外汇，必须具备以下几个条件：①外币性。外币性即外汇必须是以外币计值的，可以用于对外支付的金融资产。②自由兑换性。可兑换性指的是外汇必须能自由兑换成其他国家的货币。③普遍接受性。普遍接受性是指外汇能在国际经济往来中被各国普遍接受和使用。④可偿性。可偿性是指外汇所代表的资产必须是在国外能够得到偿付的货币债权。在多边清偿中，如果外汇的支付凭证在国外无法得到偿付，就不能用作本国对第三国债务的清偿。

（二）外汇的种类

外汇有多种分类法：按其能否自由兑换，外汇可分为自由外汇和记账外汇；按其来源和用途，外汇可分为贸易外汇和非贸易外汇；按其买卖的交割期，外汇可分为即期外汇和远期外汇。在我国外汇银行业务中，还经常要区分外汇现汇和外币现钞。

1. 自由外汇和记账外汇

自由外汇是指无须经过货币发行国家批准，既可以在国际市场上自由买卖，随时使用，又可以自由转换为其他国家货币的外汇。它在国际交往中能作为支付手段广泛地使用和流通，如美元、英镑、瑞士法郎、日元、德国马克等。记账外汇通常只能根据两个国家间的支付协定在两国间使用。记账外汇一般只在双方银行账户上记载，既不能转让给第三国使用，也不能兑换成自由外汇。

2. 贸易外汇和非贸易外汇

贸易外汇是指来源于出口的收汇和用于支付进口的货款以及与进出口贸易有关的从属费用，如运费、保险费、样品、宣传、推销费用等所用的外汇。非贸易外汇是指除进出口贸易以外收支的外汇，如侨汇、旅游、港口、民航、会展、文教、保险、银行、对外承包工程等外汇收入和支出。

3. 即期外汇和远期外汇

即期外汇是指外汇买卖成交后，交易双方于当天或两个交易日内办理交割手续的外汇。即期外汇交易是外汇市场上最常用的一种交易方式。远期外汇则是指市场交易主体在成交后，按照远期合同规定，在未来（一般在成交日后的 3 个营业日之后）按规定的日期交易的外汇。远期外汇交易是有效的外汇市场中必不可少的组成部分。

4. 外汇现汇和外币现钞

外汇现汇是指通过银行汇入汇出，用于清偿国际债权、债务的自由外汇。外币现钞是指外国钞票、铸币，主要由境外携入或从境内带出。

二、外汇管理体制及制度

（一）外汇管理体制

国家授权外汇管理局为行使外汇管理的专设机构。它主要行使以下职权。

（1）根据国家对外政策和国内经济发展的需要，制定全国统一的外汇管理法令。

（2）集中管理外汇资金。

（3）对外资、侨资、中外合资银行和外商投资企业外汇业务活动进行管理。

（4）考核和审批国内各单位的外汇收支。

（5）管理人民币对外汇率，制定和发布人民币汇率，禁止外币在境内流通。

中国银行是经营外汇业务的主要机构，统一办理中国的外汇业务，是中国的国际结算中心、外汇信贷中心、外币的出纳中心。

（二）我国外汇管理制度

我国外汇管理体制实行"集中管理，统一经营"的方针，对外汇进行严格的管理。我国外汇管理制度主要包括以下五个方面的内容。

（1）实行以市场供求为基础的、单一的、有管理的浮动汇率制。

（2）实行银行结汇、信汇制。

（3）建立银行间的外汇交易市场，改进汇率形成机制。

（4）禁止外币在境内计价结算和流通。

（5）国家运用经济、法律手段实现对外汇和国际收支的宏观调控。

（三）外汇管理的内容

我国在实施外汇管理中，坚持以下三项基本制度。一是国际收支统计申报制度。我国境内凡有国际收支活动的单位和个人，都必须进行国际收支统计申报。二是境内禁止外币流通，不得以外币计价结算制度。三是检举制度。任何单位和个人都有权检举、揭发违反外汇管理的行为。

（1）经常项目的外汇管理

经常项目是指一个国家的国际收支中经常发生的交易项目，包括贸易收支、劳务收支、单方面资产转移等，它是整个国际收支中最大的项目。对经常项目的外汇管理包括对境内机构的管理、对境外个人持汇用汇的管理、对驻华外国机构和来华人员的外汇管理。

（2）资本项目的外汇管理。资本项目是指国际收支中因资本输出、输入而产生的资产与负债的增减项目，包括直接投资、各类贷款、证券投资等。对资本项目进行外汇管理必须按规定进行：境内机构资本项目的外汇收支应在指定银行开立外汇账户；卖给外汇指定银行的，须经外汇管理机构批准；境内机构向境外投资必须向主管部门申请，按规定办理有关资金汇出手续；实行国家对外债的登记制度，定期公布外债情况；提供对外债担保，须经外汇管理机构批准；依法对外商投资企业终止清算、纳税进行管理监督。

（3）对金融机构外汇业务的管理按《中华人民共和国外汇管理条例》执行。

（4）人民币汇率管理。按照《中华人民共和国外汇管理条例》规定，我国人民币实行单一的、有管理的浮动汇率制度。中国人民银行根据商业银行间外汇市场形成的汇价，每日公布人民币对美元交易的中间价，并参照国际外汇市场变化，同时公布人民币对其他主要货币的汇率。

（5）外汇市场管理。《中国人民银行关于进一步改革外汇管理体制的公告》明确了我国建立全国统一的银行间的外汇交易市场的方针，国务院外汇管理部门负责规定和调整外汇交易市场的币种和形式，并依法监督管理全面的外汇市场。外汇市场的主要职能是为各外汇指定银行相互调剂外汇余缺和清算服务。外汇交易应当遵循公开、公平、公正和诚实信用的原则。中国人民银行根据货币政策的要求和外汇市场的变化，依法对外汇市场进行调控。

第五章 营运资本管理

第一节 营运资本管理概述

一、营运资本的概念和特点

（一）营运资本的概念

营运资本是指投入日常经营活动（营业活动）的资本，是流动资产和流动负债的差额。

流动资产是指可以在一年以内或超过一年的一个的营业周期内变现或运用的资产，企业拥有较多的流动资产可在一定程度上降低财务风险。流动资产按用途分为临时性流动资产和永久性流动资产，临时性流动资产是指随生产的周期性或季节性需求而变化的流动资产，永久性流动资产是指满足企业一定时期生产经营最低需要的那部分流动资产。

流动负债指需要在一年或者超过一年的一个营业周期内偿还的债务。流动负债按形成原因可分自发性流动负债和临时性流动负债，自发性流动负债是指企业在生产经营过程中不需要正式安排，由于结算程序的原因而自然形成一部分货款的支付时间晚于形成时间的流动负债，如应付账款、应付票据等，它们是资金的一种长期来源；临时性流动负债是指为了满足临时性流动资金需要所发生的负债，它是资金的一种短期来源。

当流动资产大于流动负债时，营运资本是正值，表示流动负债提供了部分流动资产的资金来源，另外的部分是由长期资金来源支持的，这部分金额就是营运资本。营运资本也可以理解为长期筹资用于流动资产部分，即长期筹资净值。

用公式表示为

$$流动资产 + 长期资产 = 所有者权益 + 长期负债 + 流动负债$$

$$流动资产 - 流动负债 = (所有者权益 + 长期负债) - 长期资产$$
$$营运资本 = 长期筹资 - 长期资产 = 长期筹资净值$$
$$流动资产 = 流动负债 + 长期筹资净值$$

流动资产投资所需资金的一部分由流动负债支持，另一部分由长期筹资支持。尽管流动资产和流动负债都是短期项目，但是绝大多数健康运转企业的营运资本是正值。

（二）营运资本的特点

1. 流动资产的特点

（1）流动资产的来源具有灵活多样性

与筹集长期资金的方式相比，企业筹集流动资产所需资金的方式较为灵活多样，通常有银行短期借款、短期融资券、商业信用、应交税金、应交利润、应付职工薪酬、应付费用、预收货款、票据贴现等多种内外部融资方式。

（2）流动资产的数量具有波动性

流动资产的数量会随企业内外条件的变化而变化，时高时低，波动很大。季节性企业如此，非季节性企业也如此。随着流动资产数量的变动，流动负债的数量也会相应发生变动。

（3）流动资产周转具有短期性

企业占用在流动资产上的资金，通常会在一年或一个营业周期内收回。根据这一特点，流动资产所需资金可以用商业信用、银行短期借款等短期筹资方式来加以解决。

（4）流动资产的实物形态具有变动性和易变现性

企业流动资产的占用形态是经常变化的，一般按照现金、材料、在产品、产成品、应收账款、现金的顺序转化。为此，在进行流动资产管理时，必须在各项流动资产上合理配置资金数额，做到结构合理，以促进资金周转顺利进行。此外，交易性金融资产、应收账款、存货等流动资产一般具有较强的变现能力，如果遇到意外情况，企业出现资金周转不灵、现金短缺时，便可迅速变卖这些资产，以获取现金。

2.流动负债的特点

流动负债具有偿还期限短、成本低、财务风险高、筹资富有弹性等特点。

二、营运资本管理的目的

营运资本管理是企业财务管理的一个重要组成部分，营运资本管理的目的必须符合企业整体财务管理的目的。企业营运资本管理的基本目标就是最大限度地服务于企业的长远财务规划，围绕经营活动现金流量的创造，实现企业价值最大化。当然，流动资产自身没有创造现金流量的能力，对企业价值的形成没有直接的影响。但在资本投资性质及其效率既定的情况下，无能的、低效的营运资本管理却会在很大程度上抵减企业经营活动现金流量的创造力。因此，企业应合理确定现金持有量，保持良好的流动资产结构，加快应收账款的回收等，使企业整个营运资本按照营运资本管理既定的目标进行运营，促使企业实现价值最大化。

为达到这一目的，在营运资本管理中，要求做好以下几点：

（1）合理确定企业运营资本的占用数量。

（2）合理确定短期资本的来源结构。

（3）加快资本周转，提高资本的利用效率。

三、营运资本管理的内容

在营运资本管理中，财务管理者必须做两个决策：企业运营需要多少营运资金以及如何筹集企业运营所需的资金。在实践中，这些决策一般同时进行，而且它们相互影响。所以，营运资本管理包括营运资本投资管理和营运资本筹资管理。

（一）营运资本投资管理

营运资本投资管理也就是流动资产投资管理，包括流动资产投资政策和流动资产投资日常管理两部分。

1.流动资产投资政策

（1）流动资产投资政策类型

流动资产投资政策是指如何确定流动资产投资的相对规模。流动资产的相对规模,通常用流动资产占销售收入的比率来衡量。它是流动资产周转率的倒数,也称 1 元销售占用流动资产。

常见的流动资产投资政策有以下三种类型。

①紧缩的流动资产投资政策

紧缩的流动资产投资政策可能伴随着更高风险,这些风险可能源于更紧的信用和存货管理,或源于缺乏现金用于偿还应付账款。此外,受限的信用政策可能减少销售收入。同时,紧缩的产品存货政策则不利于进行商品选择从而影响企业销售。

紧缩的流动资产投资政策能提高企业收益,只要不可预见的事件没有损坏公司资产的流动性以致严重的问题发生。

②适中的流动资产投资政策

在销售不变情况下,企业安排较少的流动资产投资,可以缩短流动资产周转天数,节约投资成本。但是,投资不足可能会引发经营中断,增加短缺成本,给企业带来损失。企业为了减少经营中断的风险,在销售不变的情况下安排较多的营运资本投资,会延长流动资产周转天数。但是,投资过量会出现闲置的流动资产,白白浪费了投资,增加持有成本。因此,需要权衡得失,确定其最佳投资需要量,也就是短缺成本和持有成本之和最小化的投资额。

适中的流动资产投资政策,就是按照预期的流动资产周转天数、销售额及其增长、成本水平和通货膨胀等因素确定的最优投资规模,安排流动资产投资。这种流动资产投资政策下的投资收益率和运营风险都适中。

③宽松的流动资产投资政策

通常情况下,企业持有高水平的现金、高水平的应收账款(通常来自于宽松的信用政策)和高水平的存货(通常源于补给原材料或不愿意因为成品存货不足而失去销售)。这种流动资产投资政策需要较多的流动资产投资,承担较大的流动资产持有成本,可能导致较低的投资收益率,但由于较高的流动性,企业的运营风险较小。

(2)流动资产投资政策的选择。

在进行流动资产投资政策的选择时,需要考虑以下因素:

①该公司对风险和收益的权衡特性

在进行流动资产投资政策的选择时，公司债权人的意见尤为关键。银行和其他借款人对企业流动性水平非常重视，因为流动性包含了这些债权人对信贷扩张和利率的决策。他们还考虑应收账款和存货的质量，尤其是当这些资产被用来当作一项贷款的抵押品。

②公司特性

许多公司，尤其是较小的公司，由于有限的短期借贷可获得性和有限的整体资本化，被迫采用紧缩的投资政策。

③产业因素

在销售的边际毛利较高的产业，一个宽松的信用政策可能提供相当可观的收益，尤其是如果潜在的额外利润大大超过潜在的成本。这种观点假设从额外销售中获得的利润超过额外应收账款所增加的成本，以及其他额外的坏账损失。

④决策者类型

财务管理者较之运营或销售经理，通常具有不同的流动资产管理观点。运营经理通常喜欢高水平的原材料存货或部分产成品，以便满足生产所需。相似的，销售经理也喜欢高水平的产成品存货以便满足顾客的需要，而且喜欢宽松的信用政策以便刺激销售。相反，财务管理者喜欢最小化存货和应收账款，以便最小化为这些流动资产进行筹资的成本。

2. 流动资产投资日常管理

流动资产投资日常管理，是流动资产投资政策的执行过程，包括现金管理、存货管理和应收账款管理。

流动资产投资日常管理，是伴随各业务部门的日常生产经营活动进行的。财务部门管理现金流动，生产部门管理存货流动，销售部门管理应收账款流动。这些日常营业活动虽然都会影响公司的流动性，但是财务主管并不直接决策，而由相关营业人员分散决策。

日常营业活动是频繁发生、重复进行的，比如向顾客收款，每天要发生许多次。经营重复的例行活动的决策过程可以程序化，即通过建立控制系统来完成。例如，企业需要建立现金控制系统、存货控制系统和应收账款控制系统等。

财务主管的职责是根据既定流动资产投资政策控制标准和程序的，并监控系统运行的有效性。

（二）营运资本筹资管理

营运资本筹资管理是指在总体上如何为流动资产筹资，采用短期资金来源还是长期资金来源，或者兼而有之。进行营运资本筹资管理，就是确定流动资产所需资金中短期来源和长期来源的比例。流动资产的投资管理，确定了投资的总量，也就是需要筹资的总量。营运资本的筹资管理，主要是确定筹资的来源结构。

流动资产的资金来源，一部分是短期来源，另一部分是长期来源，后者是长期资金来源购买固定资产后的剩余部分。长期资金来源购买固定资产后的剩余部分多，资金来源的持续性强，偿债压力小，管理起来比较容易，称为保守的筹资政策。长期资金来源购买固定资产后的剩余部分是负数，资金来源的持续性弱，偿债压力大，称为激进的筹资政策。从最保守的筹资政策到最严格的筹资政策之间，分布着一系列宽严程度不同的筹资政策。它们大体上分为三类：配合型筹资政策、保守型筹资政策和激进型筹资政策。

1. 保守型筹资政策

保守型筹资政策的特点：临时性流动负债只融通部分临时性流动资产的资金需要，另一部分临时性流动资产和长期性资产，则由长期资金来源支持。极端保守的筹资政策完全不使用短期借款，全部资金都来自长期资金。

保守型筹资政策下临时性流动负债占企业全部资金来源的比例较小。例如，某企业在生产经营过程中，需占用600万元的流动资产和1000万元的固定资产，在生产经营的高峰期，会额外增加500万元的季节性存货需求。如果企业只是生产经营的旺季借入资金低于500万元，比如300万元的短期借款，而无论何时的长期负债、自发性负债和权益资本之和总是高于1600万元，比如达到1800万元，那么旺季季节性存货的资金需要只有一部分（300万元）靠当时的短期借款解决，其余部分的季节性存货和全部长期性资金需要则由长期负债、自发性负债和权益资本提供。而在生产经营的淡季，企业则可将闲置的资金（200万元）投资于短期有价证券。

在这种做法下，由于短期金融负债所占比例较小，所以企业无法偿还到期债务的风险较低，同时蒙受短期利率变动损失的风险也较低。然而，却会因长期负债资本成本高于短期金融负债的资本成本，以及经营淡季时资金有剩余但仍需负担长期负债利息，从而降低企业的收益。所以，保守型筹资政策是一种风险和收益均较低的营运资本筹资政策。

2. 配合型筹资政策

配合型筹资政策的特点：对于临时性流动资产，用临时性流动负债筹集资金；对于永久性流动资产和长期资产，则由长期资金来源来支持，该政策用公式表示为

$$长期资产 + 长期性流动资产 = 权益资本 + 长期负债 + 自发性流动负债$$
$$临时性流动资产 = 临时性流动负债$$

配合型筹资政策要求企业的临时性流动负债筹资计划严密，实现现金流动与预期安排相一致。企业需要与临时性流动资产需求时间和数量相配合的临时性流动负债。例如，某企业在生产经营的过程中，需占用 600 万元的流动资产和 1000 万元的固定资产；在生产经营的高峰期，会额外增加 500 万元的季节性存货需求；按照配合型筹资政策，企业只在生产经营的高峰期才借入 500 万元的短期借款。1600 万元永久性资产（即 600 万元永久性流动资产和 1000 万元固定资产之和）均由长期负债、自发性流动负债和权益资本解决其资金需要，这样按照投资持续时间结构去安排筹资的时间结构，有利于降低利率风险和偿债风险。

资金来源的有效期和资产的有效期的匹配，是一种战略性的匹配，而不要求完全匹配，实际上，企业也做不到完全匹配。原因在于：①企业不可能为每一项资产按其有效期配置单独的资金来源，只能分成短期来源和长期来源两大类来统筹安排筹资。②企业必须有所有者权益筹资，它是无限期的资本来源，而资产总是有期限的，不可能完全匹配。③资产的实际有效期是不确定的，而还款期是确定的，必然会出现不匹配。例如，预计销售没有实现，无法按原计划及时归还短期借款，导致匹配失衡。

3. 激进型筹资政策

激进型筹资政策的特点：临时性流动负债不但融通临时性流动资产的资金需要，还解决部分长期性资产的资金需要。极端严格的筹资政策是全部长期性流动资产都采用临时性流动负债筹资，甚至部分固定资产也采用临时性流动负债筹资。

激进型筹资政策下短期金融负债在企业全部资金来源中所占比例大于配合型筹资政策。例如，某企业在生产经营的淡季，需占用600万元的流动资产和1000万元的固定资产；在生产经营的高峰期，会额外增加500万元的季节性存货需求。如果企业的权益资本、长期负债和自发性负债的筹资额低于1600万元（即低于正常经营期的流动资产占用与固定资产占用之和），比如只有1300万元，那么就会有300万元的长期性资产和500万元的临时性流动资产（在经营高峰期内）由临时性流动负债筹资来解决。这种情况表明，企业实行的是激进型筹资政策。

由于临时性流动负债的资本成本一般低于长期负债和权益资本的资本成本，而激进型筹资政策下临时性流动负债所占比例较大，所以该政策下企业的资本成本较低。但是，为了满足长期性资产的长期资金需要，企业必然要在临时性流动负债到期后重新举债或申请债务展期，这样企业便会更为经常地举债和还债，从而加大筹资困难和风险；还可能面临由于临时性流动负债利率的变动而增加企业资本成本的风险。所以，激进型筹资政策是一种收益性和风险性均较高的营运资本筹资政策。

四、营运资本管理的原则

企业的营运资本在全部资本中占有相当大的比重，而且周转期短，形态易变，所以营运资本管理是企业财务管理工作的一项重要内容。实证研究也表明，财务经理将大量时间用于营运资本的管理。企业进行营运资本管理，必须遵循以下原则。

（一）认真分析生产经营状况，合理确定营运资本的需要数量

企业营运资本的需要数量与企业生产经营活动有直接关系。当企业产销两

旺时，流动资产不断增加，流动负债也会相应增加；而当企业产销量不断减少时，流动资产和流动负债也会相应减少。因此，企业财务人员应认真分析生产经营状况，采用一定的方法预测营运资本的需要数量，以便合理使用营运资本。

（二）在保证生产经营需要的前提下，节约使用资本

在营运资本管理中，必须正确处理保证生产经营需要和节约使用资本二者之间的关系。要在保证生产经营需要的前提下，遵守勤俭节约的原则，挖掘资本潜力，精打细算地使用资本。

（三）加速营运资本周转，提高资本的利用率

营运资本周转是指企业的营运资金从现金投入生产经营开始，到最终转化为现金的过程。在其他因素不变的情况下，加速营运资本的周转，也就相应地提高了资本的利用效果。因此，企业要千方百计地加速存货、应收账款等流动资产的周转，以便用有限的资本取得最优的经济效益。

（四）合理安排流动资产与流动负债的比例关系，保证企业有足够的短期偿债能力

流动资产、流动负债以及二者之间的关系能较好地反映企业的短期偿债能力。流动负债是在短期内需要偿还的债务，而流动资产则是在短期内可以转化为现金的资产。因此，如果一个企业的流动资产比较多，流动负债比较少，说明企业的短期偿债能力较强；反之，则说明短期偿债能力较弱。但如果企业的流动资产太多，流动负债太少，也并不是正常现象，这可能是流动资产闲置或流动负债利用不足所致。因此，在营运资本管理中，要合理安排流动资产和流动负债的比例关系，以便既节约使用资金，又保证企业有足够的偿债能力。

第二节 现金与存货管理

一、现金管理

广义的现金是指在生产经营过程中以货币形态存在的资金，包括库存现金、银行存款和其他货币资金等。狭义的现金仅指库存现金。这里所讲的现金是指

广义的现金。

保持合理的现金水平是企业现金管理的重要内容。拥有足够的现金对于降低企业的风险，增强企业资产的流动性和债务的可清偿性有着重要的意义。除了应付日常的业务活动外，企业还需要拥有足够的现金偿还贷款、把握商机以及防止不时之需。但库存现金是唯一的不创造价值的资产，对其持有量不是越多越好，即使是银行存款，其利率也非常低。因此，现金存量过多，它所提供的流动性边际效益便会随之下降，从而使企业的收益水平下降。

所以，企业必须建立一套管理现金的方法，持有合理的现金数额，衡量企业在某段时间内的现金流入量与流出量，在保证企业经营活动所需现金的同时，尽量减少企业的现金数量，提高资金收益率。

（一）持有现金的动机

1. 交易性动机

企业的交易性动机是企业为了维持日常周转及正常商业活动所需持有的现金额。企业每日都在发生许多支出和收入，这些支出和收入在数额上不相等以及时间上不匹配，为此企业需要持有一定现金来调节，以使生产经营活动能继续进行。

在许多情况下，企业向客户提供的商业信用条件和它从供应商那里获得的信用条件不同，可能使企业必须持有现金。如供应商提供的信用条件是 30 天付款，而公司迫于竞争压力，则向顾客提供 45 天的信用期，这样，企业必须筹集够 15 天的运转资金来维持企业运转。

另外，企业业务的季节性，要求企业逐渐增加存货以等待季节性的销售高潮。这时，一般会发生季节性的现金支出，公司现金余额下降，随后又随着销售高潮到来，存货减少，而现金又逐渐恢复到原来水平。

2. 预防性动机

预防性动机是指企业需要维持充足现金，以应付突发事件。这种突发事件可能是政治环境变化、公司突发性偿付，也可能是公司的某大客户违约导致企业突发偿债。尽管财务主管试图利用各种手段来较准确地估算企业需要现金数，但这些突发事件会使原本很好的财务计划失去效果。因此，企业为了应付突发事件，有必要维持比日常正常运转所需金额更多的现金。

为应付无法意料的现金需要，企业需维持的现金额取决于：①企业愿冒缺少现金风险的程度；②企业预测现金收支可靠的程度；③企业临时融资的能力。一家希望尽可能减少风险的企业倾向于保留大量的现金余额，以应付其交易性需求和大部分预防性资金需求。另外，它会与银行维持良好关系，以备现金短缺之需。

3. 投机性动机

投机性动机是企业为了抓住突然出现的获利机会而持有的现金，这种机会大都是一闪即逝的，如证券价格的突然下跌，企业若没有用于投机的现金，就会错过这一机会。

除了上述三种动机以外，还有许多企业持有现金是作为补偿性余额的。即出于银行要求而保留在企业银行账户中的存款，它是企业对银行所提供借款或其他服务的一种间接付款。

（二）现金管理的成本

1. 现金的机会成本

现金作为企业的一项资金占用，是有代价的，这种代价就是它的机会成本。现金的机会成本，是指企业因持有一定现金余额而丧失的再投资收益。再投资收益是企业不能同时用该现金进行有价证券投资所产生的机会成本，这种成本在数额上等于资金成本，即

机会成本 = 平均现金持有量 × 有价证券利率（或资本成本率）

2. 现金的管理成本

现金的管理成本是指企业因持有一定量的现金而发生的管理费用，如管理人员工资、安全措施费等。现金的管理成本是一种固定成本，与现金持有量之间无明显的比例关系。

3. 现金的交易成本

企业用现金购入有价证券以及用有价证券转换回现金是要付出代价的（如支付经纪费用、证券过户费及其他费用），这种代价被称为现金的交易成本。

企业在一定时期内，现金使用量确定的情况下，现金持有量越多，证券价交易（转换）次数越少，现金的交易成本就越低；现金持有量越少，证券价交易（转换）次数越多，现金的交易成本就越高。因此，现金交易成本与现金持有量成反比。

4.现金的短缺成本

现金的短缺成本是因缺乏必要的现金，不能应付业务开支所需，而使企业蒙受损失或为此付出的代价。现金的短缺成本随现金持有量的增加而下降，随现金持有量的减少而上升。

（三）最佳现金持有量的确定

现金的管理除了做好日常收支，加快现金流转速度外，还需控制好现金持有规模，即确定适当的现金持有量。下面是几种确定最佳现金持有量的方法。

1.成本分析模式

成本分析模式是通过分析持有现金的成本，寻找持有成本最低的现金持有量。运用成本分析模式确定最佳现金持有量时，只考虑因持有一定量现金而产生的机会成本、管理成本和短缺成本，而不考虑交易成本。

现金的机会成本、管理成本与短缺成本之和最小的现金持有量，就是最佳现金持有量。如果把这三条成本线放在一张图上，就能表现出持有现金的总成本（总代价），找出最佳现金持有量的点：机会成本线向右上方倾斜，短缺成本线向右下方倾斜，管理成本线为平行于横轴的平行线，总成本线便是一条抛物线，该抛物线的最低点即持有现金的最低总成本。超过这一点，机会成本上升的代价会大于短缺成本下降的好处；在这一点之前，短缺成本上升的代价会大于机会成本下降的好处。这一点横轴上的量，即最佳现金持有量。

在实际工作中，运用成本分析模式确定最佳现金持有量的具体步骤如下：

（1）根据不同现金持有量测算并确定有关成本数值；

（2）按照不同现金持有量及其有关成本资料编制现金持有总成本表；

（3）在总成本表中找出总成本最低时的现金持有量，即最佳现金持有量。

2.存货模式

企业平时持有较多的现金，会降低现金的短缺成本，但也会增加现金占用的机会成本；而平时持有较少的现金，则会增加现金的短缺成本，却能减少现金占用的机会成本。如果企业平时只持有较少的现金，在有现金需要时（如手头的现金用尽），通过出售有价证券换回现金（或从银行借入现金），便能既满足现金的需要，避免短缺成本，又能减少机会成本。因此，适当的现金与有价证券之间的转换，是企业提高资金使用效率的有效途径。但是，如果每次任意量地进行有价证券与现金的转换，会加大企业现金的交易成本，如何确定有价证券与现金的每次转换量，可以应用现金持有量的存货模式解决。

现金持有量的存货模式又称鲍曼模型，是威廉·鲍曼（William Baumol）提出的用以确定目标现金持有量的模型。在持有现金的成本中，管理成本因其相对稳定，同现金持有量的多少关系不大，在存货模式中将其视为决策无关成本而不予考虑。现金是否会发生短缺、短缺多少、概率多大以及各种短缺情形发生时可能的损失如何，都存在很大的不确定性和无法计量性。因而，在利用存货模式计算现金最佳持有量时，对短缺成本也不予以考虑。在存货模式中，只考虑机会成本和交易成本。

现金的机会成本和交易成本是两条随现金持有量呈不同方向发展的线，两条线交叉点相应的现金持有量即是相关总成本最低的现金持有量，它可以运用现金持有量存货模式求出。以下通过举例，说明现金持有量存货模式的应用。

3.随机模式

随机模式是在现金需求量难以预知的情况下进行现金持有量控制的方法。对企业来讲，现金需求量往往波动大且难以预知，但企业可以根据历史经验和现实需要，测算出一个现金持有量的控制范围，即制定出现金持有量的上限和下限，将现金量控制在上、下限之内。当现金量达到控制上限时，用现金购入有价证券，使现金持有量下降；当现金量降到控制下限时，则抛售有价证券换回现金，使现金持有量回升。若现金量在控制的上、下限之内，便不必进行现金与有价证券的转换，保持它们各自的现有存量。

（四）现金的日常管理

1.现金收入管理

（1）收款的流动时间

一个高效率的收款系统能够使收款成本和收款浮动期达到最小，同时能够保证与客户汇款及其他现金流入来源相关的信息的质量。收款系统成本包括浮动期成本，管理收款系统的相关费用（如银行手续费）及第三方处理费用或清算相关费用。在获得资金之前，收款在途项目使企业无法利用这些资金，也会产生机会成本。信息的质量包括收款方得到的付款人的姓名、付款的内容和付款时间。信息要求及时、准确地到达收款人一方，以便收款人及时处理资金，做出发货的安排。

收款浮动期是指从支付开始到企业收到资金的时间间隔。收款浮动期主要是纸基支付工具导致的，有下列三种类型：①邮寄浮动是指从付款人寄出支票到收款人或收款人的处理系统收到支票的时间间隔；②处理浮动期是指支票的接受方处理支票和将支票存入银行以收回现金所花的时间；③结算浮动期是指通过银行系统进行支票结算所需的时间。

（2）邮寄的处理

纸基支付收款系统主要有两大类：一类是柜台存入的体系，一类是邮政支付系统。

这里主要讨论的支付系统是企业通过邮政收到顾客或者其他商业伙伴的支票。一家公司尽可能采用内部清算处理中心或者一个锁箱来接收和处理邮政支付。具体采用哪种方式取决于两个因素即支付的笔数和金额。

企业处理中心处理支票和做存单准备都在公司内进行。这一方式主要为那些收到的付款金额相对较小而发生频率很高的企业所采用（例如公用事业公司和保险公司）。场内处理中心最大的优势在于对操作的控制。操作控制可以有助于：①对系统做出调整改变。②根据公司需要定制系统程序。③监控掌握客户服务质量。④获取信息。⑤更新应收账款。⑥控制成本。

（3）收款方式的改善

电子支付方式对比纸质支付是一种改进。电子支付方式提供了如下好处：①结算时间和资金可用性可以预计；②向任何一个账户或任何金融机构的支付具有灵活性，不受人工干扰；③客户的汇款信息可与支付同时传送，更容易更新应收账款；④客户的汇款从纸质方式转向电子化，减少或消除了收款浮动期，降低了收款成本，收款过程更容易控制，并且提高了预测精度。

2.现金支出管理

现金支出管理的主要任务是尽可能延缓现金的支出时间。当然，这种延缓必须是合理、合法的。

（1）使用现金浮游量

现金浮游量是指由于企业提高收款效率和延长付款时间所产生的企业账户上的现金余额和银行账户上的企业存款余额之间的差额。

（2）推迟应付款的支付

推迟应付款的支付是指企业在不影响自己信誉的前提下，充分运用供货方所提供的信用优惠，尽可能地推迟应付款的支付期。

（3）汇票代替支票

汇票分为商业承兑汇票和银行承兑汇票，与支票不同的是，承兑汇票并不是见票即付。这一方式的优点是它推迟了企业调入资金用以支付汇票的实际所需时间。这样企业就只需在银行中保持较少的现金余额。它的缺点是某些供应商可能并不喜欢汇票付款，银行也不喜欢处理汇票，它们通常需要耗费更多的人力。同支票相比，银行会收取较高的手续费。

（4）改进员工工资支付模式

企业可以为支付工资专门设立一个工资账户，通过银行向职工支付工资。为了最大限度地减少工资账户的存款余额，企业要合理预测开出支付工资的支票到职工去银行兑现的具体时间。

3.现金收支的综合控制

（1）力争现金流入与流出同步

如果企业能尽量使它的现金流入与现金流出发生的时间趋于一致，就可以使所持有的交易性现金余额降到较低水平，这就是所谓的现金流量同步。基于这种认识，企业可以重新安排付出现金的时间，尽量使现金流入与现金流出趋于同步。

（2）实行内部牵制制度

在现金管理中，要实行现金与账户管理相分离，使出纳人员和会计人员互相牵制，互相监督。凡有库存现金收付，应坚持复核制度，以减少差错，堵塞漏洞。

出纳人员调换时，必须办理交接手续，做到责任清楚。

（3）及时进行现金的清理

在现金管理中，要及时进行现金的清理。库存现金的收支应做到日清月结，确保库存现金的账面余额与实际库存额相互符合；银行存款账户余额与银行对账单余额相互符合；现金、银行存款日记账数额分别与现金、银行存款总账数额相互符合。

（4）遵守国家规定的库存现金支付的使用范围

按我国有关制度规定，企业可以在下列范围内使用库存现金支付：

①职工工资、各项工资性补贴；

②个人劳动报酬；

③根据国家规定办法给个人的科学技术、文化艺术、教育、卫生、体育等各种奖金；

④各种劳保、福利费各种抚恤金、学生奖学金、丧葬补助费以及国家规定的对个人的其他支出；

⑤向个人收购农副产品和其他物资的价款；

⑥出差人员必须随身携带的差旅费；

⑦结算起点以下的零星支出，现行规定的结算起点为1000元；

⑧中国人民银行确定需要支付的其他支出。

（5）做好银行存款的管理

企业超过库存现金限额的现金，应存入银行，由银行统一管理。企业银行存款主要有以下两种类型：

①结算户存款

结算户存款是指企业为从事结算业务而存入银行的款项。其资金主要来自企业出售商品的货款、提供劳务的收入、从银行取得的贷款以及发行证券筹得的资金等。结算户存款可由企业随时支取，具有与库存现金一样灵活的购买力。但结算户存款利息率很低，企业获得的报酬很少。

②单位定期存款

单位定期存款是企业按银行规定的存储期限存入银行的款项。企业向开户行办理定期存款，应将存款金额从结算户转入专户存储，由银行签发存单。存款到期凭存单支取，只能转入结算户，不能直接提取为库存现金。单位定期存款的利息率较高，但使用不太方便，只有闲置的、一定时期内不准备动用的现金才能用于定期存款。

加强对银行存款的管理具有重要意义，企业应做好以下几项工作：①按期对银行存款进行清查，保证银行存款安全完整；②当结算户存款结余过多，一定时期内又不准备使用时，可转入定期存款，以获取较多的利息收入；③与银行保持良好的关系，使企业的借款、还款、存款和转账结算能顺利进行。

4. 适当持有交易性金融资产

交易性金融资产与现金管理密不可分。交易性金融资产因易变现的特征而成为现金的替代品。

企业持有交易性金融资产主要基于两个理由：

（1）以交易性金融资产作为现金的替代品

交易性金融资产虽然不能直接使用，但是与其他流动资产相比，也具有较高的流动性和较强的变现能力，通过不同的交易性金融资产形式代替现金，可以丰富企业的现金持有形式。

（2）以交易性金融资产取得一定的收益

单纯的现金项目没有收益或收益很低，将一部分现金投资于交易性金融资产，可以在保持较高流动性的同时得到比现金高的收益，所以将持有的部分现金用于交易性金融资产是很多企业的做法。

二、存货管理

存货是指企业在生产经营过程中为销售或者耗用而储备的物资，包括材料、燃料、低值易耗品、在产品、半成品、产成品、协作件和商品等。存货管理水平的高低直接影响着企业的生产经营能否顺利进行，并最终影响企业的收益、风险等状况。因此，存货管理是财务管理的一项重要内容。

存货管理的目标，就是要尽力在各种存货成本与存货效益之间做出权衡，在充分发挥存货功能的基础上，降低存货成本，实现两者的最佳结合。

（一）持有存货的意义

持有存货的意义是指存货在企业生产经营过程中起到的作用。具体包括以下几个方面。

1. 保证生产正常进行

生产过程中需要的原材料和在产品，是生产的物质保证，为保障生产的正常进行，必须储备一定量的原材料；否则可能会造成生产中断、停工待料现象。

2. 有利于销售

一定数量的存货储备能够增加企业在生产和销售方面的机动性和适应市场变化的能力。当企业市场需求量增加时，若产品储备不足，就有可能失去销售良机，所以，保持一定量的存货是有利于市场销售的。

3. 便于维持均衡生产，降低产品成本

有些企业产品属于季节性产品或者需求波动较大的产品，此时，若根据需求状况组织生产，则可能有时生产能力得不到充分利用，有时又超负荷生产，这会造成产品成本的上升。

4. 降低存货取得成本

一般情况下，当企业进行采购时，进货总成本与采购物资的单价和采购次数有密切关系。而许多供应商为鼓励客户多购买产品，往往在客户采购量达到一定数量时，给予价格折扣，所以企业通过大批量集中进货，既可以享受价格折扣，降低购置成本，又因减少订货次数，降低了订货成本，使总的进货成本降低。

5. 防止意外事件的发生

企业在采购、运输、生产和销售过程中，都可能发生意料之外的事故，保持必要的存货保险储备，可以避免和减少意外事件的损失。

（二）存货管理的成本

与持有存货有关的成本，包括取得成本、储存成本和缺货成本。

1. 取得成本

取得成本指为取得某种存货而支出的成本，通常用 TG 来表示。其又分为订货成本和购置成本。

（1）订货成本

订货成本指取得订单的成本，如办公费、差旅费、通信费、运输费等支出。订货成本中有一部分与订货次数无关，如常设采购机构的基本开支等，称为固定的订货成本，用 F_1 表示；另一部分与订货次数有关，如差旅费等，称为订货的变动成本。每次订货的变动成本用 K 表示；订货次数等于存货年需要量 D 与每次进货量 Q 之商。订货成本的计算公式为

$$订货成本 = F_1 + \frac{D}{Q}K$$

（2）购置成本

购置成本指为购买存货本身所支出的成本，即存货本身的价值，经常用数量与单价的乘积来确定。年需要量用 D 表示，单价用 U 表示，于是购置成本为 DU。订货成本加上购置成本，就等于存货的取得成本。其公式可表达为

取得成本 = 订货成本 + 购置成本 = 订货固定成本 + 订货变动成本 + 购置成本

$$TC_a = F_1 + \frac{D}{Q}K + DU$$

2. 储存成本

储存成本指为保持存货而发生的成本，包括存货占用资金所应计的利息、仓库费用、保险费用、存货破损和变质损失等等，通常用 TC_c 来表示。

储存成本也分为固定成本和变动成本。固定成本与存货数量的多少无关，如仓库折旧、仓库职工的固定工资等，常用 F_2 表示。变动成本与存货的数量有关，如存货资金的应计利息、存货的破损和变质损失、存货的保险费用等，单位储存变动成本用 K_c 来表示，平均储存量用 $\overline{E}$ 表示。用公式表示为

储存成本 = 储存固定成本 + 储存变动成本

$$TC_c = F_2 + K_c\overline{E}$$

3. 缺货成本

缺货成本指由于存货供应中断而造成的损失，包括材料供应中断造成的停工损失、产成品库存缺货造成的拖欠发货损失和丧失销售机会的损失及造成的

商誉损失等；如果生产企业以紧急采购代用材料解决库存材料中断之急，那么，缺货成本表现为紧急额外购入成本，缺货成本用 TC_a 表示。

如果以 TC 来表示储备存货的总成本，计算公式为

$$TC = TC_a + TC_c + TC_s = F_1 + \frac{D}{Q}K + DU + F_2 + K_c\overline{E} + TC$$

企业存货的最优化，就是使企业存货总成本即 TC 值最小。

（三）存货决策

1. 订货批量的决策

（1）经济订货量基本模型

经济订货量基本模型需要设立的假设条件：①企业能够及时补充存货，即需要订货时便可立即取得存货；②能集中到货，而不是陆续入库；③不允许缺货，即无缺货成本，TC_s 为零，这是因为良好的存货管理本来就不应该出现缺货成本；④需求量稳定，并且能预测，即 D 为已知常量；⑤存货单价不变，即 U 为已知常量；⑥企业现金充足，不会因现金短缺而影响进货；⑦所需存货市场供应充足，不会因买不到需要的存货而影响其他方面。

设立了上述假设后，TC_s 为零，存货的平均储存量 $\overline{E}$ 就等于 $Q/2$，存货总成本的公式可以简化为

$$TC = F_1 + \frac{D}{Q}K + DU + F_2 + K_c\frac{Q}{2}$$

为了确定经济批量，可采用公式法、逐批测试法来进行计算。

当 F_1、K、D、U、F_2、K_c 为常数量时，TC 的大小取决于 Q。为了求出 TC 的极小值，对其进行求导演算，可得出下列公式：

$$\overline{E} = \sqrt{\frac{2KD}{K_c}}$$

这一公式称为经济订货量基本模型，求出的每次订货批量，可使 TC 达到最小值。这个基本模型还可以演变为其他形式。

①每年最佳订货次数公式为

$$N^* = \frac{D}{Q^*} = \frac{D}{\sqrt{\dfrac{2KD}{K_c}}} = \sqrt{\frac{DK_c}{2K}}$$

②与批量有关的存货总成本公式为

$$TC(Q^*) = \frac{KD}{\sqrt{\frac{2KD}{K_c}}} + \frac{\sqrt{\frac{2KD}{K_c}}}{2} K_c = \sqrt{2KDK_c}$$

③最佳订货周期公式为

$$t^* = \frac{1}{N^*} = \frac{1}{\sqrt{\frac{DK_c}{2K}}}$$

④经济订货量占用资金

$$I^* = \frac{Q^*}{2} U = \frac{\sqrt{\frac{2KD}{K_c}}}{2} U = \sqrt{\frac{KD}{2K_c}} U$$

（2）存货陆续供应和使用的经济订货量模型

经济订货量的基本模型是在前述各假设条件下建立的，但现实生活中能够满足这些假设条件的情况十分罕见。为使模型更接近于实际情况，具有较高的可用性，需逐一放宽假设，同时改进模型。

在建立基本模型时，是假设存货一次全部入库，故存货增加时，存量变化为一条垂直的直线。事实上，各批存货可能陆续入库，使存量陆续增加。尤其是产成品入库和在产品转移，几乎总是陆续供应和陆续耗用的。在这种情况下，需要对基本模型做一些修改。

（3）有数量折扣的经济批量模型

在上述经济批量分析中，假定价格不随批量而变动。在西方，许多企业在销售时都有批量折扣，即对大批量采购在价格上给予一定的优惠。在这种情况下，与决策相关的成本除了考虑变动订货成本和变动储存成本外，还应考虑购置成本。

2.订货时间的决策

（1）再订货点的概念

一般情况下，企业的存货不能做到随用随时补充，因此，不能等存货用完再订货，而需要在没有用完时提前订货。在提前订货的情况下，企业再次发出订货单时，尚有存货的库存量，称为再订货点，用 R 来表示。它的数量等于交货时间（L）和每日平均需用量（d）的乘积：

$$R = Ld$$

例如，企业订货日至到货期的时间为 10 天，每日存货需要量为 10 千克，那么

$$R = Ld = 10 \times 10 = 100（千克）$$

即企业在尚存 100 千克存货时，就应当再次订货，等到下批订货到达时（发出订货单 10 天后），原有库存刚好用完。此时，有关存货的每次订货批量、订货次数、订货间隔时间等并无变化，与瞬时补充时相同。这就是说，订货提前期对经济订货量并无影响，可仍以原来瞬时补充情况下的 300 千克为订货批量，只不过在达到再订货点（库存 100 千克）时即发出订货单罢了。

（2）保险储备

以前讨论假定存货的供需稳定且确知，即每日需求量不变，交货时间也固定不变。实际上，每日需求量可能变化，交货时间也可能变化。按照某一订货批量（如经济订货批量）和再订货点发出订单后，如果需求增大或送货延迟，就会发生缺货或供货中断。为防止由此造成的损失，就需要多储备一些存货以备应急之需，称为保险储备（安全存量）。这些存货在正常情况下不动用，只有当存货过量使用或送货延迟时才动用。

（四）存货的日常管理

伴随着业务流程重组的兴起以及计算机行业的发展，存货管理系统也得到了很大的发展。从 MRP（物料资源规划）发展到 MRP-II（制造资源规划）、再到 ERP（企业资源规划）以及后来的柔性制造和供应链管理，甚至是外包等管理方法的快速发展，都极大地促进了企业存货管理方法的发展。这些新的生产方式把信息技术革命和管理进步融为一体，提高了企业的整体运作效率。下面将对典型的库存控制系统进行介绍。

1. 存货的归口分级管理

存货的归口分级控制，是加强存货日常管理的一种重要方法。归口分级管

理的基本做法是在企业总经理的领导下，财务部门对企业的存货资金实行集中统一管理，财务部门应该掌握整个企业存货资金的占用、耗费和周转情况，实行企业资金使用的综合平衡，加速资金周转。实行存货归口分级管理，有利于调动各职能部门、各级单位和员工管好、用好存货的积极性和主动性，把存货管理同企业的生产经营结合起来，贯彻责、权、利相结合的原则。这一管理方法包括如下三项内容。

（1）在企业管理层领导下，财务部门对存货资金实行统一管理

企业必须加强对存货资金的集中、统一管理，促进供、产、销相互协调，实行资金使用的综合平衡，加速资金周转。财务部门的统一管理主要包括如下几方面工作：①根据国家财务制度和企业具体情况制定企业资金管理的各种制度。②认真测算各种资金占用数额，汇总编制存货资金计划。③把有关计划指标进行分解，落实到有关单位和个人。④对各单位的资金使用情况进行检查和分析，统一考核资金的使用情况。

（2）使用资金的归口管理

根据使用资金和管理资金相结合，物资管理和资金管理相结合的原则，每项资金由哪个部门使用，就归哪个部门管理。各项资金归口管理的分工如下：①原材料、燃料、包装物等资金归供应部门管理。②在产品和自制半成品占用的资金归生产部门管理。③产成品资金，归销售部门管理。④工具、用具占用的资金归工具部门管理。⑤修理用备件占用的资金归设备动力部门管理。

（3）实行资金的分级管理

各归口的管理部门要根据具体情况将资金计划指标进行分解，分配给所属单位或个人，层层落实，实行分级管理。具体分解过程可按如下方式进行：①原材料资金计划指标可分配给供应计划、材料采购、仓库保管、整理准备各业务组管理。②在产品资金计划指标可分配给各车间、半成品库管理；③成品资金计划指标可分配给销售、仓库保管、成品发运各业务组管理。

2.ABC 分类法

ABC 分类法就是把企业种类繁多的存货，依据其重要程度、价值大小或者资金占用等标准分为三大类：A 类高价值库存，品种数量约占整个库存的

10% ～ 15%，但价值约占全部库存的 50% ～ 70%；B 类中等价值库存，品种数量约占全部库存的 20% ～ 25%，价值约占全部库存的 15% ～ 20%；C 类低价值库存，品种数量多，约占整个库存的 60% ～ 70%，价值约占全部库存的 10% ～ 35%。针对不同类别的库存分别采用不同的管理方法，A 类库存应作为管理的重点，实行重点控制、严格管理；而对 B 类和 C 类库存的重视程度则可依次降低，采取一般管理。

3.适时制库存控制系统

适时制库存控制系统在我国早就引进了，又称零库存管理或看板管理系统。它最早是由丰田公司提出并将其应用于实践，是指制造企业事先和供应商和客户协调好，只有当制造企业在生产过程中需要原料或零件时，供应商才会将原料或零件送来，而每当产品生产出来就被客户拉走。这样，制造企业的库存持有水平就可以大大下降。显然，适时制库存控制系统需要的是稳定而标准的生产程序以及与供应商的诚信。否则，任何一环出现差错都将导致整个生产线的停止。目前，已有越来越多的公司利用适时制存货控制系统减少甚至消除对库存的需求，即实行零库存管理。适时制库存控制系统进一步的发展被应用于企业生产管理过程中——集开发、生产、库存和分销于一体，大大提高了企业运营管理效率。

第三节　应收账款管理

随着市场经济的发展，商业信用的推行，企业应收账款数额明显增多，已成为流动资产管理中一个日益重要的问题。企业通过提供商业信用，采取赊销、分期付款等方式可以扩大销售，增强竞争力，获得利润。应收账款作为企业扩大销售和盈利的一项投资，也会发生一定的成本，所以企业需要在应收账款所增加的盈利和所增加的成本之间做出权衡。应收账款管理就是分析赊销的条件，使赊销带来的盈利增加大于应收账款投资产生的成本增加，最终使企业现金收入增加，企业价值提升。

一、持有应收账款的动机、成本与管理目标

（一）持有应收账款的动机

1.商业竞争

在社会主义市场经济的条件下，存在着激烈的商业竞争，竞争机制的作用迫使企业以各种手段扩大销售。除了依靠产品质量、价格、售后服务、广告以外，赊销也是扩大销售的手段之一。对于同等的产品价格、类似的质量水平、一样的售后服务，实行赊销的产品或商品的销售额将大于现金销售的产品或商品的销售额，这是因为顾客将从赊销中可以得到好处。出于扩大销售的竞争需要，企业不得不以赊销或其他优惠方式招揽顾客，于是就产生了应收账款。由竞争引起的应收账款，是一种商业信用，这是企业持有应收账款的主要原因。

2.销售和收款的时间差

商品成交的时间和收到货款的时间经常不一致，这也导致了应收账款。当然，现实生活中现金销售是很普遍的，特别是零售企业更常见。不过就一般批发和大量生产企业来讲，发货的时间和收到货款的时间往往不同，这是因为货款结算需要时间。结算手段越是落后，结算所需时间就越长，销售企业只能承认这种现实并承担由此引起的资金垫支。由于销售和收款的时间差而造成的应收账款，不属于商业信用，也不是应收账款的主要内容，不再对它进行深入讨论，而只论述属于商业信用的应收账款的管理。

既然企业发生应收账款的主要原因是扩大销售，增强竞争力，那么其管理的目标就是求得利润。应收账款是企业的一项资金投放，是为了扩大销售和盈利而进行的投资。而投资肯定要发生成本，这就需要在应收账款信用政策所增加的盈利和这种政策增加的成本之间做出权衡。只有当应收账款所增加的盈利超过所增加的成本时，才应当实施应收账款赊销；如果应收账款赊销有着良好的盈利前景，就应当放宽信用条件，增加赊销量。

（二）持有应收账款的成本

应收账款作为企业为增加销售和盈利进行的投资，肯定会发生一定的成本。持有应收账款产生的成本主要有以下 3 种。

1. 应收账款的机会成本

应收账款会占用企业一定量的资金，企业若不把这部分资金投放于应收账款，便可以用于其他投资并可能获得收益，如投资债券获得利息收入。这种因投放于应收账款而放弃其他投资所带来的收益，即为应收账款的机会成本。有关计算公式为

$$应收账款机会成本 = 应收账款占用的资金 \times 资金成本率$$

$$应收账款占用资金 = 应收账款平均余额 \times 变动成本率$$

$$应收账款平均余额 = \frac{年赊销额}{360} \times 平均收账天数$$

综上所述，应收账款的机会成本可按下式计算：

$$应收账款机会成本 = \frac{年赊销额}{360} \times 平均收账天数 \times 变动成本率 \times 资本成本率$$

式中，资金成本率为等风险投资所要求的必要收益率。

2. 应收账款的管理成本

应收账款的管理成本主要是指在进行应收账款管理时所增加的费用。主要包括调查顾客信用状况的费用、收集各种信息的费用、账簿的记录费用、收账费用和现金折扣成本等。

3. 应收账款的坏账成本

在赊销交易中，债务人由于种种原因无力偿还债务，债权人就有可能无法收回应收账款而发生损失，这种损失就是坏账成本。可以说，企业发生坏账成本是不可避免的，而此项成本一般与应收账款发生的数量正相关。

（三）应收账款的管理目标

应收账款管理的基本目标：通过应收账款管理发挥应收账款强化竞争、扩大销售的功能，同时，尽可能降低投资的机会成本、管理成本和坏账成本，最大限度地提高应收账款投资的效益。

二、应收账款的信用政策

应收账款的信用政策，是企业财务政策的一个重要组成部分。企业要管好应收账款，必须事先制定合理的信用政策。信用政策包括信用标准、信用条件

和收账政策。

（一）信用标准

1.信用标准的概念及判别标准

信用标准，是指顾客获得企业的交易信用所应具备的条件。如果顾客达不到信用标准，便不能享受企业的信用或只能享受较低的信用优惠。信用标准通常以预期的坏账损失率作为判别标准。如果企业的信用标准较严，只对信誉好、坏账损失率低的顾客给予赊销，则会减少坏账损失和应收账款的机会成本，但这可能不利于扩大销售量，甚至会使销售量减少；反之，如果信用标准较宽，虽然会增加销售，但会相应增加坏账损失和应收账款的机会成本。企业应根据具体情况权衡。

2.确定信用标准的信息来源

当公司建立分析信用请求的方法时，必须考虑信息的类型、数量和成本。信息既可以从公司内部收集，也可以从公司外部收集。无论信用信息从哪儿收集，都必须将成本与预期的收益进行对比。公司内部产生的最重要的信用信息来源是信用申请人执行信用申请（协议）的情况和公司自己保存的有关信用申请人还款历史的记录。

公司可以使用各种外部信息来源来帮助其确定申请人的信誉。申请人的财务报表是该种信息的主要来源之一。无论是经过审计的还是没有经过审计的财务报表，因为可以将这些财务报表及其相关比率与行业平均数进行对比，所以，它们都提供了有关信用申请人的重要信息。

获得申请人信誉状况的第二个信息来源是一些商业参考资料或申请人过去获得赊购的供货商。另外，银行或其他贷款机构（如商业贷款机构或租赁公司）可以提供申请人财务状况和可使用信用额度方面的标准化信息。一些地方性和全国性的信用评级机构收集、评价和报告有关申请人信用状况的历史信息。这些信用报告包括还款历史、财务信息、最高信用额度、可获得的最长信用期限和所有未了解的债务诉讼等信息。由于还款状况的信息是以自愿为基础提供给评级机构的，因此，评级机构所使用的样本量可能较小并且（或）不能准确地反映公司还款历史的整体状况。

3.信用标准的定量分析

进行商业信用的定量分析可以从考察信用申请人的财务报表开始。通常使用比率分析法评价顾客的财务状况。常用的指标有流动性和营运资本比率（如流动比率、速动比率以及现金对负债总额比率）、债务管理和支付比率（利息保障倍数、长期债务对资本比率、带息债务对资产总额比率以及资产负债率）和盈利能力指标（销售净利率、总资产净利率和净资产收益率）。

将这些指标和信用评级机构及其他协会发布的行业标准进行比较，可以深入洞察申请人的信用状况。定量信用评价法常被像百货公司这样的大型零售信用提供商使用。具体包括以下四个步骤：

（1）根据信用申请人的月收入、尚未偿还的债务和过去受雇佣的情况将申请人划分为标准的客户和高风险的客户。

（2）对符合某一类型申请人的特征值进行加权平均以确定信誉值。

（3）确定明确的同意或拒绝给予信用的门槛值。

（4）对落在同意给予信用的门槛值或拒绝给予信用的门槛值之间的申请人进行进一步分析。

这些定量分析方法符合成本—效益原则，并且也符合消费者信用方面的法律规定。判别分析是一种规范的统计分析方法，可以有效确定区分按约付款和违约顾客的因素。信用机构也根据获得专利的模型来评价信誉值。

（二）信用条件

信用条件是指企业要求顾客支付赊销条款的条件，包括信用期间、折扣期限和现金折扣率。信用期间是企业为顾客规定的最长付款时间；折扣期限是为顾客规定的可享受现金折扣的付款时；现金折扣率是在顾客提前付款时给予的优惠。如账单中的"2／10，n／30"就是一项信用条件，它规定如果在发票开出后10天内付款，可享受2%的现金折扣率；如果不想取得折扣，这笔货款必须在30天内付清。在这里，30天为信用期间，10天为折扣期限，2%为现金折扣率。提供比较优惠的信用条件能增加销售量，但也会带来额外的负担，如会增加应收账款机会成本、坏账成本和现金折扣成本等。

1. 信用期间

信用期间是企业允许顾客从购货到付款之间的时间，或者说是企业给予顾客的付款期间。例如，若某企业允许顾客在购货后的 50 天内付款，则信用期为 50 天。信用期过短，不足以吸引顾客，在竞争中会使销售额下降；信用期过长，对销售额增加固然有利，但只顾及销售增长而盲目放宽信用期，所得的收益有时会被增长的费用抵销，甚至造成利润减少。因此，企业必须慎重研究，确定出恰当的信用期。

信用期的确定，主要是分析改变现行信用期对收入和成本的影响。延长信用期，会使销售额增加，产生有利影响；与此同时，应收账款、收账费用和坏账损失增加，会产生不利影响。当前者大于后者时，可以延长信用期，否则不宜延长。如果缩短信用期，情况与此相反。

2. 现金折扣政策

现金折扣是企业对顾客在商品价格上所做的扣减。向顾客提供这种价格上的优惠，主要目的在于吸引顾客为享受优惠而提前付款，缩短企业的平均收款期。另外，现金折扣也能招揽一些视折扣为减价出售的顾客前来购货，借此扩大销售量。

企业采用什么程度的现金折扣，要与信用期间结合起来考虑。比如，要求顾客最迟不超过 30 天付款，若希望顾客 20 天、10 天付款，能给予多大折扣？或者给予 5%，3% 的折扣，能吸引顾客在多少天内付款？不论是信用期间还是现金折扣，都可能给企业带来收益，但也会增加成本以及客户价格折扣损失。当企业给予顾客某种现金折扣时，应当考虑折扣所能带来的收益与成本孰高孰低，权衡利弊。

现金折扣是与信用期间结合使用的，因此确定折扣程度的方法与程序实际上与前述确定信用期间的方法与程序一致，只不过要把所提供的延期付款时间和折扣综合起来，看各方案的延期与折扣能取得多大的收益增量，再计算各方案带来的成本变化，最终确定最佳方案。

（三）收账政策

企业对各种不同过期账款的催收方式包括准备为此付出的代价，就是它的收账政策。比如，对过期较短的顾客，不过多地打扰，以免将来失去这一市场；对过期稍长的顾客，可措辞婉转地写信催款；对过期较长的顾客，应用频繁的信件催款并电话催询；对过期很长的顾客，可在催款时措辞严厉，必要时提请有关部门仲裁或提起诉讼；等等。

催收账款要发生费用，某些催款方式的费用还会很高（如诉讼费）。一般来说，收账的费用越大，收账措施越有力，可收回的账款应越多，坏账损失也就越小。因此制定收账政策时，应在增加的收账费用和所减少的坏账损失以及减少的机会成本之间做出权衡。制定有效、得当的收账政策，很大程度上靠有关人员的经验；从财务管理的角度讲，也有一些数量化的方法可以参照。根据收账政策的优劣在于应收账款总成本最小化的道理，可以通过比较各收账方案成本的大小对其加以选择。

三、应收账款的日常管理

（一）应收账款的账龄分析

企业已发生的应收账款时间有长有短，有的尚未超过收款期，有的则超过了收款期。一般来讲，拖欠时间越长，款项收回的可能性越小，形成坏账的可能性越大。对此，企业应实施严密的监督，随时掌握回收情况。实施对应收账款回收情况的监督，可以通过编制账龄分析表进行。

账龄分析表是一张能显示应收账款在外天数（账龄）长短的报告，其格式见表5-1。

表5-1　账龄分析表

应收账款账龄	账户数量	金额／元	占比／（%）
信用期内	200	80000	40
超过信用期1～20天	100	40000	20
超过信用期21～40天	50	20000	10
超过信用期41～60天	30	20000	10
超过信用期61～80天	20	20000	10
超过信用期81～100天	15	10000	5

超过信用期 100 天以上	5	10000	5
合计	420	200000	100

（1）有多少欠款尚在信用期内。表 5-1 显示，有价值 80000 元的应收账款处在信用期内，占全部应收账款的 40%。这些款项未到偿付期，欠款是正常的；但到期后能否收回，还要待时再定，故及时的监督仍是必要的。

（2）有多少欠款超过了信用期，超过时间长短的款项各占多少，有多少欠款会因拖欠时间太久而可能成为坏账。表 5-1 显示，有价值 120000 元的应收账款已超过了信用期，占全部应收账款的 60%。不过，其中拖欠时间较短的（20 天内）有 40000 元，占全部应收账款的 20%，这部分欠款收回的可能性很大；拖欠时间较长的（21 ～ 100 天）有 70000 元，占全部应收账款的 35%，这部分欠款的回收有一定难度；拖欠时间很长的（100 天以上）有 10000 元，占全部应收账款的 5%，这部分欠款有可能成为坏账。对不同拖欠时间的欠款，企业应采取不同的收账方法，制定出经济、可行的收账政策；对可能发生的坏账损失，则应提前做好准备，充分估计这一因素对利润的影响。

（二）对客户的信用分析评价

1. 调查客户信用

信用调查是指收集和整理反映客户信用状况的有关资料的工作。信用调查是企业应收账款日常管理的基础，是正确评价客户信用的前提条件。企业对顾客进行信用调查主要通过两种方法。

（1）直接调查

直接调查是指调查人员通过与被调查单位进行直接接触，通过当面采访、询问、观看等方式获取信用资料的一种方法。直接调查可以保证收集资料的准确性和及时性；但也有一定的局限，往往获得的是感性资料，同时若不能得到被调查单位的配合，则会使调查工作难以开展。

（2）间接调查

间接调查是指以被调查单位以及其他单位保存的有关原始记录和核算资料

为基础，通过加工整理获得被调查单位信用资料的一种方法。这些资料主要来自以下几个方面：

第一，财务报表。通过财务报表分析，可以基本掌握一个企业的财务状况和信用状况。

第二，信用评估机构。因为专业的信用评估机构的评估方法先进，评估调查细致，评估程序合理，所以可信度较高。

第三，银行。银行是信用资料的一个重要来源，许多银行都设有信用部，为其顾客服务，并负责对其顾客信用状况进行记录、评估。但银行的资料一般仅愿意在内部及同行间进行交流，而不愿向其他单位提供。

第四，其他途径。例如，财税部门、工商管理部门、消费者协会等机构都可能提供相关的信用状况资料。

2. 评估客户信用

收集好信用资料以后，就需要对这些资料进行分析、评价。企业一般采用"5C"系统来评价，并对客户信用进行等级划分。在信用等级方面，目前主要有两种：一种是三类九等，即将企业的信用状况分为 AAA，AA，A，BBB，BB，B，CCC，CC，C 共九等，其中 AAA 为信用最优等级，C 为信用最低等级。另一种是三级制，即分为 AAA，AA，A 三个信用等级。

第四节　流动负债管理

流动负债所筹集资金的可使用时间较短，一般不超过 1 年。当企业因季节性或周期性的经营活动而出现资金需求时，流动负债筹资方式是较为恰当的途径。其具体形式主要有短期借款、商业信用、发行短期融资券及应收账款保理等。

一、短期借款

企业的借款通常按其流动性或偿还时间的长短，划分为短期借款和长期借款。短期借款是指企业向银行或其他金融机构借入的期限在 1 年（含 1 年）以下的各种借款。

（一）短期借款的种类

我国目前的短期借款按照目的和用途分为若干种，主要有生产周转借款、临时借款、结算借款等等。按照国际通行做法，短期借款还可依偿还方式的不同，分为一次性偿还借款和分期偿还借款；按照利息支付方法的不同，分为收款法借款、贴现法借款和加息法借款；按照有无担保，分为抵押借款和信用借款等。

企业在申请借款时，应根据各种借款的条件和需要加以选择。

（二）短期借款的信用条件

按照国际通行做法，银行发放短期借款往往带有一些信用条件，主要有以下几种。

1. 信贷限额

信贷限额是银行对借款人规定的无担保贷款的最高额。信贷限额的有限期限通常为1年，但根据情况也可延期1年。一般来讲，企业在批准的信贷限额内，可随时使用银行借款。但是，银行并不承担必须提供全部信贷限额的义务。如果企业信誉恶化，即使银行曾同意过按信贷限额提供贷款，企业也可能得不到借款。这时，银行不会承担法律责任。

2. 周转信贷协定

周转信贷协定是银行具有法律义务地承诺提供不超过某一最高限额的贷款协定，在协定的有效期内，只要企业的借款总额未超过最高限额，银行必须满足企业任何时候提出的借款要求。企业享用周转信贷协定，通常要就贷款限额的未使用部分付给银行一笔承诺费。

3. 补偿性余额

补偿性余额是银行要求借款企业在银行中保持按贷款限额或实际贷款额一定百分比（一般为10%～20%）的最低存款余额。从银行的角度讲，补偿性余额可降低贷款风险，补偿遭受的贷款损失。对于借款企业来讲，补偿性余额则提高了借款的实际利率。

4. 借款抵押

银行向财务风险较大的企业或对其信誉不甚有把握的企业发放贷款，有时需要有抵押品担保，以减少自己蒙受损失的风险，短期借款的抵押品经常是借款企业的应收账款、存货、股票、债券等。银行接受抵押品后，将根据抵押品的面值决定贷款金额，一般为抵押品面值的 30% ~ 90%。这一比例的高低，取决于抵押品的变现能力和银行的风险偏好。抵押借款的成本通常高于非抵押借款，这是因为银行主要向信誉好的客户提供非抵押贷款，而将抵押贷款看成是一种风险投资，故而收取较高的利息；同时，银行管理抵押贷款要比管理非抵押贷款困难，为此往往另外收取手续费。

另外，企业向贷款人提供抵押品，会限制其财产的使用和将来的借款能力。

5. 偿还条件

贷款的偿还有到期一次偿还和在贷款期内定期（每月、季）等额偿还两种方式。一般来讲，企业不希望采用后一种偿还方式，因为这会提高借款的实际利率；而银行不希望采用前一种偿还方式，因为这会加重企业的财务负担，增加企业的拒付风险，同时会降低实际贷款利率。

6. 其他承诺

银行有时还要求企业为取得贷款而做出其他承诺，如及时提供财务报表、保持适当的财务水平（如特定的流动比率）等。如果企业违背所做出的承诺，银行可要求企业立即偿还全部贷款。

（三）短期借款利率及利息的支付方式

短期借款的利率多种多样，利息支付方法也不一，银行将根据借款企业的情况选用。

1. 借款利率

借款利率分为以下三种：

（1）优惠利率

优惠利率是银行向财力雄厚、经营状况好的企业贷款时收取的名义利率，为贷款利率的最低限。

（2）浮动优惠利率

浮动优惠利率是一种随其他短期利率的变动而浮动的优惠利率，即随市场条件的变化而随时调整变化的优惠利率。

（3）非优惠利率

非优惠利率是银行贷款给一般企业时收取的高于优惠利率的利率。这种利率经常在优惠利率的基础上加一定的百分比。比如，银行按高于优惠利率 1% 的利率向某企业贷款，若当时的最优利率为 8%，向该企业贷款收取的利率即为 9%；若当时的最优利率为 7.5%，向该企业贷款收取的利率即为 8.5%。非优惠利率与优惠利率之间差距的大小，由借款企业的信誉、与银行的往来关系及当时的信贷状况所决定。

2. 借款利息的支付方法

一般来讲，借款企业可以用三种方法支付银行贷款利率。

（1）收款法

收款法又称利随本清法，是指在借款到期时向银行支付利息的一种计算方法。银行向企业发放的贷款大都采用这种方法收息。采用收款法，借款的实际利率等于借款的名义利率。

（2）贴现法

贴现法是银行向企业发放贷款时，先从本金中扣除利息部分，而到期时借款企业则要偿还贷款全部本金的一种计息方法。采用这种方法，企业可利用的贷款额只有本金减去利息部分后的差额，因此贷款的实际利率高于名义利率。此时的实际利率计算公式为

$$实际利率 = \frac{利息支出}{借款总额 - 利息支出} \times 100\%$$

（3）加息法

加息法是银行发放分期等额偿还贷款时采用的利息收取方法。在分期等额偿还贷款的情况下，银行要将根据名义利率计算的利息加上贷款本金，计算出贷款的本息和，要求企业在贷款期内分期偿还本息之和的金额。由于贷款分期均衡偿还，借款企业实际上只平均使用了贷款本金的半数，却支付全额利息。这样，企业所担负的实际利率便高于名义利率大约 1 倍。此时的实际利率计算公式为

$$实际利率 = \frac{利息支出}{借款实际使用额} \times 100\%$$

（四）企业对银行的选择

随着金融信贷业的发展,可向企业提供贷款的银行和非银行金融机构增多,企业有可能在各贷款机构之间做出选择,以图对己最为有利。

选择银行时,重要的是要选用适宜的借款种类、借款成本和借款条件,此外还应考虑下列有关因素。

1. 银行对贷款风险的政策

通常银行对其贷款风险有不同的政策,有的倾向于保守,只愿承担较小的贷款风险;有的富于开拓,敢于承担较大的贷款风险。

2. 银行对企业的态度

不同的银行对企业的态度各不一样。有的银行服务良好,积极为企业提供建议,帮助分析企业潜在的财务问题,乐于为具有发展潜力的企业发放大量贷款,在企业遇到困难时帮助其渡过难关;也有的银行很少提供咨询服务,在企业遇到困难时一味地为清偿贷款而施加压力。

3. 贷款的专业化程度

一些大银行设有不同的专业部门,分别处理不同类型、不同行业的贷款。企业与这些拥有丰富专业化贷款经验的银行合作,会受益更多。

4. 银行的稳定性

稳定的银行可以保证企业的贷款不致中途发生变故。银行的稳定性取决于它的资本规模、存款水平波动程度和存款结构。一般来讲,资本雄厚、存款水平波动小、定期存款比重大的银行稳定性好;反之则稳定性差。

（五）短期借款筹资的优缺点

1. 短期借款筹资的优点

（1）银行资金充足,实力雄厚,能随时为企业提供比较多的短期贷款。对于季节性和临时性的资金需求,采用银行短期借款尤为方便。而那些规模大、信誉好的企业,则可以比较低的利率借入资金。

（2）银行短期借款具有较好的弹性,可在资金需要增加时借入,在资金需要减少时还款。

2.短期借款筹资的缺点

（1）筹资风险大

短期借款的偿还期在1年以内，若企业财务状况不好，发生支付危机，就有可能不能到期还本付息，与其他筹资方式相比，筹资风险大。

（2）限制较多

向银行借款，银行要对企业的经营和财务状况进行调查以后才能决定是否贷款，有些银行还要对企业有一定的控制权，要企业把流动比率、负债比率维持在一定的范围之内，这些都会构成对企业的限制。

二、商业信用

（一）商业信用的概念及形式

商业信用是指在商品交易中由于延期付款或预收货款所形成的企业间的借贷关系。商业信用产生于商品交换之中，是所谓的"自发性筹资"。虽然按照惯例，经常把它们归入自发性负债，但严格来说，它是企业主动选择的一种筹资行为，并非完全不可控的自发行为。商业信用运用广泛，在短期负债筹资中占有相当大的比重。

商业信用的具体形式有应付账款、应付票据、预收账款等。

1.应付账款

应付账款是企业购买货物暂时未付款而欠对方的账项，即卖方允许买方在购货后一定时期内支付货款的一种形式。卖方利用这种方式促销，而对买方来说，延期付款则等于向卖方借用资金购进商品，可以满足短期的资金需要。

2.应付票据

应付票据是企业进行延期付款商品交易时开具的反映债权债务关系的票据。根据承兑人不同，应付票据分为商业承兑汇票和银行承兑汇票两种。支付期最长不超过6个月。应付票据可以带息，也可以不带息。应付票据的利率一般比银行借款的利率低，且不用保持相应的补偿余额和支付协议费，所以应付票据的筹资成本低于银行借款成本。但是，应付票据到期必须归还，如若延期便要交付罚金，因而风险较大。

3.预收账款

预收账款是卖方企业在交付货物之前向买方预先收取部分或全部货款的信用形式。对于卖方来讲，预收账款相当于向买方借用资金后用货物抵偿。预收账款一般用于生产周期长、资金需要量大的货物销售。

此外，企业往往还存在一些在非商品交易中产生，但亦为自发性筹资的应付费用，如应付职工薪酬、应交税费、其他应付款等。应付费用使企业收益在前，费用支付在后，相当于享用了收款方的借款，一定程度上缓解了企业的资金需要。应付费用的期限具有强制性，不能由企业自由斟酌使用，但通常不需花费代价。

（二）应付账款的成本

企业赊购商品时，销货方会在付款时间和现金折扣上对购货方做出具体规定，此规定即为信用条件。因此，购货方应选择对自己最有利的信用条件、付款时间和付款金额，为此需要进行决策，决策时需考虑应付账款的成本。

1.如果销货方给购货方的信用条件是"延期付款、无折扣"

例：某企业按"n／30"的条件赊购货物20万元。如果该企业在第30天付款20万元，相当于该企业向销货方借了20万元，使用了30天，没有向销货方支付利息及手续费，那么该企业利用应付账款筹资无成本。

2.如果销货方给购货方的信用条件是"延期付款、有折扣"

（1）购货方在规定的折扣期内享受这折扣，则企业利用应付账款筹资无成本。

例：某企业按"2／10、n／30"的条件赊购货物20万元。如果该企业享受折扣，就应该在第10天付款19.6万元，相当于该企业向销货方借了19.6万元，使用了10天，没有向销货方支付利息及手续费，那么该企业利用应付账款筹资无成本。

（2）购货方放弃折扣，则企业利用应付账款筹资有成本（机会成本）。

例：沿上例，倘若购货方放弃折扣，就应在第30天付款20万元。理论上讲，销货方给购货方折扣，购货方就应享受折扣（或免费信用），但购货方放弃了该折扣，相当于购货方在第10天向销货方借了19.6万元，使用了20天，向销货方支付利息0.4万元，那么该企业（购货方）利用应付账款筹资有成本（机会成本）。该企业放弃折扣所负担的（年）机会成本率计算如下：

$$机会成本率 = \frac{0.4}{19.6} \times \frac{360}{20} \times 100\%$$

$$= \frac{2\%}{1-2\%} \times \frac{360}{30-10} \times 100\% = 36.7\%$$

（三）利用应付账款成本的决策

一般来说，有以下几种情况：

（1）如果能以低于放弃折扣的机会成本的利率借入资金，便应在现金折扣期内用借入的资金支付货款，享受现金折扣。

（2）如果在折扣期内将应付账款用于短期投资，所得的投资收益率高于放弃折扣的机会成本率，则应放弃折扣而去追求更高的收益。

（3）如果企业因缺乏资金而欲展延付款期，即在信用期之后付款，则需在降低了的放弃折扣成本与展延付款带来的损失之间做出选择。展延付款带来的损失主要是指因企业信誉恶化而丧失供应商乃至其他贷款人的信用，或日后招致苛刻的信用条件。

（4）如果面对两家以上提供不同信用条件的卖方，应通过衡量放弃折扣机会成本率的大小，选择机会成本率最小（或所获利益最大）的一家。

如果决定放弃折扣，应选择第二家供应商，如果决定享受折扣，应选择第一家供应商。

（四）商业信用筹资的优缺点

1.商业信用筹资的优点

（1）商业信用容易获得

商业信用的提供方一般不会对企业的经营状况和风险作严格的考量，企业无须办理像银行借款那样复杂的手续便可取得商业信用，有利于应对企业生产经营之急需。

（2）企业有较大的机动权

企业能够根据需要，选择决定筹资的金额大小和期限长短，要比银行借款等其他方式灵活得多，甚至如果在期限内不能付款或交货时，还可以通过与客户的协商，请求延长时限。

（3）企业一般不用提供担保

通常，商业信用筹资不需要第三方担保，也不会要求筹资企业用资产进行担保。这样，在出现逾期付款或交货的情况时，可以避免像银行借款那样面临抵押资产被处置的风险，企业的生产经营能力在相当长的一段时间内不会受到限制。

2. 商业信用筹资的缺点

（1）商业信用筹资成本高

尽管商业信用的筹资成本是一种机会成本，但由于商业信用筹资属于临时性筹资，如果企业放弃现金折扣，其筹资成本比银行信用较高。

（2）容易恶化企业的信用水平

商业信用的期限短，还款压力大，对企业现金流量管理的要求很高。如果长期和经常性地拖欠账款，会造成企业的信誉恶化。

（3）受外部环境影响较大

商业信用筹资受外部环境影响较大，稳定性较差，即使不考虑机会成本，也是不能无限利用的。其主要原因在于：一是受商品市场的影响，当求大于供时，卖方可能停止提供信用。二是受资金市场的影响，当市场资金供应紧张或有更好的投资方向时，商业信用筹资就可能遇到障碍。

三、短期融资券

短期融资券（以下简称融资券），是由企业依法发行的无担保短期本票。在我国，融资券是指企业依照《短期融资券管理办法》的条件和程序在银行间债券市场发行和交易的、约定在期限不超过 1 年内还本付息的有价证券。中国人民银行对融资券的发行、交易、登记、托管、结算和兑付进行监督管理。

（一）短期融资券的特征和条件

（1）发行人为非金融企业，发行企业均应经过在中国境内工商注册且具备债券评级能力的评级机构的信用评级，并将评级结果向银行间债券市场公示。

（2）发行和交易的对象是银行间债券市场的机构投资者，不向社会公众发行和交易。

（3）融资券的发行由符合条件的金融机构承销，企业不得自行销售融资券，发行融资券募集的资金用于本企业的生产经营。

（4）对企业发行融资券实行余额管理，待偿还融资券余额不超过企业净资产的 40%。

（5）融资券采用实名记账方式在中央国债登记结算有限责任公司（简称中央结算公司）登记托管，中央结算公司负责提供有关服务。

（6）融资券在债权债务登记日的次一工作日，即可以在全国银行间债券市场的机构投资人之间流通转让。

（二）短期融资券的种类

（1）按发行人分类，融资券分为金融企业的融资券和非金融企业的融资券。在我国，目前发行和交易的是非金融企业的融资券。

（2）按发行方式分类，融资券分为经纪人承销的融资券和直接销售的融资券。非金融企业发行融资券一般采用间接承销方式进行，金融企业发行融资券一般采用直接发行方式进行。

（三）短期融资券的发行程序

（1）公司做出发行融资券的决策。

（2）办理发行融资券的信用评级。

（3）向有关审批机构（中国人民银行）提出发行申请。

（4）审批机构对企业提出的申请进行审查和批准。

（5）正式发行融资券，取得资金。

（四）发行短期融资券筹资的特点

（1）融资券的筹资成本较低。相对于发行公司债券筹资而言，发行融资券的筹资成本较低。

（2）融资券筹资数额比较大。相对于银行借款筹资而言，融资券一次性的筹资数额比较大。

（3）发行融资券的条件比较严格。必须具备一定的信用等级的、实力强的企业，才能发行融资券进行筹资。

四、应收账款保理

（一）保理的概念

保理是保付代理的简称，是指保理商与债权人签订协议，转让其对应收账款的部分或全部权利与义务，并收取一定费用的过程。

在《国际保理公约》中，保理又称托收保付，是指卖方（供应商或出口商）与保理商间存在的一种契约关系；根据契约，卖方将其现在或将来的基于其与买方（债务人）订立的货物销售（服务）合同所产生的应收账款转让给保理商，由保理商提供下列服务中的至少两项：贸易融资、销售分账户管理、应收账款的催收、信用风险控制与坏账担保。可见，保理是一项综合性的金融服务方式，其同单纯的融资或收账管理有本质区别。

应收账款保理是企业将赊销形成的未到期应收账款在满足一定条件的情况下，转让给保理商，以获得银行的流动资金支持，加快资金的周转。

（二）保理的种类

在现实运作中，保理业务有不同的操作方式，因而有多种类型。按照风险承担方式，保理可以分为如下几种。

1. 有追索权的保理和无追索权的保理

如果按照保理商是否有追索权来划分，保理可以分为有追索权的保理和无追索权的保理。如果保理商对毫无争议的已核准的应收账款提供坏账担保，则称为无追索权保理，此时保理商必须为每个买方客户确定赊销额，以区分已核准与未核准应收账款，此类保理业务较常见。另一类是有追索权保理，此时保理商不负责审核买方资信，不确定赊销额度，也不提供坏账担保，仅提供贸易融资、账户管理及债款回收等服务，如果出现坏账，无论其原因如何，保理商都有权向供货商追索预付款。

2. 明保理和暗保理

按保理商是否将保理业务通知买方来划分，保理可以分为明保理和暗保理。暗保理即供货商为了避免让对方知道自己因流动资金不足而转让应收账款，并不将保理商的参与通知给买方，货款到期时仍由供货商出面催款，再向保理商偿还预付款。

3.折扣保理和到期保理

如果保理商以预付款方式提供筹资，则为融资保理，又称为折扣保理。因为供货商将发票交给保理商时，只要在信用销售额度内的已核准应收账款，保理商立即支付不超过发票金额80%的现款，余额待收妥后结清，如果保理商不以预付款方式提供筹资，而是在赊销到期时才支付，则为到期保理，届时不管货款是否收到，保理商都必须支付货款。

（三）应收账款保理的作用

1.低成本融资，加快资金周转

保理业务的成本要明显低于短期银行借款的利息成本，银行只收取相应的手续费用。而且如果企业使用得当，可以循环使用银行对企业的保理业务授信额度，从而最大限度地发挥保理业务的筹资功能。对于那些客户实力较强、信誉良好，而收款期限较长的企业，作用尤为明显。

2.增强销售能力

由于销售商有进行保理业务的能力，会对采购商的付款期限做出较大让步，从而大大增加了销售合同成功签订的可能性，拓宽了企业的销售渠道。

3.改善财务报表

在无追索权的买断式保理方式下，企业可以在短期内大大降低应收账款的余额水平，加快应收账款的周转速度，改善财务报表的资产管理比率指标。

4.筹资功能

应收账款保理，其实质就是利用未到期应收账款这种流动资产作为抵押从而获得银行短期借款的一种融资方式。

第六章 资本预算、成本与结构

第一节 资本预算

一、资本预算概述

（一）资本预算的意义

资本预算是公司优化资源配置的一项重要议题，它与业务预算、财务预算一起共同构成全面预算体系。资本预算几乎直接影响到公司所有部门，是财务管理中最重要的决策之一。资本预算决策决定了公司的战略方向，并且会在长时间内影响公司的资源分配。资本的扩充基本上与预期的销售额有关，如果不能正确预测未来的需求，将导致固定资产投资过度或不足。有效的资本预算可以改善资产的投资时机。如果公司提前预测了对有关资本资产的需求，它可以在需求产生之前购置相应的资产，从而最大限度地发掘资产的价值潜力。如果公司预先预测出未来需求将会增长，然后通过投资扩张来满足这种预测的需求，但是如果投资的时机不准确，导致最终销售收入并没有如期增长，公司就将负担沉重的剩余生产能力和高额的成本，由此可能会导致经营亏损甚至破产。因此，准确地销售预测对于公司的发展是至关重要的。

（二）资本预算的分类

资本预算按照投资项目，可以分为以下几类：

1. 进入新的行业领域和新的市场的投资

这些是指通过向新的行业（产品）或者新的市场进行扩张。

2. 现有产品和市场的扩展投资

扩大现有产品的生产规模或者扩大现有营销渠道的规模。例如，购置设备扩大现有产品的生产能力，或是投资于开发现有产品的系列产品，或者投资于另一产品的生产。

3. 设备更新投资

设备更新是指对原有设备由于损耗而进行的替换。设备更新投资分两种：一是维持现有生产能力，即当旧设备严重磨损或者已经损坏（有形损耗），公司为了继续维持现有的生产能力，必须重新购置该种设备；二是降低成本，即由于技术进步、设备制造工艺不断改进、劳动生产率不断提高等原因引起的原有设备的无形损耗，即使原有设备的功能正常，但为了降低人工、原材料以及其他投入要素的成本，提高公司竞争力，公司必须使用先进的设备替换旧设备。

4. 环保及安全投资

为了遵循政府法律规定、劳动合同、保险政策等必须进行的投资，又被称为强制性投资，经常是没有收入，只发生成本。

5. 其他项目

这包括办公楼的修建、停车场的修建、研究开发项目等问题。

（三）资本预算的程序

资本预算的重要性和影响决定了资本预算决策具有相当大的风险。因此，必须按特定的程序，运用科学的方法进行可行性分析，以保证决策正确、有效。资本预算决策的程序一般包括以下 6 个步骤：

1. 资本预算项目的提出

企业的经营者或管理人员，要善于寻找新的投资机会、开拓新市场、开发新技术、提出新创意，这一步骤是非常重要的。

2. 资本预算项目的评价

项目评估方法主要有投资回收期法（PP）、会计收益率法（AAR）、净现值法（NPV）、内部收益率法（1RR）、利润率指数法（PI）等，利用这些方法对资本性支出项目进行敏感度分析、盈亏平衡点分析以及情景分析，并进行优劣比较。

3. 资本预算项目的决策

企业高层管理者对所提出项目进行研究讨论，结合企业自身所处的状况对项目未来所能产生的效益进行审核，对在资金允许的情况下采用最优项目组合投资。

4. 资本预算项目的执行

将资本预算决策落实到实际工作中，并要求做好执行过程中每一步工作，及时收集执行中该项目在市场中的变化数据，以及所遇到的问题，并及时反馈，同时将所做出的新的决策贯彻到实际工作中。

5. 资本预算项目的再评价

对资本预算在实际工作中所遇到的各种变化及问题进行再次评估，并做出新决策反馈到实际中。

6. 资本预算项目的改善

企业根据自身情况对资本预算项目作筛选，对被拒绝的但是具有价值潜力的项目，返还后根据市场和企业自身情况再次对该项目进行资本预算，对原投资项目的资本预算的不足之处作补充，有偏离企业实际情况则予以纠正，并且根据对市场环境所作调查收集最新的资料对预算作调整，以保持时刻与市场同步，把握投资的最佳时机。

二、资本预算方法

在对投资方案进行评价时，一般使用两类评价指标，即静态评价指标和动态评价指标。不考虑资金时间价值的评价指标称为静态评价指标；考虑资金时间价值的评价指标称为动态评价指标。静态评价指标主要用于经济数据和不精确的项目初选阶段，主要包括回收期和会计收益率；动态评价指标则用于项目最后决策前的可行性研究，主要包括净现值、现值指数、内部收益率等。

（一）静态回收期法

1. 静态回收期法及其计算

静态回收期是投资项目所带来的预期现金流量累计到与原始投资额相等所需要的时期，投资回收期法是根据投资回收期的长短来判断投资项目是否可靠的决策分析方法，同时也是最早用于项目资本预算的方法。

（1）计算步骤

①累加原始支出后的现金流量。

②观察累计现金流入量，记录加总数不超过原始支出现金流量的最大年份（必须为整数）。

③计算"最大年份"后现金流量中用来"补偿"原始现金支出的部分。

④将第二步中的整数与第三步中的小数相加，得出投资回收期。

（2）计算公式

可以使以下公式成立的 PP 即为投资回收期。

$$\sum_{i=0}^{pp}NB_t = \sum_{i=0}^{pp}(B-C)_t = K$$

其中：K 为投资总额；NB_t 为第 t 年的净现金流量；B_t 和 G_t 分别为第 t 年的现金收入和现金支出（不包括投资）；PP 为投资回收期。

若投资项目的每年现金流量相等，则有：

$$投资回收期 = \frac{原始投资额}{每年现金流量}$$

若投资项目每年的现金净流量不相等，假设投资回收期大于等于 n 且小于 n+1，则有：

$$投资回收期 = n + \frac{到第n期末尚未收回的投资额}{第（n+1）期的现金流量}$$

2.回收期法的投资决策规则

回收期法的投资决策规则是，公司先确定一个标准年限（benchmark payback period），然后将项目的回收期与标准年限进行比较。若回收期小于或等于标准年限，则接受此项目，否则拒绝此项目。

（二）折现（动态）回收期法

1.折现回收期法及其计算

折现回收期是投资项目所带来的预期折现的净现金流累计到与原始投资额相等所需要的时期，该方法考虑了风险因素和资金的时间价值，对预期的现金流量以资本成本进行贴现，所以又称动态回收期。折现回收期法除了通过项目资本成本贴现现金流量之外，大体上和回收期法并没有区别。

2. 折现回收期法的投资决策规则

折现回收期法的投资决策规则是，公司先确定一个标准年限，然后将项目的回收期与标准年限进行比较。若回收期小于标准年限，则接受此项目；否则拒绝此项目。

3. 折现回收期法的评价

和回收期法相比，折现回收期法考虑了资金的时间价值，但是它同样忽略了回收期之后的现金流。

（三）平均会计收益法

平均会计收益法是采用年平均会计收益率进行投资决策的方法。所谓年平均会计收益率即投资项目产生的各年的平均净利润和整个期限内的平均投资额的比值。这种方法计算简便，应用范围很广，它在计算时使用会计报表上的数据，以及普通会计的收益和成本观念。

1. 计算公式

$$年平均会计收益率 = \frac{年平均净利润}{平均投资额} \times 100\%$$

2. 会计收益法的投资决策规则

会计收益法的投资决策规则是，公司先确定一个标准会计收益率（benchmark accounting return），然后将项目的会计收益率与标准会计收益率进行比较。当备选方案是独立方案时，若会计收益率大于或等于标准会计收益率，则接受此项目，否则拒绝此项目。当备选方案是互斥方案时，首先考虑会计收益率高于标准会计收益率，然后选择会计收益率最高的项目。一般而言，会计收益率越高，项目的投资价值可能越大。

（四）净现值法

1. 净现值法及其计算

净现值法（NPV），就是采用净现值作为参考指标进行投资决策的方法。净现值是指投资项目寿命周期内各年的现金流量按一定的折现率折算为现值与原始投资额之差。该指标是对投资项目进行动态评价的最重要指标之一。该指标所依据的原理是：净现值为 0，说明项目的现金流量正好补偿资本投资，项目的报酬率正好等于项目的资本成本。如果净现值为正数，那么它就产生更多的现金，超过补偿项目的资本，项目的报酬率大于项目的资本成本，为股东创造了财富。如果净现值为负数，则表明该项目的收益不足以偿还项目的资本，项目的报酬率小于项目的资本成本。

2.净现值法的投资决策规则

净现值法的投资决策规则是，若考虑是否接受唯一一个备选方案，则当净现值为正时接受该方案，净现值为负时拒绝该方案；因为，净现值为正时，说明方案的报酬率大于项目资本成本。若考虑多个初始投资额相同的备选方案，应当选用净现值为最大值的方案。

3.净现值法的评价

净现值法充分考虑了资金的时间价值，并且估算了项目的全部现金流量，能反映投资项目在经济年限内的总效益。净现值可以根据需要来改变折现率，因为项目的经济年限越长，贴现率变动的可能性越大，在计算净现值时，只需改变公式中的分母就行。但是，在多个方案的择优过程中，如果各个方案的投资额不同，单纯看净现值绝对量的大小难以确定投入和产出的效益。另外，在计算净现值时，需要事先确定项目的资本成本，它没有揭示方案本身可以达到的具体的报酬率是多少。

（五）现值指数法

1.现值指数法及其计算

现值指数（PI），即投资项目的未来预期净现金流量的现值与项目的原始现金流出量的比值，也称现值比率、获利指数、贴现后收益－成本比率等。PI大于1，意味着项目的现值大于其初始现金流出量，于是项目的净现值大于0。

2.现值指数法的投资决策规则

现值指数法的投资决策规则是，若只考虑唯一一个被选方案（独立项目），则当PI大于或等于1时接受该投资方案，否则拒绝该方案；若考虑多个被选方案的互斥选择决策（互斥项目），则应通过对互斥方案的增量现金流量进行分析。

3.现值指数法的评价

现值指数法的主要优点是，可以进行独立投资机会获利能力的比较。它是一个相对指标，反映投资的效率。PI 大于 1，意味着项目的现值大于其初始现金流出量，于是项目的净现值大于 0。然而，人们通常更愿意采用净现值法，因为净现值法不仅告诉我们是否应该接受一个项目，并具体算出了该项目对股东财富的经济贡献，反映投资的效益。现值指数法同样没有揭示方案本身可以达到的具体的报酬率是多少。

4.净现值法和现值指数法的比较

净现值法和现值指数法两者都考虑了资金的时间价值因素，从其方法的过程上来说，现值指数法也是建立在净现值法过程的基础上，只是净现值法具体给出了项目方案可实现的投资未来收益，而现值指数法是以价值尺度的观点说明项目方案的投资效率。对于独立性的项目方案来说，用净现值法和现值指数法来评价，得出的评价是一致的，因为 NPV 大于 0 的项目，其 PI 一定大于 1。但是，对初始投资额不同的互斥项目而言，这两种方法得出的结论可能就不一样。

总而言之，净现值是绝对量的指标，反映投资效益；而现值指数则是相对量的指标，反映投资效率，无法反映投资回收的多少。因此，在没有资本限额的情况下，对于互斥项目而言，应以净现值法的评价为主要依据，但是在与现值指数法不一致的情况下，应根据投资方案的情况，采用现金流量增量分析来选择最优方案。在资本限制情况下，公司应按照现值指数的大小选取净现值之和最大的投资项目组合，以保证公司获得最大的收益，增加股东财富。

（六）内部收益率法

内部收益率（IRR）法是根据方案本身内部收益率来评价方案优劣的一种方法。内部收益率是根据方案的现金流量计算的，是方案本身的投资报酬率。内部收益率的经济涵义是在项目的整个寿命期内按贴现率为 IRR 计算，如始终存在未能收回的投资，而在寿命结束时，投资恰好被完全收回。

1.内部收益率法及其计算

内部收益率是指使投资项目的未来预期现金流入量总现值等于项目的投资成本总现值的贴现率，即净现值为零时的折现率。一般而言，内部收益率是净现值曲线和横坐标交点处的折现率。

2. 内部收益率法的投资决策规则

内部收益率法的投资决策规则是，若只考虑是否接受唯一一个备选方案，则当计算出的内部收益率大于或等于公司的资本成本或必要的收益率时就接受该方案；因为，当内部收益率大于或等于项目的资本成本时，项目的净现值为非负的。当计算出的内部收益率小于公司的资本成本或必要的收益率时拒绝该方案。因为，当内部收益率小于项目的资本成本时，项目的净现值为负。若考虑多个备选方案的互斥选择决策，则应选择内部收益率超过资本成本或必要收益率最多的投资项目。

3. 内部收益率法的缺陷

虽然内部收益率和净现值这两个法则形式上是相同的，具有净现值的一部分特征，在理财实务中最经常被用来替代净现值法，但是内部收益率法则存在一些缺陷。

（1）可能产生多个内部收益率

在前面的分析中，假设投资项目在整个寿命期间内现金流量只改变一次符号（也称常规项目），即原始投资时才产生负号，而项目发生效益时都变成正号：-，+，+，…实际中有可能在项目期中发生追加投资、税收延后或者成本突然增大等情况而使投资寿命期内现金流量多次改变符号（也称非常规项目），在这种情况下，有可能发生多个内部收益率共存的现象。

对于非常规项目，只要 IRR 方程存在多个正根，则所有的根都不是真正的内部收益率。但如果非常规项目的 IRR 方程只有一个正根，则这个根就是项目的内部收益率。在实际中，对于非常规项目可以用通常的方法（插值法）先求出一个 IRR 的解，接着对这个解按照内部收益率的经济含义进行检验，如果满足内部收益率经济含义的要求，则这个解就是内部收益率的唯一解，否则项目没有内部收益率，不能使用内部收益率指标进行决策。

为什么会出现多个内部收益率呢？原因在于现金流的符号发生了多次变化。事实上，求解内部收益率的方程是一个高次方程。根据数学知识，一个 n 次方程，必有 n 个根，所以其正数根可能不止一个。根据笛卡儿符号法则，如果方程的系数序列的正负号变化次数为 P，则方程的正根个数等于 P 或者比 P 少一个正偶数。当 $P = 0$ 时，方程无正根；当 $P = 1$ 时，方程有且仅有一个单正根。也就是说，如果项目净现金流序列的正负号仅变化一次，不会出现多个内部收益率问题；如果净现金流序列的正负号有多次变化，有可能出现多个内部收益率问题。

（2）相互排斥的项目

如果实施一组投资项目中的某项投资后会完全消除其他投资项目的预期收入，那么这些投资项目就是相互排斥的项目。在企业实际的经营运行中，经常碰到相互排斥的项目，当企业选择投资项目时，经常面临着两个或者两个以上的备选项目，但是由于这两个项目是互相排斥的，只能选择其中的一个项目来实施。

4. 净现值法和内部收益率法的比较

净现值法和内部收益率法两者均考虑了资金时间价值，一般情况下，这两种方法的评价结果是一致的。只是净现值法给出了项目具体的投资未来收益，而内部收益率法是以价值尺度的观点来说明项目的投资效率。

对于独立项目来说，用净现值法和内部收益率法来评价，得出的评价是一致的。净现值法和内部收益率法通常会得出相同的接受或者拒绝的决策。如果根据净现值法是可以接受的，那么根据内部收益率法也是可以接受的。因为，根据项目的净现值图，可以得出这样的结论：当内部收益率大于或等于项目的资本成本时，项目的净现值为非负的。

对于互斥项目来说，可能由于各项目之间的原始投资额、寿命期限相差悬殊，而导致 NPV 和 IRR 评价的结果不尽相同；或者可能由于净现金流符号变化多次（非常规项目），从而导致根本不存在 IRR 或存在多个 IRR。在这种情况下，因为 NPV 法既考虑了项目的规模、具体金额的收益，又不会产生类似于 IRR 不存在或者多个 IRR 的问题，所以一般推荐使用 NPV 法进行项目评估。

虽然在上述情况中 NPV 法优于 IRR 法，但是从另一方面考虑，IRR 法可以不必如 NPV 法事先给定基准折现率，而且也体现了投资的使用效率。因此，这两种方法各有千秋，在实际中得到财务管理人员的广泛使用。总之要选择最优方案，就必须通过选择合适的方法一起应用以及参考各种辅助财务指标，才能实现投资收益最大化。

总的来说，净现值法的决策原则充分体现了投资决策准则，依据其做出的决策符合公司理财目标。于是，当各种决策标准发生冲突时，如果为互斥方案，应该选择净现值大的方案；如果为独立方案，则应该选择净现值之和最大的投资组合。一般而言，净现值是进行资本预算的明智选择，净现值使用了现金流量，包含了项目的全部现金流量并对现金流量进行了合理折现。

三、现金流量估算

在资本预算的步骤中，最为重要也是最为困难的是估算项目的现金流量——投资的支出和在项目运营期间每年的净现金流量。在估算现金流量中，需要注意以下两个重要的基本原则：①资本预算决策必须建立在现金流量的基础上，而不是会计利润的基础上；②只有增量现金流量才是与项目相关的现金流量。

（一）增量现金流量——核心概念

1. "现金流量"与"会计利润"

财务管理课程通常使用现金流量，而财务会计课程通常强调收入、利润，现金流量和会计利润是两个完全不同的概念，进行资本预算决策必须估计现金流量，不用考虑会计利润。例如，某公司当前投资 100000 元购买一项固定资产，进行资本预算决策时，时期 0 的现金流出量就是 100000 元；而在会计确认中，若采用 10 年直线折旧法，当前时点的会计成本即固定资产折旧是 10000 元（100000÷10），而非现金流量 100000 元。

我们在进行资本预算决策时，是用现金流量而非利润进行折现。另外，仅考虑现金流量是不准确的，而应考虑"增量现金流量"——因投资某个新项目所导致的现金流量的变化，即投资项目和不投资项目的现金流量的差异。

2. 沉没成本

沉没成本是指过去已经发生的成本，不论现在是否继续投资某个项目，这类成本都不会改变，同时和现有的资本决策无关。沉没成本不属于增量现金流量，我们应该忽略这类成本。例如，某公司目前欲扩张其产品市场，而且已于前年进行了一项问卷调查花费 5000 元，请问前年的市场调查费和今年的投资决策有关吗？答案肯定是无关的。当然，这5000元的市场调查费本身属于资本预算决策，在它沉没之前是绝对有关的。

3. 机会成本

和微观经济学中的"机会成本"概念类似，是指在有限资本预算决策中，如果投资某个新项目，则失去了投资其他正NPV项目的机会，这类相应的成本就是机会成本，机会成本属于增量现金流量，我们必须考虑这类成本。例如，某公司有一块空置的土地，目前考虑投资修建工厂以生产产品，请问空置土地的成本是否应包含在产品销售的成本里呢？答案是应该包含。这块土地用于其他用途所能产生的最大NPV就是相应的机会成本。

4. 副效应

副效应分为两类：侵蚀效应和协同效应。侵蚀效应是指新项目会负向影响（降低）原有项目的现金流量，协同效应是指新项目能正向影响（增加）原有项目的现金流量。副效应属于增量现金流量，我们同样应该考虑进去。

（二）估算新投资项目的现金流量

新扩张投资项目（new expansion project）是公司投资于增加销售收入的资产。公司是否应该投资于扩张项目，取决于扩张项目的净现值是否高于原投资项目的净现值，也就是新项目的增量现金流是否大于0。如果大于0，则应该进行扩张，否则不应该。此时，增量现金流量就是项目的现金流入量和现金流出量的差。需要指出的是，在计算扩张项目的现金流时，要考虑放弃原有项目的机会成本。

（三）估算重置型项目的现金流量

重置型项目（replacement project）是公司用新资产替代现有资产。公司是否应该投资于重置型项目，取决于重置型项目的净现值是否高于原投资项目的净现值，也就是新项目的增量现金流是否大于0，如果大于0，则应该进行替换，否则不应该替换。需要指出的是，在计算重置型项目的现金流时，要考虑放弃原有项目的机会成本。

四、资本预算：深层问题

（一）资本限额下的资本预算

前面对资本预算的讨论，都基于这样的假设前提：如果公司接受每一个具有正净现值的项目，公司股东的财富最大。但是，如果对投资项目有所限制，公司就不能选取所有项目，经济学家称之为资本约束。资本限额顾名思义就是限制了企业的资本支出。当企业的资金不足以支付所有净现值为正的项目时，企业就要进行资本限制。在完善的资本市场中，企业总是能够获得净现值为正的项目所需要的资金，因为这个项目优于其他的市场机会。因此，假设现有的资本市场非常有效，企业就应该能取得投资于所有净现值为正的项目所需要的全部资金。然而，在现实经济活动中，企业一般都要对资本支出设定限额。而正如现实所证明的那样，资本限额有一些实用价值。资本限额可能增加了管理者利己行为的机会，从而增加了企业的代理成本。但是其他市场不完善的存在又使企业受益于资本限额。资本限额方法为在分析中包含资本市场交易成本及其他易被忽略的成本提供一种手段，从而能更精确地计量项目的净现值。基于上述因素共同作用，几乎所有企业都应用某种资本限额方法。但资本限额也具有局限性，由于壕沟效应，管理者可能希望"保守地"选择项目的净现值，他们会选择安全边际较大的项目。因为安全边际较大的项目能降低破产的概率、企业的总风险以及失业的机会。管理者这种机会主义行为增加了企业代理成本。总的来说，使用资本限额的缺点是其会增加代理成本。但是，由于市场不完善的存在又使企业受益于资本限额。企业可以以多种不同的方式来施加这种限制，常用方式有两种：一是使用一个超过项目资本成本一定比例的折现率；二是为资本预算的各组成部分或资本预算总额设置一个最大值。第二种方式的资本限额更显而易见，因而得到了人们的公认，在实务中使用最普遍。资本总量有限时，就需要在公司资源允许的范围内选取项目群，尽可能地最大化项目净现值，即选择净现值总和最大的一组项目。企业通常不能只接受项目的某些部分，它们或者拒绝或者接受整个项目。因此，在资本限额下，企业必须形成一个预算额小于或者等于可得到的最大资金额的总资本预算。现值指数是在资本限额下识别最佳项目组的有利工具。

现值指数是从相对的角度来看问题，它的优点是不管投资的规模大小，所有项目均以同一基准进行比较。当企业的投资限额有所限制不能投资于所有值得投资的项目时，现值指数能在一定的程度上发挥其作用。但如果初始投资之后在资金使用上还有限制，那么现值指数就会失败。也就是说，现值指数无法解决多个期间的资本限额问题。可以采用整数规划中的隐枚举法来解决资本限额问题。特别是涉及多个期间的资本限额问题，该方法更为适用、有效，而此时现值指数则显得无能为力。

隐枚举法的实质是分枝定界法。但是一般分枝定界法求解整数规划时，替代问题是放宽变量的整数约束。但用隐枚举法时，替代问题是在保持 0～1 的约束条件下放宽问题的主要约束。

（二）不同生命周期下的资本预算

假设公司需要在两种不同生命周期的设备中做出决策。两种设备的功能一样，但它们的经营成本和生命周期不一样。如果简单地应用 NPV 法，那么我们会选择有较低成本的设备。但是，这样的判断标准往往会造成不正确的结论，因为成本较低的设备其重置的时间先于另一种设备。如果我们在两个具有不同生命周期的互斥项目中进行决策，那么项目必须在相同的生命周期内进行评价。对于这样的情况，需要使用重置链法和等值年金法做出投资决策。

1. 重置链法

重置链法是指把不同寿命的项目循环投资，直到它们具有共同的投资期限（其等于投资项目寿命期的最小公倍数），然后比较项目中间的净现值的评估方法。例如，一个项目寿命期为 3 年，一个为 6 年，因为两者的寿命不同，所以不能直接使用净现值法进行比较，但是可以假设 3 年后又投资 3 年期的项目，这样两个项目的寿命将相同，两者的净现值也可以比较。使用重置链法的前提是：

（1）互斥项目寿命期明显不同时可以考虑用使用重置链法比较分析，在非相关项目之间不存在寿命期不等的问题，一般不使用重置链法；

（2）即使是互斥项目，也必须满足公司进行再投资的资产性质将与目前所使用的资产完全一致，或者对未来可获得再投资机会做出某种特定的假设，使用重置链法才能得出正确的结果；

（3）假定各种产品价格、原材料价格等都不发生变化。

重置链法的投资决策规则是对于两个或者两个以上项目，选择净现值中最大者。

2.等值年金法

等值年金法（EAA）是指通过比较所有投资项目的等值年金的大小来选择最优项目的决策方法。该方法适用于原始投资成本不相同，特别是项目计算期不同的比较决策。EAA的计算过程是，先分别计算各项目的净现值，然后使用期限的等值年金之和等于项目的净现值，计算出各自的等值年金，最后比较项目的等值年金。

（三）通货膨胀问题

1.通货膨胀对资本预算的影响

资本预算的方法既适用于通货膨胀非常微小的情况，也适用于存在通货膨胀风险的情况。通货膨胀非常微小时，在资本预算过程中可以忽略不计；但是当通货膨胀风险影响巨大，成为项目一个关键因素时，就要对通货膨胀进行有效地处理。下面将分别具体阐述，通货膨胀对资本预算的关键要素——资本成本和现金流量的影响。

2.考虑通货膨胀后的资本预算调整

在不考虑通货膨胀率的情况下，项目预计的现金流都是实际值，贴现率也是实际值。在存在通货膨胀率情况下，贴现率变成了名义值。因此，需要进行相应调整。在考虑通货膨胀情况下，有两种调整方法：

（1）调整资本成本

因为估计的现金流是实际值，贴现率是名义值，所以，第一种方法是将贴现率调整为实际值，从而使得贴现率公式中的分子分母都是实际值，然后再计算项目的净现值。例如，贴现率是10%，每年预期的通货膨胀率为4%，则将贴现率调整为实际贴现率6%（10%～4%）。

（2）调整现金流量

将现金流量调整为名义值，这样分子分母都是名义值，根据调整后的名义值计算项目的净现值。例如，预计每年的收入为1000元，通货膨胀率为10%，则调整后，第二年收入应是 1100 元（1000×（1+10%）），第三年收入应该是 1210 元（1100×（1+10%））。需要指出的是，理论上两种调整方法的结果都是一样的。

（四）资本预算的风险分析

在前面的资本预算讨论中，我们假定现金流量是确定的，即可以确定现金收支的金额及其发生的时间。实际上，投资活动充满了不确定性。如果决策面临的不确定性比较小，一般可忽略它们的影响，把决策看做确定情况下的决策。如果决策面临的不确定性比较大，足以影响方案的选择，那么应该对它们进行度量并在决策时加以考虑。资本预算风险分析的方法主要有风险调整折现率法、场景分析和决策树法。

1. 风险调整折现率法

风险调整折现率法，是根据方案的风险大小确定风险调整折现率，然后再用其对未来期望现金流进行折现。这种方法经常用来进行风险处置，其基本思路就是对高风险的项目采用较高的折现率计算净现值。其处理步骤为通过无风险收益（零风险投资的收益率）与风险报酬组成的调整折现率来调整投资收益率，以此来解决投资中隐含的风险，使经过调整的投资收益率与项目可能发生的风险水平相适应，使其能够达到"可接受的合理的"的一种风险型投资决策技术。无风险收益率或零风险折现率是由投资者根据对风险的态度，以及对项目隐含风险的预期决定的。不同的投资项目将会有不同的折现率，这与作为社会折现率的贴现率是不一样的。因此，从一定程度上看，无风险折现率是投资者主观的意愿决定的一个对风险的调整系数。确定一个含有风险的折现率有若干不同的方法，如用资本成本定价模型、综合资本成本以及项目本身的风险来估计折现率等。

2. 场景分析

（1）场景分析的含义

场景分析是指通过计算所有主要因素同时朝有利和不利方向变动时项目的NPV，并将其与基础值进行比较的一种分析方法。一般来说，一个项目的风险取决于两个方面：一是对关键变量的敏感程度；二是因素变动的概率分布。敏感性分析只考虑了第一个方面，因此是不全面的。场景分析不仅包括了项目的敏感性分析，而且还考虑了因素变动的概率分布，因此，在一定程度上克服了敏感性分析的局限性。

（2）场景分析的方法

在场景分析中，一般考虑三种可能的情况：最差、最好和一般。具体来说，其步骤如下：第一，分析人员确定影响净现值的主要变量及这些变量可能的变动幅度；第二，假定所有主要变量均朝着不利的方向变动（销售价格下降、成本上升等），计算出这种"最糟糕"情形下的净现值，再假定所有的变量均朝着有利的方向变动，并计算"最佳"情形下的净现值；第三，将其与基础净现值进行比较，并分析出该项目净现值的变动系数。

（3）场景分析的局限性

尽管场景分析比敏感性分析更为详尽，考虑了各因素的不同场景及其概率分布，但它考虑的场景数量过少，而实际上存在无数的场景。另外，场景分析中的估计值也不完全符合实际情况。例如，在最好场景中，各因素的估计值都是最好的，而实际上销量的上升会引起单价的下降，各因素不可能都为正相关。因此，在最好场景中的 NPV 可能是过高估计，而最差场景中的 NPV 可能是过低估计。

3. 决策树法

决策树是对项目中隐含的实物期权进行分析的一种资本预算方法，包括拓展期权、放弃期权、等待期权等。

第二节 资本成本

一、资本成本概述

（一）资本成本的概念

资本成本是指企业为筹集和使用资金而付出的代价。资本成本包括资金筹集费和资金占用费。资金筹集费是指在资金筹集过程中支付的各项费用，如银行借款手续费、股票和债券的发行费用、资信评估费、律师费、公证费、审计费、广告费、印刷费等。资金占用费是指为占用资金支付的费用，如向债权人支付的利息和向股东支付的股利、股息等。相比之下，资金占用费是筹资企业经常发生的，而资金筹集费是在筹资时一次性发生的，因此在计算资本成本时可作为筹资金额的一项扣除。

资本成本通常不用绝对金额表示，而用资本成本率这样的相对数表示。资本成本率是企业资本占用费与实际筹资金额的比率，用公式表示为：

$$K = \frac{D}{P(1-F)}$$

式中 K ——资本成本率；

D ——资本占用费；

P ——筹资金额；

F ——筹资费用率，即资本筹资费占筹资金额的比率。

资本成本可以有多种计量形式。在比较各种筹资方式时，通常使用个别资本成本，包括银行借款成本、债券成本、优先股成本、普通股成本和留存收益成本；在进行资本结构决策时，通常使用加权平均资本成本。

（二）资本成本和必要报酬率

当我们说某项投资的必要报酬率是10%时，这就意味着，只有当报酬率超过10%时，这项投资的净现值才会是正值。同样也可以这样理解：公司必须从这项投资中获取10%的报酬率，才能补偿该项目中的各项支出。因此，我们可以说10%是这项投资的资本成本。

为了进一步说明，假设我们正在评估一个无风险项目。首先我们要确定该项目的必要报酬率，很明显其确定方法是：分析资本市场，找出现行无风险投资的报酬率，并且采用该报酬率对项目的现金流进行折现。因此，无风险报酬率就是无风险投资的资本成本。

假如项目是有风险的，那么在其他信息不变的情况下，项目的必要报酬率显然会更高。换句话说，假如这是一个风险性项目，那么它的资本成本就会比无风险报酬率更高，而且适用的折现率也会高于无风险报酬率。

要特别强调的是，一项投资的资本成本取决于该项投资的风险。换句话说，资本成本主要取决于资金的运用，而不是资金的来源。人们往往错误地认为投资的资本成本主要取决于如何和从什么渠道筹集资金。

（三）公司资本成本和投资项目的资本成本

公司资本成本是公司投资者所要求的必要报酬率，投资项目的资本成本是指项目本身所需投资资本的机会成本。

1.公司资本成本和项目资本成本的区别

我们必须重视公司资本成本和项目资本成本的区别。公司资本成本是投资者针对整个公司所要求的必要报酬率，或者说是投资人对于企业全部资产所要求的必要报酬率。项目资本成本是公司投资于相应资本支出项目所要求的必要报酬率。

2.每个项目都有自身的资本成本

不同投资项目所面临的风险不同，它们所要求的最低报酬率也不同。风险较高的投资项目所要求的报酬率也较高，而风险较低的投资项目所要求的报酬率也较低。投资项目的资本成本即项目的必要报酬率，其水平高低主要取决于资本运用在什么样的项目。如果新的投资项目与公司现有资产平均风险相同，则项目资本成本等于公司的资本成本；如果新的投资项目风险高于公司现有资产的平均风险，则项目资本成本高于公司的资本成本；如果新的投资项目风险低于公司现有资产的平均风险，则项目资本成本低于公司的资本成本。因此，我们认为每个投资项目都有自身的资本成本，它是项目风险的函数。

（四）资本成本的作用

资本成本是企业选择资金来源、确定筹资方案的重要依据，企业要进行比较，选择资本成本最低的筹资方案。资本成本对企业筹资决策的影响主要有以下几点：①资本成本是影响企业筹资总额的重要因素；②资本成本是企业选择资金来源的基本依据；③资本成本是企业选用筹资方式的参考标准；④资本成本是确定最优资本结构的主要参数。公司理财目标是实现股东价值最大化，通过投资于收益高于资本成本的项目，公司就可以增加股东财富的价值，因此资本成本有时也被称为"门槛比率"。它是比较和选择投资方案的主要标准，即对于一个可以接受的项目，收益必须高于其门槛比率。在公司价值度量（公司估值）中，通常以加权平均资本成本作为折现率，其他情况相同，资本成本最低，公司价值最大。因此，资本成本可以促使资本使用者充分挖掘潜力，节省资金的占用金额和占用时间，提高资金使用效率。

（五）资本成本的度量

资本成本的度量，一方面，以每年的用资费用与筹资净额之比来估算资本成本，即资本成本＝每年的用资费用／（筹资数额－筹资费用）；另一方面，用股利贴现模型、资本资产定价模型来估算资本成本。错误估算可能导致毁灭性的结果。正确评估资本成本，进而确定一个投资项目的潜在价值，是成功经营的必经之路。

二、债务资本成本

按照融资渠道的不同，资本可以分为债务资本成本和权益资本成本两种基本的类别债务是通过贷款或出售债券获得资金。普通股权益代表了所有者利益，主要是来自出售普通股或是留存收益。资本的第三类来源就是优先股的出售。优先股具有债务和权益的特征，是一种混合型资本。为了便于分析，我们把优先股视为两种基本资本要素的一部分。因此，债务资本包括银行借款的资本成本和债券的资本成本，权益资本包括优先股资本成本、普通股资本成本和留存收益资本成本。

（一）银行借款的资本成本

银行借款的资本成本是指借款利息和筹资费用。借款利息是资金使用费用。银行借款利息在税前支付，可以起到债务利息抵税作用。因此一次还本、分期付息的借款成本为：

$$K_1 = \frac{I_t(1-T)}{L(1-F_1)}$$

式中 K_1——银行借款成本；

　I_t——银行借款年利息；

　T——企业所得税税率；

L——银行借款筹资总额（借款本金）；

F_l——银行借款筹资费用率。

上述公式也可改为以下形式：

$$K_l = \frac{LR_l(1-T)}{L(1-F_l)} = \frac{R_l(1-T)}{(1-F_l)}$$

式中 R_l——为银行借款的利率。当银行借款的筹资费很少时，可以忽略不计。

上述公式没有考虑货币的时间价值，在考虑货币时间价值的情况下，计算的结果会更精确。公式为：

$$L(1-F_l) = \sum_{t=l}^{n}\frac{I_l}{(1+K)^l} + \frac{P}{(1+K)^n}$$

$$K_l = K(1-T)$$

式中 P——第 n 年末偿还的本金；

K——所得税前的银行借款成本；

K_l——所得税后的银行借款成本；

I_t——第 t 年银行借款利息。

式中的等号左边是借款的实际现金流入；等号右边为借款引起的未来现金流出的现值总额，由各年利息支出的年金现值之和加上到期本金的复利现值而得。

按照这种办法，实际上是将银行借款的资本成本看做使这一借款的现金流入等于其现金流出现值的贴现率。

（二）债券的资本成本

与银行借款筹资相比，债券筹资具有筹资费用较高的特点。债券的筹资费用即发行费用，包括申请发行债券的手续费、债券注册费、印刷费、推销费及上市费等。债券利息与银行借款利息相同，可以起到抵税的作用。在不考虑货币时间价值时，债券成本的计算公式为：

$$K_b = \frac{I_b(1-T)}{B(1-F_b)}$$

式中 K_b——债券资本成本；

I_b——债券的年利息；

T——所得税税率；

B——债券筹资额；

F_b——债券的筹资费用率。

当债券以平价发行时，公式可简化为：

$$K_b = \frac{R_b(1-T)}{1-F_b}$$

式中 R_b——债券利率少当债券以溢价或折价发行时，债券年利息 I_b 按债券的面值计算，而债券的筹资额应以实际发行价格来计算。

三、权益资本成本

（一）优先股的资本成本

优先股的资本成本包括筹资费用和预定股利。只要股票仍然存在，优先股就会给投资者提供持续的股利，所以优先股没有到期日，且股利一般是按照股利率预先确定的，且股利是在所得税后支付的，因此优先股的资本成本计算公式为：

$$K_p = \frac{D_p}{P\left(1-F_p\right)} \times 100\%$$

式中 K_p——优先股资本成本；

D_p——优先股年股利额，按面值和预定的股利率确定；

P——优先股筹资额，按发行价格确定；

F_p——优先股筹资费用率。

优先股是一种债权和股权特征并存的证券。与债券类似，优先股有固定的股息，如果公司没有现金支付股息，还可以累积到公司有足够的收益时支付；与债券类似，优先股的持有人并不享有对公司的控制权，他们的投票权将限制在一些可能影响到他们对公司现金流量或资产索取权的议题上。与股权类似，优先股的偿付不能减税而只能来自税后的现金流量，而且，优先股没有到期日。

在优先权方面，当公司破产时，优先股的持有人必须等到债权持有人的索取权得到满足后才能得到应得的公司资产。因此，为了便于资本结构分析和资本成本估算，优先股被视作债券和股权以外的第三种资本成分。

（二）普通股的资本成本

当公司所需的资本超过从公司的利润中筹集的权益资本时，就需要通过发行新股票来进行筹资。总的来说，有两种方法估计权益资本成本：一是基于市场价格和公司财务数据的贴现模型，即估计事前的权益资本成本，如股利折现模型、剩余收益价值模型等；二是基于市场风险的收益率，即使用平均实现的收益作为预期收益的代理变量，如资本资产定价模型（capital asset pricing model，CAPM）、套利定价理论（arbitrage pricing theory，APT）、Fama-French 三因素模型等。

1. 股利折现模型

这种方法是利用普通股现值的公式来计算普通股成本的一种方法。对普通股而言，普通股的价值可以被定义为持有该股票而给投资者所带来的未来股利。更精确地讲，普通股的价值等于该股票未来期望股利的现值。股票价值的表达公式为：

$$P_0 = \sum_{i=1}^{n} \frac{D_i}{(1+K_s)^i} + \frac{P_n}{(1+K_s)^n}$$

式中 K_s——普通股资本成本；

D_i——第 i 期支付的股利；

P_0——普通股当前市价（或发行价格）；

P_n——普通股终值。

上述评价方法考虑了公司在整个寿命期内的期望股利流，对于在特定期内持有该股票但随后出售该股票的投资者而言，仍然可以使用该种方法，由于投资者只能从持有其股票的公司取得股利，所以出售时的股票市场价值就反映了未来股利的现值。因此，在确定恰当的销售价格时，股票不再持有之后的预计股利流对投资者来说应当是极其有价值的。

2. 剩余收益价值模型

剩余收益价值模型由 Ohlson 和 Gebhardt 等提出。具体地说，隐含的权益资本成本 R 是股票当前价格，等于股票内在价值的内部报酬率，即权益资本成本，R 可用下式决定：

$$P_t = B_t + \sum_{i=1}^{\infty} \frac{E_t\left(ROE_{t+i} - R\right)B_{t+i-1}}{(1+R)^i}$$

式中 P_t——时间 t 的股票价格；

B_t——时间 t 的权益账面价值；

R——事前权益资本成本；

ROE_{t+i}——第 $t+1$ 期的权益收益率；

$E_t(\cdot)$——基于时间 t 可获得信息的预期。

3. 资本资产定价模型

从公司视角看，期望收益率就是权益资本成本（资本成本是使用经济资源的机会成本）。资本资产定价模型说明投资风险和投资收益之间的数学关系。

风险与投资者的要求报酬率之间存在一定关系。风险和收益相联系的观点是与投资者都愿意回避风险的假设相关的。项目的风险水平越高，那么所要求的报酬率就越高，项目投资者就会寻求额外的报酬来补偿与特定投资项目有关的风险，这种额外的报酬被称为风险报酬率。因此，特定投资项目的总的要求报酬率由无风险报酬率和风险报酬率组成。

普通股投资者所要求的报酬率（也就是公司普通股的成本）也被认为是由无风险报酬率加上风险报酬率组成的。通常把政府债券的报酬率作为无风险报酬率的近似值，这个比较容易得到，较为困难的是如何计算特定股票的风险报酬率。资本资产定价模型通过以下三个步骤来解决这个问题：①衡量普通股市场的整体风险报酬率。整体风险报酬率是普通股市场报酬率和投资于无风险项目的报酬率之间的差额。②衡量个别股票报酬率与普通股市场整体报酬率之间的相关性。③把这一报酬率的相关指标应用于普通股整体风险报酬率，从而得出个别股票的风险报酬率。

4.债券收益率加风险溢价法

一般情况下，任何报酬都可以被看做基础利率和所承受风险的溢价之和。不同的公司投资风险和相应的风险溢价不同，一个公司的不同证券之间的投资风险和风险溢价也不相同。债券是较安全的投资，而股票的风险就高很多了。它们之间的关系在公司间是相对稳定的，债券风险和股票风险的增量在高风险和低风险公司之间是几乎相同的，这个风险增量往往要求一种额外的风险溢价，为3%～5%。因此，要估计一个股票的报酬，可以在公司债券的市场报酬率基础上加3%～5%。

该种方法计算权益资本成本为：

$$K_s = K_b + RB_e$$

式中 K_b——债务成本；

RB_e——股东比债权人承担更大风险所要求的风险溢价。

有些分析人员不相信资本资产定价模型，他们采用一种较为主观的方法估计公司普通股的资本成本。债务成本比较容易计算。如果是上市债券，可以在公开的证券信息资料中了解它的收益率；如果是非上市债券，则可以向从事投资银行业务的机构咨询了解它的收益率。问题的难点在于确定风险溢价 RB_e。风险溢价可以凭借经验估计。一般认为，某公司普通股风险溢价对其自己发行的债券来讲，在3%～5%，当市场利率达到历史性高点时，风险溢价通常较低，在3%左右；当市场利率处于历史性低点时，风险溢价通常较高，在5%左右；而通常情况下，常常采用4%的平均风险溢价。

（三）留存收益的资本成本

采用留存收益进行融资存在一定的好处。由公司对所获得的利润进行再投资是一种较发行新普通股更为有用的资金筹集方式。留存收益是公司内部运营所产生的，所以经常认为留存收益对公司来说是免费的。然而所有留存收益归股东所有，无论他们是把留存收益作为股利还是保留，在某种程度上，管理者保留留存收益就相当于他们将股东的资金在公司内部进行了再投资。因此，那些报酬就相当于股东将得到的股利再投资于新股而应得的报酬。因此，公司使用留存收益是以失去投资于外部的报酬为代价的，它要求与普通股获得等价的报酬。用留存收益的资本成本的确定方法与普通股相似，所不同的只是留存收益无需发行成本，因而其资金成本略低于普通股资金成本。在此不对留存收益资本成本的计算方法进行赘述。

对于资本成本的计算，需要注意以下问题。

第一，负债资本的利息具有抵税作用，而权益资本的股利不具有抵税作用所以，一般权益资本的成本要比负债的资本成本高，且一般是计算税后资本成本。

第二，从投资者的角度来看，投资者投资债券要比投资股票的风险小，所以要求的收益率比较低，筹资人弥补债券投资人风险的成本也相应较小。

第三，对于借款和债券，因为借款的利息率通常低于债券的利息率，而且借款的筹资费用（手续费）也比债券的筹资费用（发行费）低，所以借款的筹资成本要小于债券的筹资成本。

第四，对于权益资本，优先股的股利固定不变，所以优先股风险相对于普通股的风险要小，优先股股东要求的收益率比普通股股东要求的收益率低，即筹资者的筹资成本低；留存收益没有筹资费用，所以留存收益的筹资成本要比普通股的成本低。

成本从低到高排序依次为银行借款、债券、优先股、留存收益、新发行的普通股。

四、加权平均资本成本

（一）加权平均资本成本的概念和确定

由于受多种因素的制约，企业不可能只使用单一的筹资方式，往往需要通过多种方式筹集所需资本。为进行筹资决策，就要确定企业全部长期资本的总成本——加权平均资本成本（weighted average cost of capital）。加权平均资本成本一般是以个别资本成本占全部资本的比重为权数来对个别资本成本进行加权平均确定的，其计算公式为：

$$K_w = \sum_{j=1}^{n} K_j W_j$$

式中 K_w——加权平均资本成本；

K_j——第 j 种个别资本成本；

W_j——第 j 种个别资本的权重。

对于权重 W_j 的确定有三种方法可以选择。第一，按照账面价值确定。以账面价值为基础计算权重，所需数据可以直接从资产负债表中获得，资料容易取得；但当资本的账面价值与市场价值差别较大时，如股票、债券的市场价格发生较大变动时，计算结果会与实际有较大差距，从而贻误筹资决策。第二，按照市场价值确定。这是以股票、债券的现行市场价格为基础确定权重，采用这一基础的好处在于能够有效反映公司当前的实际资本成本的水平，有利于正确做出决策；但是股票、债券的市场价格经常处于变动中，难以选用，可使用某一时期的平均市场价格来确定。第三，按照目标价值确定。这是以债券、股票未来预计的目标市场价值为基础确定权重，这种权重能体现期望的资本结构，而不像账面价值和市场价值那样只反映过去和现在的资本结构，所以这一方法确定的加权平均资本成本更适用于公司追加资本时的筹资决策。然而，企业很难客观合理地确定证券的目标价值，又使这种计算方法不易推广。

（二）影响加权平均资本成本的因素

许多因素影响公司的加权平均资本成本，一些因素是公司可以控制的，而另一些因素则是超出公司的控制范围的。

1.公司可以控制的因素

在公司财务活动中，其资本结构政策、股利政策和投资政策直接影响着资本成本。

（1）资本结构政策

在前面计算加权平均资本成本时，都假定公司的目标资本结构已经确定，在此基础上来确定权重。但在实际中，公司可以改变其资本结构，并且这种改变会影响资本成本。如上所述，债务的资本成本要低于权益资本成本，如果公司决定用更多的债务和更少的权益，这会使加权平均资本成本计算公式中的权重发生变化，进而降低加权平均资本成本。但债务的增加也会增加债务资本和权益资本的风险，从而抵消一部分权重变化的影响。

（2）股利政策

前面介绍公司可以动用留存收益和发行新股来增加权益资本，但由于发行成本的存在，发行新股比留存收益的成本要更高，所以公司只有在将其留存收益都用做投资的情况下才去发行新股。因为留存收益就是未作为股利支付出去的收益，所以公司的股利政策是通过留存收益水平影响资本成本的。

（3）投资政策

在估计资本成本时，以公司发行在外的股票和债券的要求收益率为起点，这些成本率反映了公司现有资产的风险。假设新资本会投资于与现有资产相同类型的资产，从而也具有相同的风险。这一假设在通常情况下是成立的，因为大多数公司会投资于与当前资产相类似的资产。但如果公司突然改变其投资政策，则公司的特征与风险则大不同于原有资产的特征与风险，进而会影响公司的资本成本。

2. 公司不可控制的因素

（1）利率水平

一定时期的利率水平与公司的资本成本有密切的关系。例如，当利率上升时，公司为获得债务资本不得不向债权人支付更多的收益，因此债务资本成本增加。同时在资本资产定价模型中，较高的利率也会增加普通股和优先股的资本成本。

（2）税率水平

虽然公司可以采取措施获得税收优惠，但税率通常是超出公司的控制范围的，而且税率对资本成本有重要影响。在计算债务资本成本时，税率以不太明显的方式影响着资本成本。例如，资本利得税税率的降低可以增加股票的吸引力，从而降低权益资本成本，从而也会降低加权平均资本成本。

3. 加权平均资本成本的局限性

加权平均资本成本没有考虑投资决策中的风险，实际上，不同的投资机会可能会有不同程度的风险，所以在估计每项资本成本时应对资本成本进行调整。风险程度高，则投资者就会要求更高的报酬率来补偿风险，这表明只有当人们预期新的投资项目与现有项目具有相同程度风险或拟投资项目规模很小从而不会对公司的总体风险产生重大影响时，加权平均资本成本才是合适的。而且加权平均资本成本假设公司的资本结构在整个项目生命期里保持稳定，但如果情况不是这样，那么该方法的有效性就大打折扣了。

五、发行成本和加权平均资本成本

公司通过发行股票或债券进行筹资所发生的筹集费用，这部分费用又被称为发行成本。但对于发行成本和加权平均资本成本的关系，有必要进一步探讨。

有人建议将公司的加权平均资本成本上调以反映发行成本。但这不是最优的办法，因为项目投资的必要报酬率取决于投资风险，而不是资金来源。当然这不是说我们应该忽略发行成本。这些成本是与我们进行项目投资决策相关联的现金流量，因此我们有必要讨论如何将它们引入项目投资分析中。

（一）基本方法

我们的讨论可以从一个案例开始。假设 ABC 公司是一家全权益公司，没有负债，权益资本成本为 20%。由于公司全部资产都为权益，其加权平均资本成本和权益资本成本相同。ABC 公司正考虑对其现在的业务进行大规模扩张，拟投资 1 亿元，所需资金通过发行股票来筹集。通过与投资银行谈判，ABC 公司预计其发行成本将会占发行股票总额的 10%。这就意味着 ABC 公司从股票发行中所得的总额仅为股票售出总额的 90%。假如考虑了发行成本，那么扩张的成本会是多少呢？ABC 公司需要在扣除股票发行成本后还能筹资 1 亿元。换句话说：

$$发行成本 =1 \div （1-10\%）=1.1111（亿元）$$

根据以上资料可知，ABC 公司的发行成本是 1111 万元。在包含了股票的发行成本后，扩张的实际成本就是 1.1111 亿元。

假如公司同时进行债务和权益筹资，那么情形就会更复杂些。比如假定 ABC 公司的目标资本结构是 60% 的权益及 40% 的债务口与权益筹资相关的发行成本仍是 10%，但与债务筹资相关的发行成本较少——假设是 5%。之前当我们的权益资本成本和债务资本成本不同时，我们使用目标资本结构权数计算了加权平均资本成本。在这我们将采用同样的方法。我们可以用股票的发行成本 F_s 乘以股票占筹资总额的比重（S/V），再用债券的发行成本 F_b 乘以债券占筹资总额的比重（B/V），将它们相加就可计算出加权平均发行成本 F_w。

$$F_w = F_s \times (S/V) + F_b \times (B/V)$$
$$=10\% \times 60\% \times +5\% \times 40\%$$
$$=8\%$$

加权平均发行成本就是 8%。这就意味着为新项目对外筹资 1 元，必须实际发行 1.087 元数额的股票或债券：

$$实际发行额 = 1 \div （1-8\%）= 1.087（元）$$

在 ABC 公司这个例子中，当我们忽略发行成本时，项目需筹资 1 亿元。而假如我们考虑发行成本的影响，那么项目的实际支出就为：

$$实际支出 = 1 \div （1-F_w）= 1 \div （1-8\%）= 1.087（亿元）$$

如果要考虑发行成本问题，公司必须注意不要用错权数。公司应该运用的是目标权数，即使公司可以仅依靠债务或是权益筹集项目的全部资金。公司可以仅使用债务或权益为某特定项目筹集全部资金与我们求解发行成本并非直接相关。例如，如果某家公司的目标负债权益比是 100%，但是决定仅依靠债务为某特定项目筹资，那么它在以后还是得发行额外的权益以保持其目标资本结构。将这一因素考虑在内，公司在计算发行成本时就应该运用目标权数。

（二）发行成本和净现值

为说明如何在净现值分析中引入发行成本，我们假设 CBA 造纸公司目前的负债权益比为 100%。公司考虑再建造一家新的 500000 元的造纸厂，新工厂预计将在未来每年带来 73150 元的税后现金流量，税率为 34%。现在有以下 2 种筹资方案，求新造纸厂项目的净现值：①发行总额为 500000 元的普通股，新股发行成本占筹资总额的 10%，公司新增权益的必要报酬率为 20%；②发行总额为 500000 元的债券，新增债务的发行成本占筹资总额的 2%，新债利率为 10%。

首先，由于造纸是公司的主要业务，我们可以使用公司的加权平均资本成本对新造纸厂进行估值：

$$(WACC = K_s \times S/V + K_b \times B/V \times （1-T）$$
$$= 20\% \times 50\% + 10\% \times 50\% \times （1-34\%）$$
$$= 13.3\%$$

由于未来每年现金流量始终为 73150 元，则以 13.3% 的折现率折现后的现值为：

$$PV = 73150 \div 13.3\% = 550000（元）$$

假如我们不考虑发行成本，那么净现值就是：

NPV =550000-500000=50000（元）

在忽略发行成本的情况下，项目的净现值大于 0，因此该项目是可以被接受的。

假如考虑发行成本呢？由于进行了新的筹资，此时发行成本是相关成本。在两个方案中，债券发行成本为 2%，普通股的发行成本为 10%：由于 CBA 造纸公司的债务和权益比率是 100%，因此，计算加权平均发行成本得到：

$$F_w = F_s \times (S/V) + F_b \times (B/V)$$
$$=10\% \times 50\% + 2\% \times 50\%$$
$$=6\%$$

需要特别注意的是：CBA 造纸公司是否仅依靠债券或权益筹集全部资金与讨论的问题无关。由于 CBA 造纸公司建造新工厂所需资金为 500000 元，因此，当我们考虑其发行成本时，实际支出就是：

实际支出 =500000÷（1- F_w）=500000÷（1-6%）=531915（元）

由于未来现金流量的折现值为 550000 元，因此，该新建造纸厂项目的净现值就为：

$$NPV =550000-531915=18085（元）$$

该项目仍然是个不错的项目，但是其净现值比我们之前计算的要低。

（三）内部权益和发行成本

我们在之前关于发行成本的讨论隐含了公司总是需要为新的投资项目对外融资。事实上，大多数公司都几乎不发行股票。相反，公司内部积累的现金流就能够满足所需资金中的权益部分，只有债务部分需要通过对外筹集资金。

内部权益资金的运用不会改变我们现行的方法，但是因为现在已经不存在权益发行成本，因此我们要将该值设定为 0。在 CBA 造纸公司的例子中，加权平均发行成本是：

$$F_w = F_s \times (S/V) + F_b \times (B/V)$$
$$=0 \times 50\% + 2\% \times 50\%$$
$$=1\%$$

可以注意到权益资金是通过外部筹集还是内部筹集会对结果产生重要的影

响，因为外部筹资的发行成本相对更高。

第三节 资本结构

一、关健术语

（一）资本结构

资本结构是由企业采用各种筹资方式筹集资金而形成的，各种筹资方式不同的组合类型决定着企业的资本结构及其变化。从不同的角度理解，资本有不同的含义。按第一种角度理解，资本是指全部资金来源；而按第二种角度理解，资本是指长期资金来源。

资本结构是指资本的组成及其相互关系，企业的资本主要来源于负债和权益，而企业的负债有非流动负债和流动负债之分。学术界对于资本结构的定义主要有两种观点。一种观点认为资本结构是企业全部资金来源的构成及其比例关系，即广义资本结构。另一种观点认为资本结构是企业取得长期资金的组合及其比例关系，即狭义资本结构。总的来说，资本结构问题是负债资金的比例问题，即负债在企业全部资金中所占的比重。

（二）公司融资

融资（financing），即资金融通，它的本义是指资金由供给者手中向需求者手中转移的过程。广义的融资不仅包括资金的融入，还包括资金的融出，是一种资金双向的互动过程，但狭义的融资主要是指资金的融入，即资金的来源。而公司融资，可以界定为在市场经济条件下，公司为了其经营目的，以不同的方式进行的资金借贷和筹集活动，它是公司进行其他经营和管理活动的基础。不同的公司具有不同的经营战略，即使是同一家公司，在不同的发展阶段，其具体目的也存在差异，由此表现为公司融资的动机的不一致性，总的来说，公司融资的目的主要有这么几种：一是满足日常生产经营的需要；二是满足调整资本结构的需要；三是满足公司扩张和兼并的需要。除此之外，新建公司的发起筹资及募集筹集也是公司融资的目的。

（三）融资结构

融资结构（financial structure），是指公司在取得资金来源时，通过不同渠道筹措的资金的有机搭配以及各种资金所占的比例。公司资金来源的划分方式不同，融资结构也表现出不同的特征。如上所述，资金可以按其来源渠道划分为内源融资与外源融资，其中内源融资又可划分为折旧融资和保留盈余融资，外源融资又可分为股权融资与负债融资，这种分类方法形成了公司融资的来源渠道结构。按取得的资金在公司存续时间长短来划分，可将公司融资划分为长期融资与短期融资，这种分类方法形成了公司融资的期限结构。按公司是否直接融入资金划分，公司融资又可划分为直接融资和间接融资，而直接融资和间接融资所利用的多种融资工具又各不相同，就种分类方法形成了公司融资的关系结构。融资结构是公司融资行为的反映，是一个动态的过程，公司不同的融资行为必然会导致不同的结果，从而形成不同的融资结构。也有的研究者在进行分析时，并未将融资结构与资本结构严格区别。

（四）债务融资与股权融资

债务融资和股权融资是公司获取资金的不同融资方式（financial method）。债务融资是指公司通过银行和非银行的金融机构借款、发行债券、商业信用和租赁等方式融资，其特点是债权人对公司的经营状况不负责任，可依借款协议按期获得本金和相应的利息，但是无权参与公司的经营活动和决策。股权融资是公司采取发行股票的方式进行筹资，其特点是股权所有者（即股东）享有公司的管理权，有权对公司的决策和经营活动进行一定程度的参与，股东的回报并非固定的，要根据公司的经营情况而定，公司一旦破产，则股东承担有限责任。上市公司可以通过发行股票的方式向社会吸收资金，也可以通过发行债券或者向银行借款等方式融通资金。前者为公司的股权融资，而后者为公司的债务融资，相应地形成了公司的股权资本和债务资本。

（五）代理成本

代理成本这一概念是企业理论中企业契约理论的基石。代理成本的总和定义如下：①委托人的监督支出；②代理人的保证支出；③剩余损失（residual loss）。代理成本包括在利益冲突的各代理人之间建立、监督和组合一系列契约关系的成本以及契约实施的成本超过收益而造成的产值损失。

（六）自由现金流量

自由现金流量，这一概念由 Jensen 首次提出。他把"自由现金流量"定义为"企业现金满足以资本成本进行折现后净现值（NPV）大于零的所有项目所需资金后的那部分资金"，即企业投资所有净现值大于零之后剩余的现金流量。Jensen 提出这一概念，主要是为了说明当公司拥有大量自由现金流量时出现的管理层与股东间的冲突及其所带来的代理成本问题。

（七）融资优序理论

公司在为新项目筹集资金时，首先动用其现金余额或有价证券组合。然而，如果需要外部融资公司首先发行最安全证券，那么它们首先使用负债，然后可能是诸如可转换证券等混合性证券，最后求助于权益。在这个理论中，缺乏被清楚定义的目标负债－权益比例，因为存在两种权益，内部的和外部的，一个在啄食次序的顶部，另一个在底部。每一个公司所观察到的负债比率反映了它对外部资金积累的需求，即资本结构是企业在为新项目筹资的愿望驱使下形成的，先通过内部资金，然后再通过低风险负债，最后不得已才求助于权益。Myers 和 Majluf 把这种情形描述为"融资优序理论"。

二、资本结构理论发展轨迹

自从 Modiglian 和 Miller 的无关性命题以来，资本结构理论模型主要集中于放松严格假设和调查资本结构相关性问题，试图从税收、破产成本、代理成本、信息不对称、公司控制权市场和市场时机等方面进行研究。总的来说，解释公司资本结构的理论有静态权衡理论、代理成本理论、信号传递理论、融资优序理论、公司控制权市场理论、市场时机理论、产品－要素市场理论等。静态权衡理论说明了在税收和破产成本存在的情况下，公司具有一个最优资本结构。代理成本理论说明了各种利益冲突产生的代理成本如何影响资本结构选择。基于信息模型说明在内部人和外部人对公司信息了解存在差异的情况下，公司如何选择资本结构。公司控制权市场理论是考察公司控制权市场与资本结构之间的关系的。市场时机理论是从市场效率的角度出发解释了一些现实融资现象。"产品－要素市场理论"说明负债如何影响竞争者的战略关系以及与利益相关者的相互关系。

（一）静态权衡理论

在一个试图解释企业间负债比率的可观察变化中，学者们已开发了最优资本结构权衡理论。尽管没有形成一个全体一致意见，但在文献中普遍流行的大致一致的论点是最优资本结构涉及负债税收优势对与财务困境相关的各种成本的权衡。静态权衡理论假设企业设置一个目标负债－权益比率，且逐渐移向这一目标。通过对诸如税收、破产成本等市场不完善成本最小化而使企业价值最大。企业被描述为利息税盾价值与财务困境或破产等各种成本间的权衡的纽带企业应该用负债替换权益，或权益替换负债，直到企业价值最大。这个理论的早期模型是对负债的税收优势和破产成本的劣势进行权衡。之后改进的模型考虑了个人所得税和非债务税盾。

总之，综合税收和破产相关成本对资本结构的影响，可以得出结论：负债数量未达到某点时，负债税收优势起支配作用；超过该点，破产成本的效应显著增强，抵消部分税收利益；在减税的边际利益完全被负债的边际成本所抵消时，企业资本结构最优，企业价值最大；超过这个最优点，破产成本超过税收利益从而减少企业价值。

（二）基于信息不对称的资本结构理论

在公司理财中，不对称信息是指企业内部人（典型的是经理人员）比市场参与者对企业资产质量和投资机会拥有的更多信息。资本结构文献的这个分支考虑了企业融资选择：①向资本市场传递私人信息；②允许企业降低逆向选择成本的可能性。总的来说，基于信息不对称的资本结构可分为两大类：一是固定投资的杠杆信号模型，如 Ross 模型、Leland 和 Pyle 模型；二是信号和新投资模型，如 Myers 和 Majluf 的"融资优序"理论（pecking order theory）。

1.Ross 模型

在投资固定的情况下，资本结构作为私人内部信息的信号由 Ross 首创，Ross 使用一个信号模型解释了负债的使用。Ross 认为，在投资固定的情况下，负债－权益比例可充当内部人了解企业收益分布情况的信号。在 Ross 模型中，管理者知道企业收益的真实分布，但投资者不知道。企业收益分布遵从一阶随机优势。如果企业证券受市场过高估价，经理受益，如果企业破产，经理将受到惩罚。投资者把负债水平作为质量高低的一个信号。由于对任何负债水平，低质量企业具有高的边际预期破产成本，因此低质量企业的经理无法通过发行更多的负债来模仿高质量企业。Williamson 描述了 Ross 模型，假设具有不同前景的两家企业，管理者知道这些前景，但投资者没有觉察到。在这些情况中，使用负债可传递不同前景的信号。具体地说，前景好的企业比前景差的企业能发行更多的负债。这个信号均衡发生，因为前景差的企业发行负债将导致更高的破产可能性，而破产被假定对管理层是有成本的。

这一模型的主要经验结果是企业价值（或盈利能力）与负债－权益比率正相关。

2.Leland 和 Pyle 模型

另外一个信号模型是 Leland 和 Pyle 模型。在 Leland 和 Pyle 模型中，内部人持股比例提供了企业质量的信号。这个研究利用管理层的风险厌恶心理来获得决定资本结构的信号均衡。其基本思想是企业杠杆的增加使管理者保留更大比例的权益。在一定条件下，高质量企业的经理通过保留高比例权益来传递其类型，因此高质量企业的经理会比低质量企业的经理使用更高的负债水平融资。用负债融资使管理者保留更大的权益，但更大的权益份额由于风险厌恶而减少了管理者福利，即更大权益利益对风险厌恶经理来说是有成本的。但对高质量企业的经理来说，这种福利下降相对较少这一事实驱使了信号激励相容，即在均衡中高质量企业的经理能通过拥有更多负债来传递这一事实。

3. 信号和新投资模型（Myers 和 Majluf 模型）

Myers 和 Majluf 集中讨论企业如何为新投资融资的问题。当经理和投资者间存在不对称信息时，企业筹集外部资本为新项目提供资金面临着逆向选择问题。资本结构的设计使企业能降低逆向选择成本，低价值投资机会企业能模仿高价值投资机会企业，导致低价值企业证券被高估，高价值企业证券被低估。这就是 Myers 和 Majluf 发展的融资优序假设的资本结构首创研究的基础支持。

在 Myers 和 Majulf 的模型中，当权益被高估时，具有优先信息的且按老股东利益行事的经理将发行权益。如果需要为正的净现值投资融资的权益被市场充分地低估，经理将放弃这些项目。考虑投资不足问题，为新资本发行时，资本结构受偏好等级的驱使，Myers 将这种融资方式称为"融资优序"理论，即资本结构是企业在为新项目筹资的愿望驱使下形成的，先通过内部资金，然后再通过低风险负债，最后不得已才求助于权益。

"融资优序"理论的经验含义是：①发行股票的消息一经宣布，企业现有股份的市场价值将会下降，而通过内部资金或无风险负债融资不传递任何有关企业类型的信息，从而不会导致股价的任何反应；②新项目主要倾向于用内部资源或低风险负债融资；③权益发行倾向于聚集在信息披露后，股价下降将与信息释放和宣布发行之间的时间负相关；④有形资产对于企业价值而言较低的企业更易受信息不对称的影响，这些企业比不严重信息不对称的类似企业更经常产生投资不足问题。在其他情况相同的条件下，这些企业随着时间推移将被预料累积更多的负债。

（三）公司控制权市场理论

随着 1980 年接管活动的日益重要，财务文献开始关注公司控制权市场和资本结构之间的关系，这些文献利用了普通股具有投票权而负债没有这一事实。资本交易不仅会引起剩余收益的分配，而且还会引起剩余控制权的分配。Harris 和 Raviv、Stulz、Israel 对这一领域做出了贡献。在 Harris 和 Raviv、Stulz 的模型中资本结构通过对投票权分配的影响进而影响接管竞争的结果。在 Israel 模型中，资本结构影响投票（权益）和无投票（负债）请求权之间现金流量的分配。

1.Harris 和 Raviv 模型

Harris 和 Raviv 集中于在位经理通过改变自己拥有的权益比例来操纵接管企图的方法及成功可能性的能力。由于在位经理和竞争对手经营企业的能力不同，企业价值取决于接管竞争的结果。经理的股权份额决定了三种可能结果中的一种：①竞争对手接管；②在位经理仍然保留控制权；③结果取决于消极投资者的投票权，且导致更好候选人的选举。最优的股权份额取决于在位经理从其股份中的资本利得与源于控制权的任何个人利益的损失之间的权衡。由于经理的股份由企业资本结构间接决定，这个权衡导致一种资本结构理论。

Harris 和 Raviv 的模型表明，如果成功的要约收购的情况是最优的，那么公司没有负债。同时它还表明，一般地，代理权争夺需要一些负债，而保证要约收购不成功则需要更多的负债。于是，平均而言，接管标的将增加其负债水平，不成功要约收购的标的将比成功要约收购或代理权争夺的标的发行更多的负债。在公司经历了代理权争夺的例子中，人们预料将观察到在位者仍然保持控制地位的公司杠杆较低。

2.Stulz 模型

Stulz 也集中于股东通过改变在位经理的股权份额影响接管企图本质的能力。特别是随着在位经理股份的增加，要约收购提供的溢价也增加，但接管的概率和股东实际得到的溢价减少。Stulz 讨论了在任经理的股权份额如何受资本结构（和其他变量）的影响。

与 Harris 和 Raviv 的模型一样，在任经理持股比例能通过增加企业的杠杆而增大。Stulz 得出结论，接管标的具有使外部投资者股份价值最优的负债水平。敌意接管标的比不是接管标的企业具有更多的负债。由于成为接管标的是好消息，人们可以预料，用负债换取权益，与之相伴的是股票价格上升。此外，接管概率与标的公司的负债／权益比率负相关，而接管溢价与这一比率正相关。

3.Israel 模型

Israel 也采用类似方法。他的模型与 Stulz 模型一样，如果接管发生，负债的增加将使标的企业的股东收益增加，但会降低接管发生的概率。不过，在 Israel 的模型中，负债增加使标的企业股东收益增加的原因和 Shilz 不一样。Israel 观察到债权人掌握了按契约规定的固定的接管收益份额，标的企业及收购企业的股东之间能够讨价还价的只有事先未承诺给债权人的那部分收益。负债越多，留给标的企业及收购企业的股东分割的收益就越少，收购企业的股东获得的收益也就越少。而且，标的企业的股东还可以在发行债券时获取应归标的企业债权人所有的收益。这样，他们就获得了所有不归收购企业股东的收益。由于负债减少了收购企业股东所获得的收益，一旦接管发生，标的企业股东的收益随负债水平的增加而增加。最优负债水平则取决于这一效应同因收购企业股东所获收益份额的减少而导致的兼并可能性的减少之间的平衡。

4.Aghion 和 Bolton 模型

对公司控制权理论进行研究的另一个代表是 Aghion 和 Bolton，他们认为负债筹资与股票筹资不仅在收益索取权上不同，而且在控制权安排上也不相同。从本质上讲，公司筹资方式的选择在很大程度上影响着公司控制权的变化。他们证明，在契约及信息不完全的情况下，资本结构的选择就是控制权在不同证券持有者之间分配的选择；最优的负债比率应该是在该负债水平导致公司破产时将控制权从股东转移给债权人是最优的。他们的分析说明了债券筹资契约的一个主要问题，即控制权的转移，而控制权转移又可导出资本结构的再调整，也就是说，控制权转移对公司资本结构具有整合效应。Aghion 和 Bolton 的模型表明，在一方财务受到约束时，在某种状态下将控制权转移给另一方是最佳的。在模型中，未清偿负债合约造成了控制权的转移，而且这种转移依赖于一种可证实的状态，即公司控制权是状态依存的。

（四）市场时机理论

近年来，一些学者开始关注市场效率对公司资本结构和融资决策的影响，提出了资本结构市场时机理论。在有效和整合的资本市场中，如果市场有效，证券的定价总是准确的，因此选择时机的决策无关紧要。相反，在无效或分割的资本市场中，如 Myers 所讨论的，明显地，公司在股票价格高时努力"定时"发行股票，倘若它们寻求外部融资，那么他们更可能在股价上升而不是在股价已下降后去发行股票（而非负债）。市场时机理论的基本思想是经理们盯住负债市场和权益市场的当前情况，在高价格时发行权益，低价格时回购股份；如果具有高国库券利率的相对不利的负债市场条件，那么企业将倾向于减少负债融资的使用。在经济衰退时期，企业可能倾向于使用更多的负债，其目的是利用权益资本对其他形式资本成本的短暂波动。

在实践中，市场时机似乎是公司真实财务政策的一个重要方面。在最近的一个调查中，Graham 和 Harvey 发现 2／3 的财务总监同意"我们股票被低估或被高估的数目是一个重要或非常重要的因素"。在发行权益中，将近同样多的财务总监同意"如果股价最近上升，我们能以高价出售"。整体而言，在这个调查中，权益市场价格被认为比在发行普通股决策中考虑的 10 个其他因素中的 9 个重要，比在发行可转换债券决策中考虑的所有 4 个其他因素重要。

（五）产品－要素市场理论

20 世纪 80 年代中期以来，财务经济学家和产业组织经济学家各自为政的格局开始被打破，产品要素市场竞争与资本结构互动关系受到财务经济学家与产业组织经济学家的关注。总的来说，产品－要素市场理论可以分为两类。一类是在产品市场竞争时，开发企业资本结构和其战略间的关系，即资本结构和战略理论；另一类是研究企业资本结构和其产品或要素特征间的关系，即资本结构影响客户、供应商、员工等的相互关系，有些学者称之为资本结构和利益相关者理论，也有些学者称之为利益相关者共同投资理论。

1. 资本结构和战略理论

资本结构和战略理论试图确定负债水平和战略变量间的关系。这些理论背后的思想是改变股东和经理的激励，通过负债使企业在产品市场中更具有激进（aggressive）行为。这增加了事前预期企业价值。Brander 和 Lewis 在这一领域进行了开创性研究。杠杆的增加诱使股东追求风险性战略，即所谓的资产替代效应。通过增加风险性负债，权益的有限责任使企业出现了一个激进产出态势（有限责任效应），即如果企业增加其负债水平，那么它将做出在产品市场中更激进的竞争承诺，这给企业更多地投资于低边际成本产品的激励。公司在作资本结构决策时，需要对负债对产出的战略影响和预期破产成本进行权衡。Brander 和 Lewis 进一步表明，竞争对手也许通过增加产量或降低价格试图驱使高杠杆竞争进入破产，即战略破产效应。在他们的模型中，如果企业增加杠杆，那么行业产量增加，价格下降。

2. 资本结构和利益相关者理论

资本结构和利益相关者理论认为公司债务水平受公司非财务利益相关者（如客户、供应商和员工等）的影响。因此，不仅要考虑股东和债权人对公司现金流量的索取权，而且也应该考虑公司非财务利益相关者对公司现金流量的索取权。这一关系可以通过包括客户对特殊产品或服务的需求、维持公司产品可靠质量的愿望以及员工或其他供应商的谈判能力加以解释。

在生产耐用品或独特性产品的情况下，公司清算会对客户、供应商和员工强加成本，如客户不能获得产品、零件或相关服务，供应商停止与公司进行业务往来，员工提升的机会大大降低等。这些成本将以给客户更低价格的产品、供应商不愿意或停止与公司进行业务往来以及这些公司的员工避免寻找工作的形式转移给股东。

非唯一生产、非耐用商品的生产商也服从于一个类似的效应。考虑一个能使生产处于任一阶段的高或低质量产品的公司，且假设客户只有在消费产品之后才能区分出质量。即使生产高质量产品成本高，但企业如果能为其成为高质量生产商建立声誉，生产高质量产品也是值得的。然而，如果当企业破产时声誉散失（至少对于股东来说），那么生产高质量的激励被负债削弱。因此，可以预料，在其他情况相同的条件下，容易从高质量向低质量产出转移，但其客户没有购买产品不能区分质量的企业具有较少的负债。

总之，资本结构和利益相关者理论与资本结构破产理论很相似。当企业破产时，利益相关者会散失其公司特征的投资。对于利益相关者投资重要的企业，其负债水平较低。

三、公司资本结构决策

根据资本结构决策原理，确定企业的最佳资本结构主要有以下几种方式：

（一）比较资本成本法

比较资本成本法是通过计算不同资本结构的加权平均资本成本，并以此为标准，选择其中加权平均资本成本最低的资本结构。它以资本成本的高低作为确定最佳资本结构的唯一标准。在资本结构决策中，采用比较资本成本法确定最佳资本结构，在理论上与股东或企业价值最大化相一致，在实践中则表现为简单和实用。其决策过程包括：①确定各方案的资本结构；②确定各结构的加权资本成本；③进行比较，选择加权资本成本最低的为最佳结构。

（二）EBIT-EPS 无差别点分析

EBIT-EPS 无差别点分析是一种决定最优筹资方式的方法。这种方法衡量不同的融资方式对每股收益（earnings per share，EPS）的影响，其目的是为了找出使得 EPS 不变的息税前收益（earnings before interest and tax，EBIT）水平，也就是 EBIT 无差别点。

在 EBIT 无差别点处，不论考虑何种融资方式，EPS 总是维持不变。一般来说，当 EBIT 高于 EBIT 无差别点时，更高的融资杠杆（即采用负债筹资）会产生更多的 EPS；当 EBIT 低于 EBIT 无差别点时，更低的融资杠杆（即采用权益融资）会产生更多的 EPS。

（三）企业价值分析法

企业价值分析法是通过计算和比较各种资金结构下企业的市场总价值，进而确定最佳资本结构的方法。这种方法的出发点是，从根本上说财务管理的目标在于追求企业价值的最大化。然而，只有在风险不变的情况下，每股收益的增长才会导致股价上升，实际上经常是随着每股收益的增长，风险也加大。如果每股收益的增长不足以弥补风险增加所需的报酬，尽管每股收益增加，股价仍可能下降。所以，最佳资本结构应当是可使企业的总价值最高，而不是每股收益最大的资本结构。同时，企业的总价值最高的资金结构，企业的资金成本也是最低的：企业的市场总价值 V 应等于其股票的总价值 S 加上债券的价值 B：

$$V = S + B$$

为简化起见，假设债券的市场价值等于其面值二，股票的市场价值可通过下式计算：

$$S = \frac{(EBIT - I) \times (1 - T)}{K_s}$$

式中 $EBIT$ ——息税前利润；

I ——年利息额；

T ——企业所得税税率；

K_s ——普通股成本。

式中的普通股的成本（率）可采用资本资产定价模型计算：

$$K_c = R_i = R_f + \beta \times \left(R_m - R_f \right)$$

式中 R_i ——第 i 种股票的预期收益率；

R_f——无风险收益率；

R_m——平均风险股票的必要收益率；

β——第 i 种股票的贝他系数。

而企业的资金成本则应采用加权平均资金成本（K_w）来表示，其公式为：

$$K_w = K_B \times \frac{B}{V} + K_S \times \frac{S}{V}$$

式中 K_B——债务资金成本；

$\dfrac{B}{V}$——债务额占资金总额的比重；

K_S——普通股成本；

$\dfrac{S}{V}$——股票额占资金总额的比重。

第七章 数字化背景下的财务建设助力企业价值提升

第一节 财务数字化建设的路径

一、财务数字化建设的方向与角度

目前，企业的财务信息化发展滞后，财务信息的质量、及时性、有效性有待提升，还存在"部门墙"造成信息孤岛，对数据协同、信息共享的意识不足，对公司决策的支撑能力不够等问题，财务信息化水平与未来跻身世界一流企业所需的水平相距甚远。通过财务数字化的建设可逐步实现企业内部信息互联互通，甚至实现企业内外信息的互联互通。

企业数字化建设，目标是实现财务数字化、设计数字化、工艺数字化、供应链数字化、仓储物流数字化、生产数字化、服务数字化等，最终实现企业各地分公司和子公司之间的信息互联互通，达到降本增效的目标。企业要把自己的数字化与业务生态平台相链接，实现平台数字化，方可实现可持续发展。

（一）财务数字化六大方向

1. 核算数据的全面共享

费用报销、采购付款与销售收款共同汇集成了核算数据的全面共享。采用"会计工厂"模式，将原来分散在各地的财务报账、付款、记账工作集中至共享中心统一处理，实现核算标准统一、业务处理集中高效。

2. 资金全面在线

共享中心完成记账后，系统推送付款指令至资金系统完成业务线上处理、数据实时呈现，保证资金管理安全、高效、敏捷，为风险预警、头寸管理、资金分析等提供系统的数据支撑。

3. 财报自动编制

通过 SAP、月结驾驶舱、财务报表机器人等，提高内部结算、月结关账、合并报表等自动化水平，实现月结高效、财报提速。

4. 业务财务融合

一方面是业务驱动财务，集成业务系统，实现业务数据驱动财务核算在线化、自动化；另一方面是财务支持业务，将财务人员从基础核算中解放出来，深入分析业务、支持业务。

5. 决策支持智能

通过智慧财务管理平台（包括智慧分析模块、智慧资金模块、智慧核算模块、智慧税务模块、智慧监控模块、重点项目管理），及时、广泛地采集企业内外部数据，再通过数据建模和数据智能，为管理者提供数据驱动的决策支持和深入价值链的业务支持。

6. 风险集中管控

财务风险管控平台就如一个财务总调度室，全面梳理资金、税务、成本、商务、营销全流程风险，建立风险指标体系，实现风险可视、自动预警、跟踪反馈。

（二）财务数字化建设的角度

企业财务数字化建设可以从以下五个角度来着手，重构企业财务模式，带动企业整体商业模式的创新与发展。

1. 实现财务与业务的深度融合

根据不同的业务场景、业务人员、业务合作方等，开发财务分析系统，将业务数据与财务数据相结合，进行业务预测、业务分析、业务复盘等，实时跟踪不同业务场景（如采购、营销、制造等）中可能存在的风险，梳理历史财务数据中的异常，为业务发展提供全面支持。

2. 资源的高效整合

企业内部资源包括人财物、信息技术、管理、可控市场等。通常在一个集团内部，资源相对复杂，如果缺乏数字化技术支持，很难实现有效整合，进而影响内部效率的提升。通过集团数字化财务管控，可以形成一套资源可量化、数据智能化的财务体系，实现内外部资源整合，共享财务和业务数据，提高投入产出比。

3. 财务流程自动化、智能化与体系化

利用财务机器人、财务分析模型等，对关键财务数据进行实时分析测算与对比，针对核心风险点、核心业务流程建立财务模型，实施自动化财务分析，把控业务关键点。财务流程再造的目标在于简化数据采集方式，实现自动采集、共享、有效控制，同时自动处理数据，规范输出报表。在录入端，改进业务部门在发生业务时原始单据的录入系统及会计凭证编制的过程，通过无纸化传递，实现从业务端获取原始未加工的信息，进而带来采购及支付的集中、供应商的集成，推动价值信息共享。在信息加工环节，实现自动处理原始单据，生成会计凭证、账簿及报表，并为各环节留下记录。同时，根据使用者的需求，运用数据挖掘技术，分析生成数字化数据信息，形成信息报送体系。

4. 打造智慧财务生态链

整合外部资源，搭建财务与外部合作伙伴的智慧财务生态链，实现集团内部与外部供应链、价值链的联通，形成合作、共享、互利、互助的关系，促进整个生态体系发展。

5. 打造强有力的财务团队

为紧跟企业数字化建设的步伐，应对财务人员的专业素质和能力进行升级培训，招聘高素质的专业人员，稳定人才队伍，配置全面知识结构的团队，加快从传统财务管理模式向新型的财务管理的转型升级。

二、财务大数据化的用途及其实现途径

数字化时代,对财务进行大数据化,就是要利用好大数据中蕴含的经济价值,有效挖掘并快速收集、整理、分析、整合信息，形成自己的资源。

（一）财务大数据化的用途

1. 提升准确性或可依赖性

大数据的集合，使财务信息充分采集成为可能。人们可能会担心，当数据

越来越多，有些错误的数据会随着大量的数据混入到数据库中，由此产生误导。但是，我们应该看到，当数据量基本覆盖全体数据时，是数据最准确的时候。"错误数据"有可能是不同形态下的存在，甚至有可能是以前我们基于判断的"想当然"而在小数据或片面数据的情况下导致的一些错误观点。大数据的结论，将提供给财务未来发生的概率及选择，财务的准确性或可依赖性将得到进一步提升。

2. 提升各数据点的处理速度

对于大型的在全国范围铺点的企业来说，需要的数据集，往往包括存储、网络、分析、归档和检索等，是海量数据。传统的财务系统已无法对海量数据进行快捷适时的处理，即使通过一些数据软件，也无力完成数据的整合、存储、分析等功能。而借助外部的托管、海量数据分析的平台供应商及云计算为基础的分析服务，则能充分发挥算法对数据的逻辑处理功能，从各种类型的数据中快速获得高价值的信息。

3. 丰富数据种类

财务需要的大数据类型多样复杂，涵盖了传统数据库、文件、用户画像、商品营销、市场动态等各种复杂记录。有些记录，当作为单一数据，则没有经济价值，但当各种数据综合在一起，形成大数据，并扩展到一定区域或全区域，数据的作用，特别是经济作用则凸显出来。

（二）财务大数据化的实现途径

1. 形成"大数据"思维

要实现财务大数据化，首先需要企业管理者及财务人员转变思维。

（1）财务团队要形成"大数据"思维

根据企业的战略布局、年度目标以及企业所设立的组织架构，财务以业务单元为核算点，必须对所有业务单元都有所了解。在数字经济时代，企业架构，带有很明显的数据特色，模糊了属地概念，业务单元小而精干，管理流程缩减，业务密集化增加。企业的财务人员应形成"大数据"思维，根据企业业务形态，搭建财务管理的整体架构，通过配备合适的核算工具，建立科学的财务管理信息系统，实现布点到位、人员精干、核算精准、数据真实。

　　另外，数字化转型关键要素是人才，因此要配置一定数量的数字型人员，充实财务团队。首先要理清财务在哪些环节需要数字型人员。一般来说，在财务信息系统的建立、二次开发和维护、各节点的安排设置以及需要系统完成的任务指令、数字迭代开发以及完成数字分析的工具运用等方面，均需要数字型人员来完成。配备合适的数字型人员，将是财务数据化的关键一步。

　　（2）形成全样本概念

　　传统观念中，财务的很多价值界定方法，都是抽样法。比如"重置成本法""公允价值计价""可变现净值"等；还有定价策略中常用的"成本导向定价法""市场导向定价法""顾客导向定价法"等。这些会计方法，都是与抽样数据有关，通过局域性获得一些参考数据（常用的方法是从行业上市公司披露资料中提取），据此武断计价额度。在数据采集难度大、获取成本高昂的时代，抽样是个高效的方法。其抽样的数据，无需花费大量的人力物力，只是需要从某些设定区域中，选取有代表性的样品来分析即可。但是，抽样存在主观性，样品选取经过了有喜好的筛选，容易偏颇。样品也具有不稳定性，以少量的个体来评价整体，本身就具有不确定的风险，如果个体量未能达到一定比例，样本数量不够大，就不足以说明事件必然发生，由此产生的结论，就有以偏概全的风险。同时，基于谨慎性原则，财务人员往往会取其最保守的数据，作为定价的依据，这样，容易导致数据失真，误导决策正确。

　　随着大数据的发展，数据获取便捷、完整，成本低廉，数据存储、调用、分析越来越容易，因此财务人员无需固守抽样法，可通过大数据的运用来准确实现商品、服务计价，形成市场有效价格，从而让财务报告更有价值。

　　（3）形成概率思维

　　概率思维是概率论的体现，具体是指利用数学概率的方法，来思考问、分析问题、解决问题的一种思维模式。概率思维最重要的运用场景是对未来事件的预判。当预计一个事项发生时，可分辨可能随机出现其他事项的比例，从而做出相应的方案。概率思维有几个要点。首先是随机性。事项的发生，特别是因果关系不强烈的事项，具有发生或者不发生的随机性。财务人员往往缺乏对未来随机性的认识，因为面对的基本都是历史数据、历史资料。但如果以历史事实去推测未来，就容易陷入因环境变化而引起的困境。

（4）形成数据提取真相思维

数据获取的过程千变万化，来源渠道多种，真伪难辨。而作为财务数据来使用的数据，必须是真实的、未被篡改和调整过的。然而不是所有的数据都具有经济价值，财务人员要具有从数据中提取有价值数据的能力，从看似相关的数据中，找出真实相关性。因此，财务人员应多维度地观察和思考，从多样本中提取真相。大数据提供了相关性，但不具有因果性。只有把数据当成工具，进行分析提纯，才能发现真相，而不是从数据中寻找结论或原因。

2. 财务大数据的收集

财务要实现大数据化，则必须以大数据作为支撑，那么，如何获取大数据呢？最直接的方法，是从企业内部获得。这就要求所有经济节点上的经办人，都要通过信息系统，录入所经手的业务信息。此中，包括了业务种类、工作时长、薪酬信息、费用种类及对价、成本。这还远远不够，还必须从外部数据集中取得大数据。企业财务人员从外部获取数据的最常使用的方法有：

一是从常年合作的会计师事务所或咨询机构中取得。由于这些机构接触的企业数量大，容易取得行业数据，虽然部分数据可能由于商业机密不予公开，但通过购买数据形式，还是可以取得相似或近似的数据集。

二是从上市公司披露信息中提取。根据证券法相关要求，上市公司期末往往会进行较详尽的信息公告，企业可以从中截获有用的信息，从而转换成数据。

三是从各政府机关、政法部门公布的数据中提取。如国家统计局定期发布的各项数据，均有很高的参考价值。

四是从各种平台运营公司及互动平台中获取数据，如通过阿里及腾讯公司，获得有经济价值的数据；或是从上下游营销链，采集行业及垂直领域的数据。

3. 财务大数据的分析处理

财务通过什么手段来收集和标识大数据呢？可以从两个方面着手。

（1）用户画像

一般来说，用户画像是指用户的信息标签化，就是企业通过收集和分析相关企业的社会名称、属性、业务来源、生产资源配备、价格结构，以及人群的生活习惯、消费能力及行为等，可以做出企业或人群的商业画像。当收集到足够的信息量，企业能快速找到精准投放的用户群体、用户需求或企业合作伙伴的反馈信息。

企业为用户的信息打上标签，就是要精准地描述出用户信息和习惯，收集用户浏览的行为数据，包括用户在网站的浏览数据、商品数据、产品数据、行为数据等。相关数据的取得，可从合作网站、用户平台、自有营销渠道等方式获得。

（2）数据处理及分析

通过数据的清洗、合并，以及使用任务调度系统、搜索引擎进行大数据集群的快速检索。同时，通过一系列的分析选项，发现复杂的连接，并探索其数据中的内在相关性，构建出算法模型，实现大数据的智能化分析，精准获取数据。

三、数字资产的计量与披露

数字化时代，大数据就是商品。数字商品成为经济活动中的重要商品形态。它的载体具有多样性，包括计算机软件、代码、数据集合、多媒体产品、数据库、电子文档等。本质上，这些数字商品有共性，即有商业价值性、虚拟性，价值较难准确计量。如何准确确认、计量、核算、披露数字资将是财务面临的重大课题。

（一）资产及无形资产的定义及确认

根据《企业会计准则基本准则》中明确指资产是指"企业过去的交易或者事项形成的、由企业拥有或者控制的、预期会给企业带来经济利益的资源"；"前款所指的企业过去的交易或者事项包括购买、生产、建造行为或其他交易或者事项。预期在未来发生的交易或者事项不形成资产"；"由企业拥有或者控制，是指企业享有某项资源的所有权，或者虽然不享有某项资源的所有权，但该资源能被企业所控制"；"预期会给企业带来经济利益，是指直接或者间接导致现金和现金等价物流入企业的潜力"。

（二）数字资产的定义

企业数字化建设，形成企业的数字化产品及生产资源，但不是所有的数据都能成为资产。企业通过业务运营沉淀下来的数据并不能全部称为"数字资产"，只有按照企业的主题域进行规范存储、建设形成相对独立的数据库及数据模型，可以为决策分析提供标准支持的数据包才能称为"数字资产"。根据百度百科对数字资产的词条释义，数字资产（digital assets）是指"企业或个人拥有或控制的，以电子数据形式存在的，在日常活动中持有以备出售或处于生产过程中的非货币性资产"。数字资产既不同于有形资产，又不同于无形资产，数字资产是综合体，在企业获得的前期，有资金的投入、硬件设备的建设，又有知识产权、专利权等无形资产的组成。

1.可变现性

数字资产具有为企业创造经济价值的能力。在实践中，数字资产在使用过程或生产的产品，有市场需求，或其能形成独立的市场价值。如果未能确定是否能产生经济效益，不宜列入数字资产。

2.可控制性

数字资产必须是企业合理合法控制和使用的资产。企业应当明晰界定数字的控制权及产权，分清属性，以其是否拥有控制性来确认资产。如企业通过平台获取的个人信息、行为画像等，其属性存在很大的争议，按现阶段的理论及规定，不宜纳入企业数字资产。利用"爬虫"等技术获取或抓取的数据，不具备数据的控制权及产权，不能纳入企业的数字资产。另外，该数字资产能为本企业带来经济利益，通过契约或协议形式，合法取得数字资源的权利，可以认为是数字资产，受到法律的保护。

3.可量化性

数字资产与其他资产可以明确区分，可用货币进行可靠计量。其计量包括数据获取的成本、为支持数据获取投入的直接关联成本（包括设备投入）、数据的市场可评估价值等。

数据资产可以被视作企业无形资产的一个新类别，是企业在生产经营活动中产生的或从外部渠道获取的，具有所有权或控制权的，预期能够在一定时期内为企业持续带来经济利益的数据资源。

（三）数字资产的会计计量

如何对数字资产进行合理合规的计量，并正确入账，是数字资产会计核算的关键环节。数字资产计量应遵循公平性、客观性、合理性、独立性、系统性、替代性、科学性等原则。现阶段,按会计准则规定,一般做法有以历史成本法计量、重置成本法计量、可变现净值法计量、现值或公允价值计量、市场评估法计量等方法。这几种方法各有优缺点。历史成本法计量符合传统财务会计的原则,会计信息具有客观性和历史性,容易取得依据。但由于数字资产价值的不稳定性,会计信息提供决策的准确性会大大降低,不利于管理层做经营和投资决策之用。当某项数字资产的市场价值超越开发成本,甚至成为整个行业的标准时,其价值将大大高于历史成本计量的金额。相对市场评估法计量而言,重置成本法计量较容易获得客观的定价支持,但对于设备类的重置计量,容易因设备不再生产而无法取得依据,或因设备老旧无法确认其成本,造成核算的困难。可变现净值法或现值法计量能较好地反映市场价值,但可能因净值较难核定而影响会计处理。市场评估法计量可能因精准度不够,造成核算的困难。

采用未来现金净流量进行会计计量相对来说更符合数字资产的特性。该计量方法的前提是比较合理地确定数字资产的预期收益。其中一种计算预期收益的方法是"成本加利润",即企业按投入的成本与预计利润值的合计作为产品商业销售价格,再乘以数字资产预计生产的产量或产能,合理确定数字资产的总额。另外,如果有确实的证据证明买方市场接受高于合理定价,也可以按买方市场平均定价作为计量数字资产的方法,这就需要具有一定资质的专业评估机构来客观评定。当然,后者计量的数字资产价格还必须得到会计界的认可,并在使用过程中应当注意税收风险。

实际情况中,哪些开支符合资本化的条件,还需视企业具体情况而定。根据企业会计准则,对于研究开发阶段的支出,除为明确的项目支付并符合特定条件的开支外,均应按"研发费用"规定,列入当期损益,不宜资本化,特别是未成功的项目研发,只能列入当期损益。另外,对于数据的获取、确认、前期处理等价值不高、产权争议大的部分开支,宜列入当期费用,不宜资本化。对于数据深度挖掘、有效加工并形成数据包(库)的部分,可以整体或拆分销售,有一定的经济效益及商业价值的,应纳入数字资产。

数字资产一般来自两种渠道,一种是外购所得,一种是自主研发。

1. 外购数字资产的会计计量

外购产品的会计计量较为简单。企业按其购入数字资产的实际支付价格，及投入使用过程中发生的相关费用计入该项数字资产，再按预计使用期限进行摊销，会计处理可参照无形资产的计量方式进行。取得计算机产品成本及商品化软件研究开发费用、维持软件基本功能所必需的费用等可同时确认到"无形资产"科目下的"数字资产"明细中。同时，可采取"直线分摊法"，按预计使用年限，摊销入年度成本。也可按预计销售数量，将核定分摊的部分，分摊入产品成本。

2. 自主研发数字资产的会计计量

具有软件开发能力的企业，基本采用自行开发数据。企业采购电子设备，投入技术力量、研发团队、日常工作人员，主动获取、整理分析形成的数字资产，可按企业会计准则中对"无形资产"的会计处理方法进行确认及核算。其中开发成本构成数字资产原始价值的主体，投入生产前产生的评审鉴定费、注册费、版权费、测试费、处理费等也是数字资产成本的组成部分。

由于数字资产的市场价值与投入成本容易存在差异，其价值评估显得尤其重要。要客观有效地评估数字资产价值，须充分考虑相关因素。数字资产的价值影响因素包括技术因素、数据容量、数据价值密度、数据应用的商业模式和其他因素。影响数字资产的价值因素可从以下几个方面考虑：

（1）数字资产的质量

数字资产的真实适用性、完整性、便利性和数据应用广泛性，以及获得数字资产的成本合理性，是数字资产质量的重要指标，也决定数字资产是否存在市场竞争力。

（2）数字资产的市场占有率

如果一个产品在所属行业中已经占有一定的市场份额，具有较好的市场信誉、稳定的消费群体，数字资产价值就越高。同时，时效性反映数字资产的使用时限及生命周期，稀缺性显示所有者对资产的占有程度、利润获得的程度及稳定性，这些都是数字资产市场价值的重要因素。

（3）宏观环境及市场环境

从宏观环境角度，判断国际国内各方面对数字资产的预期及持续情况。当宏观环境出现变化、技术革命出现断裂，数字资产的价值将有很大变化。当企业竞争对手涌现，市场竞争格局将发生很大变化，这将对数字资产的价值有较大影响。

（4）企业自身的管理水平

企业拥有高技能人才、良好的企业文化、严格的管理制度和组织机制，是数字资产价值的重要保障。从企业自身来看，稳定住技术全面、有创新意识和开拓能力的人才，保证智力成果，即保住了企业数字资产的市场竞争力及收益。

（四）数字资产的披露

1.报表内列示

已列入企业报表的项目"无形资产——数字资产"项下的数字资产，通过会计报表统一披露数字资产总额。报表使用者将从企业的报表中了解到企业的数字资产情况。但是，由于会计准则的局限及价值评估方法的水平良莠不齐，会计报表不一定能准确反映整体价值。为避免数字资产被低估，企业还需增加报表附注或表外报送。

2.数字资产的表外报送

资本市场已反映出互联网巨头的价值远远高于实体经济的企业。企业在会计报表附注中，应当就未全面披露的"数字资产"的价值，进行量化的说明。说明可包括数字资产的市场占有率、市场价格、产品所处的生命周期、专利数量等硬核要素；也可列示评估中介机构出具的价值数据，证明数字资产的价值额度及未来收益。

四、业财税联通化建设

（一）财税联通化

我国税务机关持续深化"放管服"改革，开展"便民办税"活动，家税务系统采用"金税三期"进行电子税务管理。该系统是全国范围内的税务一体化信息平台，采用大数据分析方法，以规范税务机关的征管和企业纳税行为，实现了税务平台和应用软件的大统一。

"金税三期"系统的特点是：业务规范统一化，全业务、全税种纳入，实现信息共享和管理。系统采用的"网络爬虫"软件，根据既定的目标，自动提取网页信息，获取涉税资料，实现分类抓取、实时监控和智能比对。"金税三期"系统，可以将行业、业务性质、业务销量、比率等大数据和涉税事项进行精准定位，及时对企业纳税额度进行监控。只要企业的动态数据出现偏差，税负率偏低，系统会自动预警，企业可能会面临被税务机关约谈、要求补交税款，甚至移送税务稽查的情况。

企业应当以此为契机，化压力为动力，用好数字化技术，提高网上税务处理水平，实现企业与税务系统的友好链接。随着企业内部网络的互联网化及电子发票的出现，财税数字化建设是企业实现数字驱动的智能税务管控及筹划的必经之路。

1. 财税联通化的优势

（1）防范税务风险

随着发票数据、申报数据的增长，企业面临的税务风险逐步上升；同时税务系统强大的监管功能，增加了企业经营的外部监控压力。企业采购、销售、费用支出等环节，均存在收开发票的行为，均需对发票进行验真、查重。业务与发票匹配后，及时入账，进行增值税款抵扣，需要通过联接税务系统进行确认。这就可以防范税务风险。另外，要实现税项分离、基础数据处理、自动计税、税务申报、税务核查、税务监控及税务政策咨询等功能，均应依托于财税联通化建设。

（2）提升税务筹划能力

税务筹划是财务很重要的一项对外工作，如何将财务数字化与税务系统联通，实现适时税务筹划，是财务数字化不可忽视的关键点。成熟的财务数字化系统，可与税务系统直联，实现税务远程操作与标准化处理，实现总部对各业务机构或部门的税务管理，监控销售的真实数据及适时反映成本，实现多维度查询分析和数据共享，为整体税务筹划提供决策依据。

（3）防范经营风险

用好税务信息，为企业防范经营风险提供保障。税务系统未来将为企业提供更多的信息。通过与税务系统联通，能为企业提供供应商及购买方的税务信息，如供应商或购买方是否具有较高的征信水平，成本率、税负率水平是否达到行业平均水平；从供应商的存货或原材料的税收进项税额，可以看出其是否有足够的存货；供应商是否有足够的固定资产折旧，证明其技术能力；是否有足够现金流，如果拖欠税款，可以说明供应商在现金方面存在一定的问题。企业可以根据税务信息，对供应商及购买方开展成本率分析、税负率分析、采购分析、可抵扣增值税发票分析、应收账款分析、现金流及资产情况分析等，有效防范经营风险。企业通过税务信息，加深对合作的信心，促进经营效率的提升。

（4）提高管理效能

用好税务信息，可提升企业的管理效能。企业日常费用报销，通过财务数字化系统，与出纳、经办人以及票据流程、发票管理、电子发票系统无缝联接，获取发票后可直接传导入"金税三期"系统进行校真、校验识别，或者由税务"金税三期"系统直接导入电子发票到企业数字化系统，自动完成单据匹配并核销，同时生成增值税抵扣信息；在企业采用后端银企付款后，能完成付款，并生成会计凭证，大大降低中间环节出差错的风险，降低发票丢失、重开发票等风险，实现管理效能的大幅提升。

2. 增值税务管理

对于付款业务，从外部取得的增值税进项发票，可通过全国增值税发票查验平台实现远程校真。目前，部分财务管理系统及运用软件已与税务机关签订查询协议，实现扫描件校真，其辨真率可达到98%以上。只要企业取得发票，不管是哪个地区开具的增值税专用发票、增值税普通发票以及机动车发票、电子发票、出租车发票等，均能通过增值税发票查验平台进行查验。同时，可以在财务数字系统上，实现增值税认证抵扣并生成会计凭证，完成会计账务处理。

对于越来越普及的电子发票，由于其可以通过"微信端"或"支付宝端"获取，可便捷地联接到财务数字系统，在取得发票后，直接导入财务系统，适时确认成本并实现税务抵扣。

企业销售货物、提供劳务而产生的收款业务，需要开出增值税发票，一般依据合同约定，财务系统与合同管理系统相链接，预设好开票节点及判断要素，就能实现增值税发票的开具，直接计算增值税销项税额。但是，由于收入的多样性，导致税种不一，甚至可能存在一项收入分金额按不同税种纳税的情况，这给数字系统自动处理纳税业务出了难题。至今为止，增值税开票系统，依然限于本地开票，尚无法实现异地安装和异地使用税控机开票，这就要求企业对合同签署地、发票开具地和纳税地点进行统筹考虑。

企业分布在同一地区的不同分支机构，增值税开票系统，可以通过财务系统统一搭建。特别对于开具电子发票，更适合运用财务数字系统管理。通过财务共享中心或数字中台，建立财务系统与企业 ERP 系统、业务系统及合同管理系统的链接，通过系统的集成，自动抓取不同系统提供的业务数据和合同数据。比如，生产型企业在产品销售系统中提供了出货单或货运单，与销售合同核对无误后，生成增值税开票信息，按预设的税率计算公式及原则，按税种选择、金额拆分、发票红冲及作废等规则，智能地开出增值税销项发票。通过严格的校对、审核流程，完成发票的开票申请、打印。通过物流平台，可实现发票快递。这种快速处理发票的功能，已被京东等大型网购平台所运用。

增值税进项税额发票的集中认证，已基本解决。通过财务数字系统，建立增值税进项统一数据库，发票通过扫描或电子发票直接导入，利用光学字符识别技术（扫描识别技术，OCR）识别发票信息后，将对接到全国增值税发票查验平台进行批量查验认证。普通的发票可以实现适时校验；对于增值税专用发票，根据全国增值税发票每天零时统计一次的限制，一般要隔天才能认证完毕。在发票校真后，数据进入核算系统，自动分发发票，形成自动匹配费用及预算的流程，或者根据填报人所填分类，在预算额度内，匹配费用科目，同步计算增值税进项抵扣金额，自动生成会计凭证。对于增值税进项发票，抵扣金额直接从发票中读取；对于租车车票及飞机票等，智能地按预定的税率，自动计算可抵扣金额，并在会计凭证上列示。

3. 税款纳税申报管理

企业的纳税申报，涵盖了企业完税需要的所有税种，包括增值税纳税申报、消费税纳税申报、城市维护建设税和教育费附加纳税申报、关税纳税申报、劳务费涉及的增值税税务申报、企业所得税纳税申报、个人所得税纳税申报，还有土地增值税及其他各税种的纳税申报等。一般有按次申报、按月申报、按季申报及按年申报等几种形式。申报表按税务局规定的申报表格来填写，包括了纳税人名称、税种、税目、应纳税项目、适用税率或单位税额、计税依据、应纳税款、税款属期等内容。增值税申报表还按进项税额、销项税额来区分。所得税申报表还包括销售收入、销售利润、应纳税所得额、应纳所得税额等内容。

纳税申报越来越规范，需要填报的内容也更复杂。面对这种表格，数据的完整性、逻辑性和准确性要求更高，填报的难度和工作量更大。由于报表的格式化、标准化，采用财务数字系统，通过精准地设置公式，有效抓取数据，将会极大地改善纳税申报的质量和速度。通过成熟的财务数字系统，对接税务局办税系统和各机构数据系统，设立好数据之间的钩稽关系、取数路径和数据分发，规定校验标准，就可以从财务的成本费用明细账、开票端、进项税额数据库等多种数据源取得详细准确的数据，然后汇总填入纳税申报表，快捷并精准地完成税款申报。

（二）业财融合

财务数字化的改变，除财务报销审批流程发生了历史性的变化外，还改变了各类业务的起点，在业务初始阶段就引进财务信息系统，推动了业财一体化的进程。

1.提高业务获利水平

业财融合，要求信息化系统能在交易或业务事项活动过程中实时采集、处理、存储、传输会计信息，财务人员能前置参与掌握企业业务的运作状况，并能延伸到采购、供应商、客户等环节，对经营活动可实施全面、实时的管控，协同业务部门发现和解决经营问题。业财融合，增强了事前、事中的管理能力，提高了会计信息的及时性与相关性，可在事前、事中预防和控制业务处理风险。通过财务数字化平台和实时的核算数据进行数据分析，为业务决策提供依据。另外，财务数字化系统能提升自动化和智能化作业水平，提高准确性，有利于业务部门通过财务系统，深入掌握成本及消耗的资源，改进业务流程，消除不增值作业成本，提高业务获利水平。

2. 优化企业价值链

业财融合实现了业务部门及财务部门的内部协同合作，打通了价值链的关卡。同时，对于价值捆绑的上下游贸易伙伴和客户，因为引进了财务平台，突破了企业组织的界限，从单一企业，转变为信息技术环境下的虚拟价值链共同体。例如，BAT 的企业，通过平台链接，实现业财协同，形成了一个总部企业、分销企业、供应链、合作团队等的集合。某个企业的利益，与价值链的整体利益一致，实现了信息流、资金流、物流及数据流的协同，创造了竞争优势。从原材料采购链可以看到其优势。以往的采购业务，是由业务部门通过企业规定的选取供应商的方式，或建立局部供应库，或通过一定的招标流程，或沿用历史合作等方式，产生供应商，按合同履约后取得报销单据，完成付款流程。业财一体化管理方式下，企业根据更多的人机交互场景来选择供应商，通过线上线下产品的实体或虚拟比较，寻找合适的供应商。因不受时间、空间影响，参加比较的产品，可能涉及全球供应商，备选产品数量成指数级增长，方便企业选择最优级产品。特别是选择电脑等电器产品及门槛较低的产品，为企业提供了更大的选择和议价空间。企业优选后，通过系统平台，可以自动进入购销环节，签订购销协议，对方履约供货。供应商直接将发货信息推送到系统平台，企业上传进货单、验收资料后，平台自动与供货商结算发票，进行支付。如果是企业与供应商签署了阶段性合作协议，可以实行自动定期取得汇总发票，定期结算货款。

3. 提高预算的准确性与指导性

企业的业财融合，纽带是全面预算管理，实现事前、事中及事后对业务的管控。打破业务与财务的条块分割局面、编制适宜的全面预算的关键是管理。业财融合可提升企业的预算管理水平，科学地编制预算，从而提高预算的准确性和指导性，达到统筹企业资源、强化管理协同的目标。

4. 提高绩效考核的完整性与全面性

业财融合，可以帮助企业更好地考核绩效目标是否达成，考核透明，可起到激励员工的作用。从价值链的整体效益，考量业务及产品绩效，提高了评价的完整性和全面性。

业财融合，一般主要涉及财务与供应链业务的融合、财务与制造数据的集成、集团内财务与资金的融通、管理费用的分摊核算等方面。

（1）财务与供应链的融合

财务与供应链的融合，可以实现从业务合同签署开始，供应链模块的信息直接进入财务模块中，包括原材料入库数量、单价，产成品的出库数量、定价，生产过程的辅助材料、生产人员薪酬，需要分摊的各项间接费用和管理费用等，直接组合成产品的成本。同时，基本供应链的数据，与应收账款及合同金额进行匹配核对，形成往来账记录，反馈到财务模块中。

营销部门对供应链和财务模块提供的成本进行核对，同时匹配及分摊间接费用，形成管理凭证。当产品通过物流派送后，形成发货凭证，联动应收账款，发出收款提示。

（2）财务与制造数据的集成

生产过程的数据，包括收入、成本和费用，根据企业的核算方式，预设好内部凭证。内部流转的成本和费用，按内部交易价格进行结算，纳入产品总成本或费用中。

（3）集团内财务与资金的融通

涉及资金的业务，需要在收入和成本流入会计模块生成收款、税金及资金的会计处理，同时，按收款时点，匹配成本的支付进度。

（4）管理费用的分摊核算

管理费用按企业的分配规定，按产成品入库的节奏，进行内部比例分配。

业财融合的典型例子，是保险业的保单审批流程。通过业财一体化的信息系统，保险员将保险费收入和赔付信息录入信息系统，根据企业预定的加工规则，转换为会计信息，传递到后台形成会计凭证及相关报表。

五、财务票据网络化建设

票据报销是企业很关心的问题，对于采取集约型管理的大型集团，更是难点痛点。如何实现票据报销的快捷方便，正确进行成本确认和费用划分，反映了公司的内控水平；对发票的审核和费用归属，可折射税控风险程度；有无个人开支列入公款费用、是否浪费公款或突破标准，反映了管理层的廉洁程度；费用开支的比例反映了企业的效率及效能。

（一）票据管控的难点

票据管控的难点，基本有以下几个方面。

1. 事前计划性不强

企业未能系统地安排费用预算，开支前没有申请及批准，采购及出差、接待没有报批，导致管理链条不透明、不完善。

2. 费用标准控制力度不够

虽有制订明确的费用报销标准，但容易被突破，财务人员往往在事后才参与管控，标准及预算形同虚设。

3. 费用审核耗时长、效率低

填报单据时，容易因不规范而花费更多时间；财务人员对于发票的真伪需要花费大量的时间来核实；纸质单据在不同审批流中游转，需要消耗大量的时间和人力，导致效率低下。

4. 记账繁琐

集团企业的财务人员，往往需要花大量时间来审核单据，确认预算和匹配费用，做账占用时间很长，财务价值低下。

5. 费用统计难

审批流程长、入账进度慢，导致成本费用无法及时确认，费用无法及时分摊，多维度的统计工作无法适时完成，导致数据不准确。

6. 费用支付易出错

集团企业中财务人员手工劳动量大，负荷重，出错率高。特别是涉及资金支付的，因查找困难，资金难追还。

（二）票据网络化的功能

随着财务数字化的发展，通过数字财务平台，企业可以提高费用报销的管理能力。通过云计算及大数据技术等的应用，企业可实现票据报销的网络化、智能化，从而实现外部票据自动识别、自动审核和自动账务处理的功能。

报销票据网络化模块应能实现以下功能：

1. **实现报销电子化**

支持 PC 端、移动端全功能应用，提供日常费用申请、借款、费用标准查询等员工费用报销功能（涉及不低于 60 个子单位，具体报销用户数根据实际需求据实确定，支持上述各单位按不同报销审批流程、财务报销标准的个性化配置）；集成电子发票，支持从发票拍照自动识别发起报销，简化员工报销填单环节，通过报销流程便捷化、审批流程线上电子化（嵌入电子签章），提升用户体验；通过内置财务报销标准，集成预算控制等，自动初核，实现费用报销制度的有效落地。报销的发票包括普通发票、增值税专用发票、的士票、路桥费等票据。

2. **与发票云便捷连接，实现无缝集成**

用户发起报销时，可以便捷地选择发票，导入发票后自动生成费用报销单。具体步骤可以是：选择发票→导入发票→生成费用报销单。在选择发票时，可以支持多种发票获取方式，比如电脑端选票、微信小程序扫描、扫描枪扫描、微信卡包导入，且支持批量导入。在导入发票时还能进行发票验真、查重等风险管控，导入发票能通过 OCR 识别自动生成报销明细记录，并实现发票影像的电子化留存。根据业务需要，相应配置扫描枪。同时按各单位实际需求实现银企直连的对接，财务审批完成后，通过银企自动执行付款。

3. **实现预算管控**

以单位、部门、项目、专项资金等为维度实现预算管控，电子报销与预算管控对接。同时预设特殊情况处理权限，特殊情况下可由集团业务管理员对流程流转进行调整。

4. **提供查询和统计功能**

报销专员可以查询经办过的报销单据，可以统计某时间段内本部门的报销情况，并导出报表。业务管理员可以方便查询报销记录以及所关联的单据凭证，查询某时间段内的集团整体报销情况或是某部门、某项目的报销情况，并导出报表。报表可按不同报销类别、剩余额度等维度分别进行统计。

5. **实现分权管理**

某部门的用户权限管理、本单位业务和流程配置等可以授权给部门业务子管理员处理。

（三）票据网络化后的发票信息采集

发票信息的采集包括实物发票的接收和扫描。通过采集发票信息，可以验证发票的真伪，证明业务发生的真实性，同时为后期处理提供依据。一般来说，发票信息的采集有两种方式，一是利用 OCR 系统，扫描需报销的原始单据，另一种是由供应商直接登录财务数字系统录入。

实现票据采集后，对发票信息进行税务校验核真，对取得的信息进行审核，并检查权限审批流程是否完成，是否与预算相符并有足够的额度，是否符合规定的报账标准。所有节点准确无误后，票据将转向应付账款或进行支付，转入银行付款结点。

（四）票据网络化后费用报销的角色定位

项目用户角色主要分为以下六类：

（1）报销专员：集团各部门设立报销专员。此用户主要负责使用平台发起报销时选择发票并导入发票、填写发票持有人相关信息、提交报销表单供领导审批等。

（2）各级业务领导：对报销专员提交的报销表单进行审批。

（3）报销核算人员：根据报销专员提交的报销表单进行审核，在自动初验的基础上进行人工复核，对已进行核算无误的报销表单进行归档处理。

（4）业务管理员：进行系统总体业务管理和监控、集团级业务和流程配置、用户权限管理。

（5）业务子管理员：根据分权管理要求，进行本单位用户权限管理、本单位业务和流程配置。

（6）系统管理员：对平台后台进行技术管理和运维监控，为业务管理员和业务子管理员提供技术支持。

（五）票据网络化后对日常报账业务的处理

1.日常费用报销

日常费用报销属于费用报销业务的一种，主要用于各项目常开支，员工代垫支付之后需要报销的业务场景（包括但不限于办公用品采购、交通费、差旅费、医药费等）。

每个业务场景或子单位要求所填的内容和审批流程会有所不同，可按不同的子单位和业务场景的审批流程和标准实现日常报销，设置各自的审批流程，并与预算管理无缝对接。报销时的报销明细可以对应多个收款人。按各单位实际需求实现银企直接的对接，财务审批完成后，通过银企自动执行付款。

2. 对公付款

对公付款属于费用报销业务的一种，主要用于对供应商的结算，日常公对公结算费用（包括但不限于项目付款、机票报销、对公报销等）。供应商按照约定将结算单（账单）或发票寄送到公司，公司经办人对账单和发票采集后进行对公支付申请。付款时的付款明细可以对应多个收款单位和银行账户。

3. 借还款

（1）借款的处理

员工可以发起借款申请，按各单位的管理规定设置各自的申请报表和审批流程。在财务审批完成后，通过银企自动执行付款。

（2）还款的处理

在费用实际发生后，可以进行报销冲抵借款，主要分为以下两种情况：

①超额报销

通过借款单关联生成费用报销单，员工实际发生的费用超出借款金额，则需要在冲抵借款后向员工支付超额部分的费用报销款。

②少额报销

通过借款单关联生成费用报销单，员工实际发生的费用小于借款金额，则需要在冲抵借款后将剩余款项归还公司，员工根据借款单生成还款单，同时线下打款，还款单审核通过后生成出纳收款单，用于核销银行收款记录。

（六）票据网络化后对差旅费的处理

数字平台要实现适时财务处理，费用的报销无法逾越。差旅费报销需要数字平台具备以下功能。

1. 数字平台应当具备与差旅费用服务提供商对接的功能

最简单的模式是在数字平台中嵌入服务提供商的链接，如 APP 等，当用户打开财务数字平台后，可以通过链接跳转到差旅服务商页面，如直接对接去哪儿网、携程网等，获取相应的服务。这可以称为"伪对接"，数字平台仅提供链接，无法干预到差旅服务商的任何权益，也很难享受到特殊服务。这种模式可以快速实现数字平台的开发使用，但容易被一两家供应商垄断，企业很难通过比价获得最大的权益。

第二种模式，对差旅需求数量较大的企业有较大好处。这种模式是数字平台直接与备选库中的多家旅店、航空公司、连锁酒店等差旅服务商签订服务协议，实现网络直连，信息接入到财务数字平台。当出现差旅业务时，由平台推选出最合适的产品供业务人员直接使用。这种模式下，企业可获得最大的采购效益，打破服务商垄断，实现平台自动比价，流程透明。

2. 数字平台应当能够实现与服务供应商平台的直接结算

以往的费用报销方式，业务员在出差或招待后由员工垫付，取得正式发票后再回企业报销。这种模式给员工造成了很多资金上的困难，拉长了报销的时间，甚至有可能造成票据过期。如果由数字平台整合服务供应商的资源，实现网络链接，在签订合作协议后，由企业通过数字平台与供应商进行总量结算，以公对公的方式，取得统一的发票，会大大优化企业交易流程。

这种方式中，数字平台应具备对接外部供应商的接口，设计好对账系统和审核流程。同时，数字平台能满足订单报销需求，可以按纸质凭证或电子凭证、订单模式来确定报销及付款。

数字平台与差旅供应商的对接方式一般有以下两种。

（1）简单方式

数字平台只承担费用报销环节的处理上取得票据，改从服务商端口取得票据，直接与服务商结算。这种方式，数字平台仅需加设核对环节和审批权流程即可，简单直接易行。

（2）进阶方式

建立数字中台，承接供应商报价及选择、采购管理等职能。这种方式下，企业需要投入大量资金搭建差旅对接平台，但增加前端机票、住宿、用车的供应商选择，给业务员增加选择渠道。若企业这类业务量大，可以推广。如果企业需求量未达到供应水平，企业应当选择简单方式，或将差旅中台外包，减轻企业成本负担。

六、报告自动化建设

数字时代，为了提高信息披露的时效性，要求财务人员快速提供财务报告。为此，报告自动化建设势在必行。什么是报告自动化？以前财务人员采用手工核算，需要编制分录，形成各类报表；现在运用信息系统，计算机代替人工，通过编制代码及运算程序，实现自动生成报表，减少人工干预，节省工作时间，提高工作效率。

（一）财务报表的分类

1. 外部报表

财务报表用于定期披露企业的经营状况、资产负债情况及现金流情况。按照企业会计准则规定，定期出具的报表必须有三表：资产负债表、利润表、现金流量表及附注。对于国有企业，在期末还要求编报资金平衡表、专用基金及专用拨款表、基建借款及专项借款表等资金报表。这些外部报表，按准则规定，有明确的报送时限，具有时效性。

2. 内部报表

企业根据管理层及股东的要求，往往需要财务人员编制各种管理报告来反映企业关键控制点的财务状况及进展情况。这些内部报表，一般涵盖成本控制、经营数据、环境等，如成本报表、人员报表、费用报表、收入报表，经营环境报表、预算编制报表、预算执行报表、财务分析等。内部报表是企业强化内部管理的管控手段，为决策者提供有效及时的信息，往往比外部报表更有实效性，因此，对内部报表的时效要求，往往会更高，质量的要求也更高。财务人员对此产生的压力更大，对报表自动化的要求也更迫切。

按照华为高层梁华的算法，每提前一天出具财务报告、管理报告，其价值是以亿元计的。提前一天出具财务报告，企业管理层及经营层就提早掌握了经营数据，有更充分的时间调整及安排接下来的任务。

（二）报表自动化的实现

那么，什么样的内容适合采用报表自动化呢？

原则上，能形成公式化的报表，都能实现报表自动化。对于重复性、固定模式的报表，企业都要尽量自动化。对于外部报表的三表，已普遍实现自动化。对于内部管理报表，由于数据归集较难，可能存在取数困难的问题。财务人员在信息系统开发阶段，就要有预见性，规划大数据的来源及布局，报表自动化如何实现呢？

形成报表，少不了数据的集成和整合。为实现报表自动化，首先要梳理工作流程，从初始数据开始，确定报表需要由哪些数据组成，数据源存储的相应位置；然后设定报表格式，制作报表模块；最后导出相关数据，形成报表。目前，企业通常使用的会计软件基本都已实现三表自动化。

（三）构建企业实时财务报表系统的步骤

企业实时财务报表系统的构建，需要财务人员或编报人员认真负责且了解企业情况，熟悉财会制度，按需求来设置公式。主要步骤如下：

（1）企业财务人员或编报人员深入了解企业的具体需求，除财务报告外，重点以管理报告为主，要理清业务的具体逻辑，建立好数据架构，编制好取数路径，搭建核算和编报系统，从宏观环境、企业内部环境挖掘影响企业经营结果的主观、客观原因，找到下一步改进和调整的方向。

（2）将企业内部局域网中的财务信息系统与管理信息系统的数据整合，建立企业的中心数据库，并在企业中心数据库中及时添加和更新企业经营活动的数据。

（3）建立企业实时财务报表网站，并将企业中心数据库与外部互联网联通，及时采集与经营活动相关的外部数据，实现数据共享和同步更新，并进行相互印证，分析发生差异的原因。

（4）由企业的财会人员和信息技术人员对数据库中的信息进行技术处理，然后上传至企业实时财务报表网站，供财务报表使用者及时阅读、分析和利用，为财务报表使用者提供实时的财务信息。

七、财务决策数字化建设

企业数字化建设为财务部门的转型升级提供了契机，财务部门应借此在企业的规划、决策、评估中发挥战略性的作用。通过财务数字化，发展管理会计，以及时、高效、准确的数字洞察，支持战略决策，并把决策引进数字化平台，形成市场趋势与数字技术和业务模式结合形态，使用机器学习系统来辅助管理层决策，进而推进决策数字化建设。

（一）决策数字化系统的建设内容

企业推行决策数字化，首先要实现企业内部信息全流程、外部信息全流通的数字化。企业应实现与上下游供应商及用户和社会的联接。通过数字化建设系统的搭建，可实现业务流程与财务流程联接、客户端与业务流程联接、外管部门与业务流程联接，打破数据壁垒，使数字同步流动，形成动态信息，为决策进行数据赋能。

在财务数字化系统中应设置决策支持模块，如在决策支持系统中，纳入全面预算节点、资金一体化监督节点、应收账款预警节点、利润测算节点等信息流，完善支持决策系统的数据。决策系统应具备以下功能：

①能够发布财务管理信息和共享知识库；

②能够查询历史决策执行结果，适时反馈预算执行情况、工作进度，量化风险，及时警示；

③能够实时生成报表和自动高效抓取数据，形成分析结论；

④能够实时展现数据，能进行项目的完成率和风险控制的关键数值的列示，引入指标实现率、资产负债状况、现金流量状况、投资收益、净资产收益率等；

⑤能够细分决策业务；

⑥能够提供投融资决策辅助；

⑦能够为项目开发决策提供辅助，在企业进行新项目开发前，提供大量的商务概算分析和盈利设计。

（二）决策数字化具体需关注的内容

决策支持系统内预设智能决策模型，从财务数字化系统中抓取业务表单的内部数据，根据决策模型算法集成智能表单，并通过一定的授权，进行未来的采购、销售的决策。如商品销售，根据客户端的销量，及时增加旺销品的采购，减少滞销品的采购，并相应加大旺销品上线的次数和频率，进一步开拓市场销量。

要达到决策支持的效能，应当重点关注与决策密切相关的以下内容。

1. 关注财务数字化信息

从财务数字化平台导出的历史数据，经决策系统中设置的决策模型处理后，可进行财务规划，制定长期或短期预算；也可进行子产品的规划、预算和预测分解，用好用活财务数字。

2. 关注经营分析

应充分关注经营状况的分析，如企业规模分析、利润分析、运营资产效率分析、经营风险分析、供应商及购买人群分析等。

3. 关注内部的指挥协调

决策支持系统作为信息集成中心，必须发挥驱动、协调的功能，以数据传递方式，指挥各模块协同联动。从合同模块开始，通过抓取合同模块的执行数据，触发订货、下单操作并形成数据；触发供应链备货、发货操作并形成数据；触发客服模块及时安装验收；触发合同模块确认收款流程，开出发票，催收款项；触发财务模块适时准确入账，形成收入及成本数据。

根据经营流程数据，匹配经营目标，形成经营分析报告，分析流程各环节可能存在的问题，总体筹划或调整下一时期的目标。

4. 关注成本度量

决策支持系统可以在业务场景中设定总成本模型，抓取实际发生的数据，研究现阶段总成本的结构，监控成本目标与实际的差异，从中长期角度，改进成本构成，提升产品的盈利能力。

5. 关注费用管理

决策支持系统关注团队的费用方案、费用预算，监控和揭示风险。量化项目费用构成，与战略规划、产品规划匹配费用内容，强化费用在项目中的绩效，采用低风险、可追溯的方式，确保费用可控。

6. 关注定价策略与利润计划

将管理团队的中长期经营目标及任务分解，与相关决策定义的产品定价策略相匹配，将盈利目标引入产品的基本计价模型。决策支持系统以权限分级，划分各区域定价授权规则，对于超出授权价的项目，决策支持系统将自动推送上层评议。

7. 关注风险和内控

决策支持系统将密切关注公司风险点，关注内部控制关键点；根据公司的风险管理流程，协同业务节点，识别关键风险，提出应对策略及措施，并适时示警。

8. 关注投资决策

决策支持系统关注产品线在投资决策中的财务评估，投资评估模型实时分析并进行决策评审，对产品的投资效率和效益、投资组合是否优化、资源配置是否合理到位、业务是否可持续增长、盈利能力是否可预测及可达成进行评估。

9. 关注交易模式

参与新商业模式的可行性分析，参与决策评审，提供新的财务模型，评估短期投入、中长期创收盈利能力，进行经营风险预测、项目概算和预算等。

八、财务管理集中化

企业集团的快速发展，使得组织架构日趋复杂，集团财务管理难度越来越大，财务管理成为推动企业成长的核心力量。企业财务团队必须有"战略家"思维，做到"战略财务"。首先，要认识到财务工作不再是生产经营的附属内容，而是关系到整体效益的重要工作。其次，要认识到实施主体是全体企业人员，财务管理从制定到实施，总部到各级成员单位，均应参与。同时，财务管理应渗透到各板块、各部门、各方面，由总部统筹协调，构建集中管理的财务模式，以适应企业发展。

（一）财务管理集中化的优越性

1. 信息技术发展有利于财务集中管理

随着信息技术的发展、数字的取得日益便捷，让以往为满足时效性要求而采取的分散管理，向集约型集团管理的转变成为可能。通过 IT 与管理融合的创新策略，可推进企业财务管控体系的构建。运用互联网、财务共享平台、云计算技术、电子商务技术等，可以快捷地搭建财务数字化信息平台，实现集中化财务管理，从而达到节约成本、优化资源资金、提升效能、提升管理组织灵活度、增强企业的核心竞争力和市场应变力的目的。

2. 有利于企业战略目标达成

对于大型企业集团，推行财务管理集中化，可保证集团和成员单位财务战略目标的一致性。根据企业整体战略，从企业总部层面制订统一的财务战略，采取与企业相匹配的财务制度、财务报销流程、财务控制及内部控制模式、考核评价体系，从而实现企业的战略目标。根据管控和协同的需要，明确集团与成员单位的权责利，切分"集权"与"分权"的界限，充分调动各级的主观能动性，发挥企业的效能。

3. 有利于提高财务质量

推行财务管理集中化有利于加强财务质量管控，降低企业财务信息失真的风险。在企业内部，各成员单位形成纵横价值链，不同层级的成员单位，按照集团统一的财务核算体系，客观、准确地反映经济业务信息；按照统一的会计政策，正确、完整地录入财务信息；信息汇总、上报、合并，实现时效性及口径一致，保证财务数字的真实性、有效性和准确性，使各项工作在财务战略轨道上有序、高效运转。

4. 有利于高效配置和管控资金

企业内部及与供应商关联的体系内，实现资金的高效配置和管控，也是企业战略达成的重要手段。推行财务管理集中化能更好地实现资金高效配置及管控的目标。资金是企业的生命线，"现金为王"是现代企业管理的基本理念。实现财务集中管理，也就把握住了资金的统一，通过内部融通资金、盘活资金，提高资金使用率，减少银行信贷成本，降低企业负债风险。

5. 有利于强化会计控制职能

通过财务集中化管理，可以强化会计的控制职能。数字的适时性，提升了财务对预算适时控制的能力，可以同时对销售进程、成本使用、费用开支进行配套监控，设置各种管控"按钮"，对业务流程中违规或超标的项目自动"退出"，充分发挥财务的监控职能，提高资金效能及经营效能，进一步防范经营风险。

（二）财务集中管理的核心

在财务管理上，实施财务集中管理其核心是实现数字化集中管理。通过搭建企业总部与成员单位的财务数据体系和信息共享机制，设立业财一体化平台，实现数字流、物流、资金流、资源流的集成管理，实时采集业务过程的数据，自动生成财务核算数据源，保证数据的实时传输和共享，财务与业务记录同步生成，实现财务与业务的进程一体化，可以更好地发挥财务的服务职能。

（三）财务集中管理的原则

1. 总原则

①与战略目标协调一致；

②合理配置人力资源，提高成本效益；

③合理调度资金，提高资金使用效率；

④规范会计核算，统一会计政策，提高会计信息质量；

⑤强化财务监控，维护企业集团整体利益。

2. 明确权限的原则

（1）企业总部统一配置财务团队，可以采用所有财务人员归集统一管理模式，或者采用分级管理模式，企业总部派出财务机构负责人及财会人员，对派出人员实行监督管理。

（2）企业总部统一管理会计业务、财会人员的档案、职称评聘、职务晋升、内部调动、福利报酬、奖惩等。

（3）企业总部负责考核财务人员。可以采用总部＋成员单位双向考核的方式，即成员单位考核出勤情况、服务态度；企业总部考核工作效率、工作责任。

3. 资金统一管理的原则

集中资金管理，统筹资金的调度。成员单位持有的资金，进入企业资金池，需要使用时提出申请，在企业系统内按调拨额度控制支付；企业总部定期与成员单位进行往来资金结算。

4. 费用分级审批原则

根据企业及成员单位的公司治理结构，合理授权，自负盈亏。由授权的责任人，在权限内承担费用审批责任，企业总部承担管理和执行责任。

（四）实现企业财务集中管理的条件

1. 企业采取集权型的战略管理模式

即企业集团对成员单位的股权链条清晰，具有绝对管理权和决策权，总部能统一财务制度、调度财务人员、调剂资金。如果企业成员单位以松散型股权架构为主，则无法控制投资权、财产处置权、收益分配权以及人事权，无法实现财务集中管理。

2. 各成员单位地理位置分布相对集中

这样既便于总部财务部门及时了解、掌握经营情况和财务状况，又便于各成员单位办理报销业务，减少沟通成本，提高办事效率。部分企业，其成员单位分布地域较广，若实行财务集中管理模式，在设立财务共享中心时，要充分考虑交通和网络便利，匹配合适的操作平台，这样才能实现有效集中。

3. 企业总部具有良好的财务状况和较强的融资能力

财务集中管理的核心是资金统一管理，只有当整体维持良好的财务形象、取得较高的银行信用时，企业系统内资金运作方能进入良性循环。否则，资金的统一管理反而不利于成员单位的对外融资，财务集中管理没有了存在的意义。

（五）实现财务管理集中化的具体操作方式

1. 实现资金的集中管理

实行企业整体"收支两条线"，通过资金归口管理，统一开设收入账户及支出账户，对已有账户进行整合、直联，控制资金流入、流出，动态监控成员单位的经营活动。同时，对资金进行统一调配，减少资金沉淀，提高资金利用效率，节约资金成本。

2. 实行全面预算管理

预算管理是根据企业战略目标，通过对资金、资源的分配，分解营收计划和成本费用，实现经营创收和资产保值增值目标的一种有效形式。全面预算管理是企业财务管理中不可或缺的控制模式，可有效量化企业资源，更好地实现决策管理目标。预算管理体系明确界定了各责任主体的责、权、利，依托统一的信息平台，按节奏下达预算指标，成员单位根据审批通过的预算来执行。

3. 信息集中管理

实现财务集中化管理，前提条件是业务及流程信息化。企业可以通过信息硬件设施的建立，分步推动信息集中管理标准化、体系化。根据规范的编码和流程，信息获取部门将相关数据上传到信息系统中，数据使用部门从数据库中提取数据，实现信息的实时传递与共享目标。

4. 统一主要的财务管理制度及会计政策

为了加强企业集团的战略协同，保证企业财务的统一性，规范成员单位的经营行为，保证经营成果具有可比性，应制定统一的企业集团财务管理制度。这些财务管理制度包括"三重一大"审批制度、授权审批制度、对外投资管理制度、融资担保制度；同时，要在通用的信息平台上运行会计核算软件，实现数据无缝链接，提高会计信息质量。

5. 实行财务人员统一管理制度

为规范财务信息，企业可以设立财务结算中心或财务共享中心，对财务人员实行统一管理、统一调拨。成员单位不再设立专职财务，其报销及成本支付，通过"作业池"分配到财务人员，最终实现财务透明。

过渡期间，可以采用"委派"模式，企业总部下派财务人员负责成员单位的财务管理、预算管理、会计核算、成本费用控制等工作。委派的财务负责人列席成员单位的决策性会议，适时或定期向企业总部报告成员单位的财务情况，并定期向企业总部述职。

6. 强化企业内部审计

内部审计是实施内部监督、事后控制的重要手段。内部审计的主要业务为年度审计、专项审计、离任审计、专案审计和内部控制审计。内部审计的职责有：一是财务收支审计。审计的内容以财务状况和经营成果为主。主要关注财务预算的执行情况、财务收支及其有关的经济活动的真实性、合法性、内部控制制度等，保证财产安全、完整及合理使用。二是制度审计。关注成员单位对财务制度及相关法律法规执行的情况，内部控制完善情况，预防经济犯罪的发生和堵塞财务漏洞，确保公司的经营方针、策略、政策以及制度的贯彻执行。三是管理审计。采用独立的、客观的分析方法，对组织架构、控制制度、职能进行检查，评价公司的经营效益及贡献能力，提出建设性意见和改进措施，协助管理人员更有效地管理和控制各项活动，提高经营管理水平，合理使用资源，提高经济效益。

（六）资金集中管理

财务管理集中化，关键是资金的集中管理。借助数字技术和信息化平台，可优化资金配置和金融资源管控策略，有效管理资金的流量和流速，提高资金的使用效率。

实现资金集中管理，要从资金管理的组织架构、资金制度、审批流程等方面出发，制订企业的资金计划，以及结算管理、调度、记账、融资、风险分析等解决方案。在规划信息系统时，应设置资金账户和现金池管理模块、资金计划模块、资金调度模块、往来账管理模块、资金结算模块、票据模块、现金流量模块等。

资金集中管理，除了技术层面外，还要注重法律手续是否齐备。作为独立法人的下属公司，将货币资金纳入企业总部的管理账户，要有法律依据。根据股权所属关系，企业总部以出资人身份，依据财产所有权，对下属全资及控股公司实行资本控制。资金集中管理的法律基础必须建立在这个上面。

资金的集中管理模式可以分为：统收统支、拨付备用金、建立结算中心、设置内部银行与建立财务公司或司库等。采取哪种模式，视企业发展阶段而定。一般来说，当企业集团初创时，公司总部对下属公司有可能采取统收统支与拨付备用金的资金管理模式；企业集团发展成熟时，企业总部可以采取内部资金结算中心、财务共享中心或内部银行的结算模式，通过自有平台办理结算，资金流向均由总部发出指令，有偿调剂和调度资金，最大限度降低资金融资成本。

企业要实现资金集中管理，需要银行的配合。企业在不断的扩张过程中，由于跨地域经营、行业多元化等原因，与多家银行建立了业务关系。现阶段，各银行的结算系统相互独立，资金各自存储，无法流通。如何通过银行的电子产品，实现资金统一管理，需要取得技术支持。现阶段银行对企业的产品，主要有电子银行、存款业务、信贷业务、机构业务、国际业务、住房金融、中间业务、资产推介、基金信托业务等；能实现跨银行现金管理的，有"企业网银"和"银企直联"等方式。

（七）银企直联

银企直联是指银行系统和企业的财务系统相联接，企业直接通过银行搭建数字平台。企业通过财务信息系统的接口，采用信息交互方式，办理账户管理、转账支付等银行服务。根据企业资金管理的需要，银行提供定制的个性化服务，通过数字平台实现统筹付款、收款、定期或不定期的资金归集下拨、账户余额保留、电子对账、员工工资发放等多种功能。同时可以提供资金的查询及分析报表的生成，是新型的网上银行业务。

1. 银企直联功能

（1）数字信息系统支持

银企直联与企业数字信息系统对接，将企业总部及成员单位的所有银行账户纳入平台，实行统一管理，通过流程再造、改进审批流程等进行信息交互，便捷地进行资金管理与信息维护。

（2）直联付款

由企业数字信息系统提交付款指令，以银行约定的方式（中间表或报文）进行信息传递，银行付款后反馈支付结果。

（3）资金信息查询

根据银行约定的时间，通过中间表或报文，企业从信息系统中读取账户的资金收付款信息。企业可以对信息进行汇总、整理及分析。

①收款管理

通过筛选收款记录，整理收款信息，数据自动传递到数字信息系统的收款管理模块中进行核算与财务管理。

②银行对账

企业数字信息系统将银企直联传递的银行收付款信息，与自身系统记录的数据进行核对，及时提醒财务人员是否存在资金账务漏记、错记的情况，同时自动编制银行余额调节表，记录未达账项。

③自动记账

企业财务人员手工录入银行账，容易出现错误、遗漏等情况，与银行对账时有可能出现无法匹配的问题。通过银企直联的收付信息查询功能，可实现自动将银行流水整理为企业资金账入账，大大节省了人力成本，降低了对账难度。

（4）资金信息分析

根据企业数字信息系统整合的基础数据信息与日常交易信息，企业资金管理部门可据此编制管理日报、收益查询等报表，对企业资金活动进行分析，为决策提供依据。

2. 银企直联的实现方式

目前银企直联实现方式主要分为两种，即嵌入式及前置机式。嵌入式是采用银行开发成熟的应用软件，直接从企业数字信息系统数据库或接口获取指令并处理数据；前置机式是采用企业与银行各自准备的文件服务器，通过 SFTP／HTTPS等方式进行数据的传输及处理。下面简述这两种实现方式的原理与优缺点。

（1）嵌入式接口

银行推出了跨银行资金管理系统，企业数字信息系统的数据库通过互联网与银行结算系统联通，根据业务不同，结合两方的数据进行信息交互。企业将支付信息写入与银行结算系统的接口表，银行读取后发出处理指令，并将付款结果通过接口表的特定字段，推送给企业的系统。企业系统在成功支付后，自动对发票创建付款；若支付失败，则通知外围系统发邮件提醒付款相关人员。

银行结算系统会定期向企业信息系统推送银行交易中间表，反映各账户的流水以及余额等信息，企业系统读取流水后，形成数据传递到资金模块。企业按照一定对账规则，勾对银行流水与企业日记账。

该方式的优点在于，企业无需投入过多的开发成本，根据银行提供的联通与接口设计即可实现数据的抓取；缺点在于，该方式要求银行的配合程度高，企业需求受制于银行信息，反馈周期较长。

（2）前置机式接口

银行与企业采用传统报文交互的方式，通过前置机与银行服务进行通信。

根据业务不同，通过不同格式的报文加以区分，企业系统与前置机的交易数据报文，采用 SOCKET TCP / IP 同步短连接方式。

银行读取企业付款的报文信息，在校验文件格式后处理付款。处理完毕后返回报文告知企业付款是否受理。如果支付失败，则通知外围系统发邮件提醒付款相关人员。同时，银行定期传递资金流水至前置机。

该方式的优点在于，通用性较高，能满足企业对于数据安全性的需求；缺点在于，客户化开发程度要求较高，且相较于国外，国内没有相对规范的报文格式，前期文档规范的调研等工作需要花费较长时间。另外由于采用网络传输文件的方式，存在丢数据包的可能性，在方案设计阶段，对于异常情况的处理需要有较为全面的考虑，对方案设计的要求较高。

（八）资金池

资金池（cash pooling）是企业用于归集总部及成员单位资金所使用的金融工具。它把资金汇集到一起，形成蓄水池一样的储存资金的空间，用于归集企业所有资金，并在企业内部进行自主调配和共享，降低企业的融资成本，实现资金资源效用的最大化。资金池最早是由国外公司与国际银行一起开发的资金管理工具，用于统一调拨全球资金，降低企业信贷成本。主要包括的事项有余额划拨、成员企业短期现金透支、资金拨付与收款、成员单位之间委托贷款以及向企业总部的上存、下借分别计息等。资金池的具体业务流程如下：

1. 开设资金池账户

企业根据开户的情况，选择一家信誉好、与企业契合度高、开户数量大的银行，与之建立合作关系，设立资金池账户，将企业其他银行的账户与之连接，或在资金池银行中重新开户。集团企业总部开设总账户，下属各成员单位开设子账户，或把原账户与总账户建立连接。同时，确定资金池账户结构。其结构主要由三个层次构成，上层为主账户，中间层是委托贷款专户，下层是子账户，各层次之间的业务往来由资金池银行完成。

2. 日常操作流程

资金池主要业务有子账户余额上划、子账户间资金拨付、对主账户的收款和透支、子账户资金的上划和下划计算利息等。日常操作流程分日间和日终业务流程。在日间,资金池内的主账户和所有子账户的收支业务都可以正常进行。如果正常收支业务往来中出现子账户对外支付余额不足的情况,可以通过主账户向银行适时透支支付。透支额度以资金头寸余额为限,超过这一限度则不能完成支付。在日终,资金池将会根据事先设定好的规则自动地把资金划拨到各子账户中,用以补充透支的金额。与此同时,银行自动扣减在固定期间内结算的委托贷款利息。

九、数字化财务的内部控制

(一)数字化财务的系统风险

数字化财务带来的系统风险主要有:

1.特殊业务无法识别的风险

对于标准化、规范化的业务,数字信息系统处理起来得心应手。但对于非标准化的业务,特别是合规、合流程但不合理的业务,系统无识别能力。如一些费用不真实,但支持性文件齐备,则系统无法进行有效识别。

2.数据安全性风险

数据存储中心和计算中心对环境的要求较高,对温度、湿度、清洁度都有一定的要求,容易出现备份不足产生丢失或损毁数据的情况。另外,由于系统开放,各种端口可以进入,特别是移动端,存在网络安全性风险。

3.系统舞弊风险

由于系统自动化程度高,数据处理和存储高度集中,有可能存在不相容职务集中的风险。另外,如果系统初始时程序设计有缺陷,会导致数据有很大的偏差,甚至存在隐性犯罪。如果程序设计不周或对于输出文件不进行人工检查,有可能导致不合规的业务和数据游离于监管之外,造成数据失真。

4.差错重复出现的风险

手工操作时,错误一般都是个别现象,发现后往往容易纠正。但在数字信息系统发生错误时,由于处理速度快,自动化程度高,当差错出现时,可能会由于无法及时发现或阻止而造成连串的差错,在短时间内蔓延,造成更大的损失。还可能由于对差错的反映不及时,出现反复执行同一错误操作,造成多次错误。

5.程序被恶意改动风险

信息系统由很多的程序组成，每段程序都由特定的程序员负责，对程序调用或修改的控制，是至关重要的。如果对程序员权限没有一定的控制和隔离，容易发生程序被未授权的人非法操作的情况。由于程序设计的漏洞造成的差错，更加隐蔽，潜在的风险更大。

（二）数字信息系统内部控制的分类

1.按照控制实施的范围，可分为一般控制和应用控制

一般控制是对信息系统的主要因素（人、机器、文件）与数字处理环境的控制，一般又分为组织架构控制、系统开发与维护控制、硬件及系统软件控制及安全控制，是针对整个信息系统进行的框架控制。

应用控制是对具体功能模块及某个业务处理流程环节的控制，有输入控制、中间审批控制、插件控制、查询控制、输出控制等。应用控制适用于特定的处理节点，是一般控制的具体化。

2.按照控制采用的手段，可分为手工控制和程序控制

手工控制是指在某些关键环节，实行手工操作，如审批环节、支付环节，以减少系统处理的风险。程序控制是由信息系统自动完成的控制，如预算管控、差旅费标准、住宿标准等。

3.按照控制的层级，分为预防性控制、检查性控制和纠正型控制

预防性控制作为事前控制，为防止不利事件的发生而进行的控制，如前期按岗位设定不同员工有不同的授权；检查性控制是事中控制，在事件进行中检查的控制，如在系统中预设逻辑关系的匹配和核对等；纠正型控制作为事后控制，有一定的滞后性，是为了今后消除或减少不利事件设置的控制，如发生错误支付后的短信示警及对经办人进行追索的控制。

4.按照实施主体的不同，分为信息部门控制和用户控制

信息部门控制是由系统员或程序直接实施的控制，如系统过热保护控制、数据自动备份控制、录入密码错误锁定控制等；用户控制则是指使用部门对数据进行的控制，如定期更换登录密码、定期轮岗等。

（三）数字信息系统内部控制的显著优势

内部控制自身的管理手段，从人工控制向自动控制转变。传统内部控制，以人工控制为主，设定一定量的内部控制岗位，由人员进行检查及监控。人工控制一般存在于规模小、生产流程不复杂的企业。内部控制一般重点在于审批和复核业务活动，对事项进行跟踪并控制。随着数字化平台的建设，内部控制的管理手段必将向自动控制转变。内部控制部门通过设计好的控制策略和干预措施，在生产环节安装检测装置，当出现偏差时，装置将进行自动矫正，令其回归预期状态。

自动控制一般运用于大型企业，以嵌入计算机程序的控制为主，利用信息系统控制业务的生成、记录、处理和报告的生成过程。

运用数字信息系统开展的内部控制有显著的优势，能提高效率和效果。首先是在数据量的处理上，可以进行大量的交易和复杂的运算；其次能及时、迅速地获取信息，提高准确性，同时有利于数据的深入分析；再次，能提高对经营业绩和政策执行情况的监督能力；通过应用程序、数据库系统和操作系统进行安全控制，还能提高不相容职务分离的有效性。

企业实现数字化财务后，内部控制应当根据其数据集中、处理量大、存储磁化、流程自动化、系统开放、授权分散、内部稽核难等特点做适当调整。

（四）具体控制内容

1. 不相容职务控制

由少数人（通常1人）担任某些敏感职务时，有可能发生差错或舞弊行为，企业应当在岗位设置时充分考虑控制的关联性，采取一定的隔离和牵制措施降低或规避风险。不相容职务分离控制，要求企业目标和职能清晰、合理，按授权分离方式，设定不相容职务的界限，实施相应的分离措施，制定各司其职、各负其责、相互制约的工作流程。同时，应考虑岗位特点和重要性，对关键岗位及风险系数大的岗位，实行定期轮岗制度，可以规定三年一轮岗，最长不超过五年轮岗。还可以采用强制休假制度，强制离岗一周，防范岗位履行过程中存在的风险。

不相容职务通常存在于以下几种流程中。①采购和使用流程，不相容职务涉及的事项有：申请采购与审批、询价与确定供应商、采购合同拟订与审批、采购与验收、采购与会计记录、验收与会计记录、付款申请与审批、付款审批与支付；②财务流程，不相容职务涉及的事项有：会计记录与出纳、往来账与出纳、往来账与银行对账、出纳与银行对账、会计记录与仓库管理、会计记录与实物管理、会计记录与财产保管等；③业务流程，不相容职务涉及的事项有：业务申请与授权审批、业务经办与审批等；④监督流程，不相容职务涉及的事项有：业务审批与监督、业务经办与监督、会计记录与监督、出纳支付与监督、供应商选取与监督、合同签订与监督等。

自动控制在开展不相容职务控制方面，有其明显优势。企业通过在信息系统上设定不同的授权，从流程上即可自动实现不相容职务的相互分离。程序员和系统管理员独立于流程以外，按权限等级进行信息系统的初始设定。

2.授权审批控制

授权审批控制是在职责分工的基础上，按企业分配的授权层级，为相关岗位及人员分配权限和责任，做到每项业务都有适当的责任人和权限等级，承担绩效指标的实现和法律责任。

（1）授权管理

授权管理要求企业管理层建立权限等级,形成书面文件,从上至下委托授权。授权书明确管理职责分工、授权原则、授权具体内容和权限范围、授权期限和条件，保证各级权责明晰、执行有序。

（2）授权要遵守的原则

①分级授权原则

授权应当从上到下，逐级实行，不得越级。

②有限授权原则

授权者应当在权限范围内授权，不得超越权限范围授权，否则为无效授权。

③权责对等原则

被授权者在享有授权的范围内，承担相应的责任，作为企业内部绩效考核的依据。

④全过程监督原则

被授权者应当自觉接受监督，并定期反映职责情况。

（3）授权种类

企业授权的种类，有常规性授权和特殊授权。常规性授权是指企业日常生产经营过程中按岗位聘用的职责、按流程所处的位置进行的授权。主要有预算审批授权、业务审批授权、支出审批授权、合同审批授权、投融资金授权、销售和运营授权、采购授权、资产管理授权、法律事务授权等。特殊授权是指特别项目或特定时期的临时授权，如新项目业务权限、投资、对外担保、关联交易等特别事项的授权。

（4）审批控制

企业的各级人员在授权范围内办理业务，不得超越授权或未经授权开展业务。被授权人对业务的真实性、合规性、合法性及完整性进行复核和审查，以签名或签章的方式提出审批意见。对于符合企业要求，需要集体决策的重大问题决策、重要人事任免、重大项目投资决策、大额资金使用等事项，企业可采用集体会议决定或汇签制度；需要由董事会或股东大会决定的事项，应当按规定进行，个人不得单独决策，或擅自改变集体决策。

3. 会计事项控制

根据民法典和其他法律法规的要求，企业要设置会计机构，配置专业的会计人员，按会计行业的职业道德操守和业务胜任能力开展工作。如会计人员应当受过专业会计教育，会计机构负责人应取得会计师以上专业技术职称，大型企业应当配置总会计师或财务总监岗位，一般企业应至少设置会计和出纳两个岗位。企业应当设置会计负责人岗位。

企业应当严格按统一的会计准则及企业的会计政策、会计制度开展会计工作，明确会计凭证、会计账簿和财务报告的编制流程，规范会计政策和会计事项，明确收入成本费用的确认、计量、记录和报告，监督会计核算合法合规。企业可定期对会计核算进行检查，包括审计和稽查，防范核算风险。

4. 资产保值控制

资产的保值增值是企业的职责，也是发展的基础。资产的合理使用与妥善保管，贯穿于企业经营的全过程。企业的内部控制应当强调对资产的管理。

（1）建立健全资产记录制度

财务部门对企业所有的资产进行入账登记，以总账和明细账及报表的方式列示。资产管理部门，应根据实物，建立资产台账，如实记录资产的现状，并要定期盘点，定期与会计账进行核对。

（2）特定资产特殊管理

对于现金和银行相关的印鉴、签章、支票、有价证券等，应当有特殊的保管方式，如指定特定人员管理、设立保险箱、设定物理隔离设备、配置监控设备等。对于价值高的物品，如珠宝、玉器及黄金等，还可以通过专业的存储空间，如银行保险柜等方式来管理。

（3）加强存货管理。企业的原材料、在产品、产成品、代销商品等，都是有价物资，要有明确的控制管理方式。建立仓储管理流程，规范验收入库、如实记录、定期盘点、领用记录、出库记录等，都是保护存货的有效控制手段。还要针对存货的特性，提供合适的保管场地，如做好防火、防洪、防潮、防虫、防霉等保护设施。

（4）购买重要资产保险

企业重要资产，要适当购买保险，降低企业的风险。根据资产的性质，选择投保范围和投保金额。如发生损失的，要及时办理理赔手续。

（5）资产处置管理

资产处置一般包括调拨、出售、投资转出、捐赠、交换、报废等。企业应当制订一定的资产处置报批流程，按规定的权限审批后执行。重大的资产处置，如房屋、车辆及土地使用权等，应当委托有资质的第三方中介进行资产评估，按评估价挂牌转让或出售。对于非正常的资产损毁、丢失或报废，应当及时分析原因、落实责任，按资产管理的流程层层上报处理。如果无法判断原因，还应当请专业部门进行技术鉴定。

（6）绩效考评控制

企业对各责任部门及全体员工，定期考核其业绩完成情况并进行客观评价，得出绩效考评结果。员工的考核结果，将作为薪酬及职务晋升、评优、调岗、辞退的依据。企业建立合适的运营及管理目标，并将其层层分解到责任部门及员工，通过定期的绩效考评，作为对责任部门及员工工作完成情况的界定，具有很大的激励作用；也有利于挖掘潜在能力，发现问题，优化资源资产分配，助力企业进一步提高管理能力。

（7）档案管理控制

企业的日常运营活动，都需要以文件及记录形式存档，如何合理存储档案，是企业需要重视的问题。一般档案有企业规章制度、人力资源文件、管理文件、会议纪要、交易事项、合同及协议、会计资料、资产资料、对外报送的各项资料等。建立健全档案管理控制制度，是企业开展业务的重要依据，是企业有效获取、追溯和检验信息的手段。文件记录的介质可以是纸质、光盘、照片、磁带、音像制品等。留档的资料，一般都需要原件，或高清版、经确认盖章的复印件，否则，失去存档的意义。档案应统一编号，分类保管，尽量建立电子档案和实物档案；重要资料及数据，应有完好的备份。建立借阅及销毁制度，设立一定的管理权限及责任人。

5.信息系统控制

企业的数字信息系统随着使用面的拓展，其内部控制难度也越来越大。企业应加强对数字信息系统的开发和维护、访问与记录、数据输入与输出、文件存储和保管、网络安全等风险的管控，保障信息系统的高效运作。信息系统控制应关注以下重点环节。

（1）系统开发环节

企业信息系统开发建设，是项系统工程，其控制的重点首先在于规划控制，控制好整体设计，分清长期目标与短期开发、投入与资金匹配、规划与岗位配置、规划与组织架构、效率与协同等界限，有步骤、有层次地开展系统开发。

其次，开发建设要着重控制供应商或开发单位的选择，合理配置人员，明确系统设计、编程、安装调试、试用、上线等各环节的控制。强调执行过程与规划一致，人员及资源、资金的到位，项目关键环节有阶段性评审并且可控。如果发生不一致，要查明原因，看是初始规划不合理，还是执行阶段出现偏差，应适时做出更正。

另外，如果企业采取外包方式来搭建信息系统，则要关注外包的供应商是否具有行业优越性，产品是否与企业需求相匹配。此时，一是充分了解供应商的市场信誉、资质条件、技术力量、财务状况、服务能力、既往的成功案例等，择优选用。可采用公开招标或集体决策等形式来规避决策风险。二是研究产品的实操性，该产品是否符合企业需求。明确涉及的工作范围、合作内容、责任切分、双方技术对接、人员配置、所有权属、保密体系、数据及文件归档，以及合作期限、付款方式等，签订协议或合同，以此保障系统建设如期执行。

（2）信息系统运行与维护环节

信息系统运行与维护环节也是企业需要关注的控制点。具体有日常运行维护、系统更新升级和日常使用管理。

①信息系统日常运行维护环节的控制

主要针对日常操作、日常巡检、维修、运行监控、报告及偏差处理等。一般通过建立规范的日常运行管理制度，设置维保人员岗位，进行定期巡检、有效备份、应急处理等来控制；也可以通过委托外包维保公司，来系统完成日常运行的监控。

设置防火墙和安全门户，是保障企业数据及系统安全有序运行的前提。企业可通过操作系统、数据库系统、应用系统提供的安全机制，设置安全参数，保证访问安全；安装安全防护软件，防范恶意病毒等的破坏；也可以委托专业的信息系统维保公司，安装有效的防护软件实时监控，达到安全保密的目的。

②系统更新升级环节的控制

当信息系统不适合企业需求时，需要对信息系统进行重新评价，更新升级或更换其他系统。这一环节，要做好承上启下转换工作的控制。首先，对于旧系统的数据和资料，要有安全的存储管理措施，规划好存储的方式、地点和环境，做好数据保护。对于应输入新系统的数据，要做好系统格式的转换，并有序录入新系统，避免在此过程中数据的丢失、遗漏或出差错。其次，对预计更新升级的内容，按照系统开发环节的控制来执行，确保系统可控。

③系统日常使用环节的控制

信息系统在具体的使用过程中，涉及企业的方方面面，控制要落实到位。首先，对数据输入环节要有恰当的控制，要做到录入权限有控制、处理审批有控制、数据合理性有检验校对、业务真实性有核对、时效性有检验，以及有审计跟踪查询节点、有备份和数据查找及恢复的控制，确保输入的信息是经授权的、有效的信息。其次，对数据输出环节进行控制，确保输出的数据无偏差，内部处理符合预设的流程，形成的结果可信，款项支付无误，输出的信息正确。具体措施有数据流程的内部校对、复核汇总或合并数据的准确性、匹配数据钩稽关系、手工审批节点的辨真、输出节点的授权完整等。

6. 全面预算控制

全面预算管理，是企业为统筹安排企业资源和资产，合理分解任务并落实经营责任的管理方法；是全方位、全过程、全员参与的管理模式，是企业提升管理水平和运营效率的有效手段，同时，也是内部控制及规避风险的有效手段。为控制其风险，企业应当关注以下几点。

（1）控制企业全面预算工作的组织架构，确保预算按规定及流程实施

充分发挥预算管理委员会的管理协调和控制职能，制定实施预算管理的制度、办法和要求等；明确每年的企业战略规划和运营目标；设定预算计划，确定预算分解方案、编制方法和编制流程；组织全企业进行预算编报并按预算实施；年末对预算总体执行情况进行分析、评价与考核。

（2）企业根据权责分类实行不同的控制方式

可以按投资中心、利润中心、成本中心、费用中心和收入中心等分类。对这些责任单位的控制，着重关注其预算编制的合理性、预算收支实现的可行性、预算成本核定的节约性，以及是否严格按经批准的预算执行。同时，及时分析、报告责任单位的预算执行情况，做好预算的综合平衡、考核及绩效奖惩的工作。

（3）企业运用数字信息系统来管理全面预算，应在适当的授权范围内对各环节加强控制

不管企业采用零基预算，或是滚动预算，都要重点关注各节点。预算管理委员会按企业收入及成本构成，细分明细。如收入部分，列明各责任单位的创收计划，按时间空间细分到每个月、每个星期、每个地域预计创收的金额；对于支出部分，按人员成本、原料成本、机器成本、营销费用、管理费用等细分，减少盲目一口价的预算编制方法。

另外，在执行过程中，重点关注责任单位是否按预算执行，如项目人数是否满足项目需求，原料、机器是否有闲置现象，创收活动是否有开展，是否完成创收指标，等等。

（4）有效考核预算

考核预算，是对责任单位的激励和约束机制，把预算与考核相结合，考核结果与经济利益挂钩，能最大限度地调动各责任单位的积极性和创造性。对考核的控制，应着重关注以下方面：首先，建立健全预算考核制度。考核制度的科学性、客观性、公正透明性，量化考核制度指标，使考核指标具有可控性、可达到性和明晰性。其次，所有责任单位都按统一的考核制度进行考核，尽量减少特殊性，体现公开公平公正性。最后，奖惩措施要及时落实，注意利益分配的合理性，防止实施中的人情因素。

7. 信息与沟通控制

企业应当建立良好的信息与沟通机制，及时、准确地收集、传递各项信息，确保顺畅、无误的有效沟通。加强信息与沟通控制，主要关注信息收集、内部沟通流程、外部沟通模式、舆情管控等。首先，企业要关注信息的收集，包括外部信息和内部信息收集。外部信息通过各种行业协会、专业机构、主管行政机关、政府、财政部门、税务局、市场、证券交易所、供应商、咨询机构等渠道，获取企业需要的信息。通过对信息的筛选、整理、提炼，得到有价值的信息，为企业的决策服务，提高企业管理水平与运营能力。同时，加强与投资者、债权人、监管部门、客户及律师、外部会计师等的沟通，获得企业的社会地位，树立良好的公众形象。

内部信息的沟通，关系到企业文化的培养。企业通过员工相互交流、座谈、培训、业务沙龙、企业活动、文件传阅、通信交流等各种方式，收集和传递、共享信息，提高工作效率，增强协作能力，强化员工认同感和责任心，实现企业战略的有效达成。

信息沟通的控制，要关注信息源、信息发布者、编码、传递通道、信息接收者、信息使用者几个方面。关注信息的真实性、信息表达的恰当性、信息使用的正确性，以及信息解读的情况和使用者的反馈。企业应正面引导信息的沟通，增强正能量的传递，提高信息的效率与效果。

第二节 数字化财务助力企业价值提升

一、数字化财务提升企业综合价值

数字化财务给企业带来的最大效益，是以数字化反映了财务的一切信息，为企业管理层决策及时提供有力支撑。数字化信息系统实现了数据的收集、分析、反馈和应用，助力企业的效率提升，使数字化的成果及时呈现。

（一）数字化财务对企业价值的具体体现

（1）企业从数字化系统中，获得制造数据、供应链数据、智能数据、财务数据、经营数据等支持数据池，可以使企业进出货物、物料的准备、销售产品的提供更加精确。

（2）通过数字化信息系统，使产品研发数字化，为产品的参数、配方、配比等提供核对与矫正的依据，通过与外部市场产品对比，提供改良的参考，大大提升研发的效率和质量，保证研发的数据和方案的可行性。

（3）数字化系统助力企业数字化营销，通过线上的方式，开展互联网端的远程营销。

（4）数字化财务推进企业合规化、合法化。企业的各项决策，必须符合法律、法规和税务的管理规定，数字化系统通过真实反映各项数据，与律师、会计师及税务局等有效联接，能为企业提供合规合法的建议和意见，保障企业综合价值。

（5）数字化财务助力数字化决策，利用数据池，分析并细分决策，将大量的数据筛选为高价值的资产，为企业管理层提供数据支撑，便于决策。

（二）数字化财务助力企业价值提升的三步骤

（1）利用数字信息重新定义商业模式，加强对数字化的建设投资，将数字技术与管理融合，获得持续增长的基础。

（2）建立高效的组织架构。根据数字化转型需求，促进组织流程再造。以市场链为基础，再造业务流程，建立快速响应市场的高效组织架构。

（3）充分利用数字化体系，以良好的数字流转形成企业新的价值创造，形成新型的市场盈利模式，企业获得更大价值。

（三）字化财务系统使财务从服务中心向管理中心转变

数字化财务系统是基于提高会计核算能力而建立的，但它的作用绝不仅仅于此。深度开发数字化财务系统，实现从服务中心转变为财务管理中心，需要设计者有高超的管理能力。一般所说的财务管理，都集中于财务信息的分析和利用，以此预测未来。收入分成、成本分摊、多维度的投入效益管理，以及经营分析、全面预算管理、成本费用管控，都是财务管理的核心内容。通过数字化财务系统，获得财务管理需要的数据积累，采集到财务数据以外的业务数据，是实现转变的基石。财务人员对采集的数据，通过预设的规范及数据抓取软件，对数据进行加工处理，开展管理分析，提交各类管理报表，为企业提出优化和改进的方案。

（四）数字化财务系统从成本中心向利润中心转变

数字化财务，通过提供有效服务，可以从成本中心转化为利润中心。根据战略部署，企业可以建立市场化的财务系统，如设立法人主体的财务共享中心，定位为集团子公司或分公司的财务核算服务商，为企业内部提供标准化、流程化的财务核算及管理服务，同时，根据不同需求，进行方案补充设计，提供个性化服务。条件成熟后，以其专业化管理推向市场，为行业或跨行业、上下游相关企业提供财务共享服务。由于其具有丰富的内部管理经验，拥有成熟的内部运营基础和客户资源，往往有较强的专业能力和抗风险能力，实现服务收费，能较好地发挥经济实体的功能。

（五）数字化财务系统向利润中心转变应具备的条件

为实现成本中心向利润中心的转变，财务中心必须具备以下几个条件：

1.有明确的战略目标

财务中心在设立初期，就应当定位为独立经营的共享服务机构。这样，可以减少初始定位不明朗而导致的机构设置障碍，可以避免重复设置及后期转变的成本。

2. 建立健全与委托方的结算模式

初始设置的财务中心，主要服务对象是集团内各分支机构或子公司。如何与委托方结算费用，是财务中心应当充分考虑的问题。财务中心应当按全成本核算方式，从互利共赢的角度来分摊。具体分摊的方式，可以参照市场成本法，对应类似行业同等服务价格进行分摊。可以按标准配置法，假设委托方自主配置财务团队需要的费用，按一定的折扣计算出委托财务中心的价格；也可以按资源使用法，按委托方占用了财务中心多少资源，包括人员成本、专属设备及共享设备的分摊成本（可按折旧额计算），以及配置的管理成本、间接费用等，计算委托价格。

3. 运营成本可管控

财务中心同样需要设置合理的组织架构，按阶段投入系统建设，按需聘用人员，有效管控运营成本。通过与集团内部机构的业务委托，强化协同效应，争取足够的资金、资源支持。如前期资金的支持、场地免费或优惠支持、管理成本的支持等，则要充分培养自身的竞争优势。

4. 具有市场开拓能力

市场化运营的财务中心，必须具备核心竞争力。要挖掘自身的优势，包括技术优势、专业知识优势、人员成本优势、管理优势、行业优势。这些优势都是财务中心成功的有力保障。深度挖掘同行业或上下游企业的潜在客户，使其成为财务中心的新兴客户。特别是同行业的中小型企业，往往顾及开发成本，更愿意通过委托财务业务来获得优质的服务，是财务系统中心开拓的对象。

（六）从价值体现出发，规划财务数字化系统

为实现企业综合价值，财务数字化系统应当认真做好以下几项规划。

1. 应用层规划

为企业长远利益着想，财务数字化系统要扎实做好底层数据池，将实际应用落实到企业体系的各个毛细管中。从销售、采购、CIM、供应链、财务、资金、合同、项目管理、仓储、物流等方面，设计分类清晰，授权明确。

特别需要强调的是，数字化系统重点打通各子系统、模块的数据互通、接

口互通，将核心数据、产品数据、人工数据、BOM 单据、客商数据、银行账号等关键数据，整合成主数据进行管理，统一编码，统一语言，统一规则，做好数据池的建设，使数据无缝流动，为后续的整合提供便利。

2. 智能合约规划

对于设计在网络端的新型企业，实现其综合价值，要注重智能合约，如企业与上下游的合作，企业与消费平台、税务机关、银行机构的合约，都应当注重智能契合。实现数据语言规则一致，沟通流动通畅。

3. 数字中台规划

针对系统所产生的数据，要做好整合、抽样、处理，结合企业需求，安装合适的数字中台，做好基础的 IT 素材和资源包。

4. 人才储备规划

鼓励员工自我学习和提高，从如何与公司业务结合的角度，提高自我专业素质和能力。

二、数字化财务提升财务分析能力

财务分析，较为统一的理解是评价、解释和预测。即通过对企业会计报表和会计信息的阅读，进行比较分析，评价财务状况和经营成果。财务分析的基础是财务数据，以财务报表为关键依据，对企业的财务状况、营收情况及资产变动进行合理性和时效性分析，评价企业的收益及风险，预测企业的财务趋势，为管理层及数据使用者提供参考。财务分析的数据使用者主要以企业投资者、企业债权者为主，他们需要从股权保值增值、偿债能力大小、经营状况是否良好、盈利水平等方面了解企业的真实状况。作为企业对外报送财务信息的窗口，财务分析显得尤为重要。

随着大数据技术的发展，数字化财务建设一方面可以帮助企业构建一系列的财务数据分析基础，另一方面可以通过数据提升管理价值。数字化财务使企业追踪和获取数据的成本大大减少，为数据分析提供了渠道。财务人员运用数字化财务，通过对公司基础数据的挖掘与分析，为公司的运行和财务管理提供更详细的数据证明，使企业绩效得到更大的提升。

（一）数字化财务分析的优势

1. 与传统的财务分析相比，使账务分析变得快捷、容易、简便、全面

传统财务分析，是通过手工对财务报表及信息进行选择性的分类、汇总及梳理，数据量大、公式繁琐，财务信息有很多的局限性和局部性。引用数字化财务后，财务分析变得快捷、容易、简便、全面，通过预设的规则，建立多维度的分析模型，财务人员能够全面、快速地分析财务状况，结合各种环境因素，形成有价值的财务分析报告。

现在比较常用的方法有趋势分析法和比率分析法。趋势分析法是针对连续数期的财务报表及财务数据，比较前后的增减情况，提示财务和经营上的动态变化和趋势。比率分析法是通过对各项资产负债及重要财务指标的横向、纵向比较，分析其所占比例是否合理，分析资源资产配置是否到位。

2. 提供管理改进的建议

数字化财务利用大数据，加强了自身的运营管理能力。通过数据分析，可以发现管理中的弱点，提出改进的建议。比如，管理流程的顺畅是否保证；单据流转是否及时、合理；管理权限划分是否合理。再如，根据出差的机票申请，可以看到各业务单位的出差计划安排是否合理。出差的机票、车票等如果存在扎堆现象，则反映出临时出差现象；同时，对订票折扣率显著低于其他部门的业务部门，需要了解该部门出差计划是否不完善、准确性不高，还是员工预订习惯未养成，是否需要提升出差计划性，完善差旅管理能力。对于差旅集中的几个城市，可以建议业务部门，以其租房方式替代酒店，节约差旅费用。

充分利用财务数据，分析和深度挖掘数据背后的原因，如原材料供应商的价格变动以及提供商品的进度、结算方式。通过找到管理问题，发现线索，推动效益改进。

3. 修补业务流程的缺陷

企业普及数字化财务，财务管理位于业务开始的前端，从企业成本费用反映的比例和流程发生的节点，可以发现业务流程中的缺陷。例如上面所提到的差旅流程，财务通过数据分析，可以对差旅进行前置化管理。

4. 提供供应商诚信调整的参考

供应商与企业之间的货银结算，是企业资金链的重要一环。企业可以根据供应商历史诚信，设定结算方式和进度。通过财务数字化平台的适时监控，企业可以掌握供应商的诚信是否有偏离。一旦发现异常，企业可以迅速调整收付款进度，或改变合作模式，最大限度地保障企业安全。

5. 为内部部门及员工诚信评级及绩效考核提供依据

比如通过数据汇总，可以发现哪些部门违规现象较多，哪些业务员诚信欠缺。找出问题所在，分清客观原因还是主观原因，进行企业内部信用评级，同时，可以依据业务员诚信情况，如申报数据的真实性比例，作为绩效考核的一个维度，为个人绩效核定提供依据。

6. 提高成本费用的管控能力

分权式组织架构，各机构各子公司独立运营，管理水平高低不等，负责人管理态度难于一致，往往存在成本费用的管控力度和能力不足的情况。采取集权式的数字化财务管理模式，对分散式的成本费用管控可以实现统一管理。同时，数字化财务的规范性和标准性，迫使企业的成本费用标准统一，使各子公司管理水平和管理能力高度一致。

（二）数字化财务对分析能力的要求

数字化财务对财务人员的分析能力提出了以下的要求：

（1）充分利用数字化平台获取富足的数据，细化财务分析，来有效解决内部资源的问题。

（2）不仅从数字化平台提取内部数据，也应当从外部广泛收集与挖掘数据，包括行业、主管部门、外部竞争者数据和政府相关单位的数据。

（3）应适时收集与汇总数据，在线更新和补充、在线服务支持、在线分析、在线咨询等。

（三）数字化财务分析关注的重点

（1）通过分析客户付款行为，了解客户的信用等级，评价其信用风险，预测其信用额度对收入的影响。

（2）开展事前风险分析、事中数据分析、事后业绩分析等。

（3）通过获取的非结构化和半结构化数据，挖掘相关性，提炼财务分析的证据。

（4）通过引入目标标准、行业标准和历史标准，对其进行横向、纵向比较，获得企业发展的经纬度。

（5）细分财务各项指标，关注所占比例，评价企业成本分布的合理性，资源资产分配的有效性。

（6）按照预算计划，考核财务各项指标的完成程度、执行进度，以此动态调整及规划企业财务管理。

（四）财务分析的对标标准

财务分析有其明确的标准，通过比较可鉴别出优劣。一般对标标准有：

（1）目标标准，即企业对标。通过对理想目标的比较，可以知道企业完成计划或实现预算的尺度。一般用于内部考核。

（2）行业标准，即同行业的平均水平。分析人员可以从行业的相关资料中取得参照数据。通过比较，可以知道企业在行业中所处的位置，判断企业是否有行业优势。

（3）历史标准，即本企业历史上的最佳状况或最近一期的状况。该标准应当是在剔除非常规项目及特殊因素后的企业真实水平。通过寻找最合适的历史对比标准，能有效揭示企业的现状。

（五）数字化财务分析目标

在充分应用传统财务分析方法的基础上，强化数字化数据提取的便捷性，达成以下目标：

（1）最大限度地综合不同的大数据，广泛搜集相关信息，形成数据库。

（2）针对数据库，利用数据挖掘和分析技术发现并推断未知关系，并预测发展趋势。

（3）依据数据分析结果，并结合实际情况，得出相关结论，实施应用或服务于决策。

（4）分析一段时间内的数据，交叉引用两个数据集，来研究两者的关系。

（5）比较不同来源的数据，确认数据的一致性；从数据中提取信息，然后进行趋势和行为模式预测。

（六）SWAT分析法在数字化财务场景中的运用

做好企业分析，特别是做好企业战略分析，是企业关键的能力。只有战略分析做到客观、全面，企业才可能找到合适的发展路径。战略分析要看两个点：方案吸引力和企业匹配度。方案吸引力解决所提的方案好不好、值不值得做的问题；企业匹配度解决企业能力强不强、能不能做到的问题。方法和能力相匹配是企业有效的战略决策。

SWOT分析法，即态势分析，是现今世界较通用的战略分析方法。S（strengths）A W（weaknesses）是内部因素，O（opportunities）T（ihreats）是外部因素。该方法是将与研究对象密切相关的各种主要内部优势、劣势和外部的机会和威胁等，通过调查列举出来，还可以分出细化的指标，依照矩阵形式排列，找出影响系数，对各要素进行定性或定量的分析，得出分析结果。运用这种方法，可以对研究对象所处的情景进行全面、系统、准确的研究，根据研究结果制订相应的发展战略、计划以及对策等。

SWOT分析方法一般来说属于综合分析方法，既分析内部因素，也分析外部条件。SWOT矩阵的创始人海因茨·韦里克（Heinz Weihrich），在综合了研究企业"可做什么"的竞争理论和研究企业"能做什么"能力学派理论（主要以价值链解构企业的价值创造过程），用系统的思想将这些零散因素相互匹配起来进行综合分析，形成了结构化的平衡系统分析体系。

1.SWOT分析法基本特点

SWOT分析法具有显著的结构化和系统性的特征。就结构化而言，首先在形式上，SWOT分析法表现为构造SWOT结构矩阵，并对矩阵的不同区域赋予了不同分析意义。其次在内容上，SWOT分析法强调从结构分析入手对企业的外部环境和内部资源进行分析。

2.SWOT分析法的操作步骤

SWOT分析法常常被用于辅助企业制定发展战略和分析竞争对手情况。主要从以下两方面进行SWOT分析：

（1）分析环境因素

运用各种调查研究方法，分析企业的外部因素和内部自身能力因素，外部因素包括机会和威胁，反映了企业的处境，即企业发展的有利或不利因素，属于客观因素。内部自身能力因素包括优势和劣势，显示企业自身存在的问题和能力，属于主动因素，要结合企业的历史与现状，从未来发展来考虑问题。

一般来说，外部因素考虑宏观环境、市场特征和用户行为。宏观环境要关注企业所处的政策环境、经济环境，以及文化氛围、科技发展等；市场特征要关注市场规模、品牌增长潜力、产品的盈利性、生命周期等；用户行为要关注购买力水平及购买频次，用户分布等。内部因素考虑的是企业匹配度，即自身的优势和劣势，考虑自身的竞争力、自身的核心竞争力；企业内部的成本构成、产品质量，用户满意度等。

①组织机构的内部因素——优势，包括有利的竞争态势、充足的资金来源、良好的企业形象、技术力量、规模经济、产品质量、市场份额、成本优势、广告攻势等。

②组织机构的内部因素——劣势，包括设备老化、技术落后、管理混乱、缺少关键技术、研究开发落后、资金短缺、经营不善、产品积压、竞争力差等。

③组织机构的外部因素——机会，包括新产品、新市场、新需求、外国市场壁垒解除、竞争对手失误等。

④组织机构的外部因素——威胁，包括新的竞争对手、替代产品增多、市场紧缩、行业政策变化、经济衰退、客户偏好改变、突发事件等。

（2）构造 SWOT 矩阵

将调查得出的各种因素，根据影响系数及风险等级进行排序，构造 SWOT 矩阵。在此过程中，将那些对公司发展有直接的、重要的、大量的、迫切的、久远的影响因素优先排列出来，而将那些间接的、次要的、少许的、不急的、短暂的影响因素排列在后面，由此得出企业分析报告，为战略分析提供参考。

3.SWOT 分析法的优缺点

SWOT 分析法的优点在于其分析全面，通过系统的思维把问题和解决方案同时考虑，条理分明，检验方便。缺点在于其传统方法带有时代的局限在数字化财务场景下，应当注入新的因素，要从传统的只关注成本、质向组织流程的更新发展，发现企业优势劣势的新动力和新问题。

三、数字化财务提升数字分析能力

数字分析是指对企业内部及外部数据进行统计分析，提取有效信息并评进而形成分析报告。数字化财务用数据说话，重视数字定量分析，为企业的经营、科学研究、政府部门等提供咨询和决策服务。

（一）数字分析的重要性

（1）数字分析能完整反映状况。大数据的发展，提升了数据分析的完整性，通过对大数据的加工制作、分析研究，可使结论趋向完整，更接近真实情况，能更系统、全面地反映状况。

（2）数字分析能进一步增强监督的作用。大数据的产生，为企业提供了社会及公司运营发展变化情况。数据的口径和范围可以完整描述业务的流程和资金流向，更客观地反映经营状况及重要经济指标完成情况，起到监督执行的作用。

（3）为实现管理科学起到推动作用。数字分析的丰富资源，可以透过表象深入到事务的内在本质，从现象找到内在联系的规律，发现管理存在的漏洞，挖掘企业的潜力。

（4）数字分析能为企业增效提值。数字分析的目的，往往是为了解决企业存在的瓶颈或问题，并提出解决的方法。通过数字分析，为企业解决战略或日常的问题，带来更多的商业价值。

（二）数字分析的模式和重点

企业数字分析，基本有两种模式，一种是外包，即委托专业服务机构提供企业数据分析，如新浪与尼尔森公司的合作、长虹与奥维的合作。另一种是企业内设部门专职开展数据分析工作，如中国移动、京东、联想等企业，均通过自己的数字化平台开展数据分析。

做好数字分析，企业需要在数据平台、数据支持和数据应用三个重点方面下功夫。

1.数据平台

企业开展数字分析，首先要有数据平台。数字化财务搭建在企业的数据平台上，打通了企业内部的营销、供应商、财务、生产链、员工、管理、外部数据等壁垒，可以通过 CRM、ERP 等管理软件，搭好 IT 架构，做好数据初始化及维护工作。

2.数据支持

根据各部门的需求，数据平台整合企业数据后，提供用户、竞争对手、市场情况、内外部环境等分析。相关分析可在企业数据平台上快速发布，按查询权限调阅。

3.数据应用

数据是企业的关键支持性资料，是企业核心价值的体现。企业只有在数据的基础上进行的数字分析，才能用于战略、投融资、营销策略等方面。数字分析可以从市场机会分析、市场定位分析、业务选择分析等方面，对战略进行定位或调整；从市场潜力预测、项目收益分析、项目风险预警等方面，对投融资进行建议；从量化销售计划、客户管理、员工量化考核、产品与定价分析，对营销提出指导；通过对市场份额分析、客户流入流出分析、品牌资产分析，对营销策略进行诊断；对广告效果评估、营销渠道测评、客户满意度分析，可以对营销效果进行评估。

（三）建立有效的数字分析模型

数字分析模型是数字化企业重要的数字资产。企业建立数字分析模型，需要从整体业务出发，分层设计数字采集和集合的层级，可以按功能性和量级分成四层：底层操作性数据（operational data store，ODS 层）、明细宽表级数据（data warehouse detail，DWD 层）、公共汇总数据（data warehouse service，DWS 层）、专业应用汇总数据（application data store，ADS 层）。其中 DWD 层、DWS 层是中间层，是整个分析模型的核心和灵魂。数字分析模型的基础工作是元数据的管理。

1.元数据

元数据（metadata），又称中介数据、中继数据，用于描述数据的数据（data

about data），主要是描述数据属性（property）的信息，用来支持如指示存储位置、历史数据、资源查找、文件记录等功能。元数据算是一种电子式目录，为了达到编制目录的目的，必须描述并收藏数据的内容或特色，进而达成协助数据检索的目的。

元数据的用途在于能提供基于用户的信息，能支持系统对数据的管理和维护。具体来说，在数据仓库系统中，元数据机制主要支持以下五类系统管理功能：

①描述哪些数据在数据仓库中；

②定义要进入数据仓库中的数据和从数据仓库中产生的数据；

③记录根据业务事件发生而随之进行的数据抽取工作时间安排；

④记录并检测系统数据一致性的要求和执行情况；

⑤衡量数据质量。

2.QDS 层

ODS 层是一个面向主题的、集成的、可变的、当前的细节数据集合，用于支持企业对于即时性的、操作性的、集成的全体信息的需求，其主要作用是为其他逻辑层提供数据。各个系统通过业务埋点数据等方式同步到操作性数据 ODS 层中，形成基础数据来源。由此产生业务源接口表和对应的 ODS 表，分析模型与业务系统模型一致。

3.DWD 层

DWD 层是业务层与数据仓库的隔离层，主要的作用是对 ODS 层数据做一些数据清洗和规范化的操作，同时通过不同维度对数据进行集合、合并，形成数据宽表。

4.DWS 层

DWS 层基于上层基础数据，整合汇总成分析某一个主题域的服务数据层，形成主题宽表。该表中聚合用户、商品、经销商或厂家的运动轨迹，形成全方位的公共基础宽表，并建立实体模型。如涵盖用户的基础信息、购物记录、偏好、习惯的用户画像，可用于进行后续的业务查询、专题分析、数据分发，以及数据挖掘、KPI 报表等。

5.ADS 层

ADS 层主要是根据各种报表及可视化数据来生成统计数据，通常这些报表及可视化数据都是基于某些维度的汇总统计。采用维度建模，面向应用分析，按分析需求提取数据及指标。主要用于前端的报表展现、专题分析及 KPI 报表。

（四）数字分析的几种分析维度

数字分析是企业建设数字资产的一个重要内容，是企业数字化营销场景下标准化程度的具体反映。标准的数字分析可为业务运营提供决策支撑。数字分析的方法和维度有很多种，视企业不同阶段的分析目标而定。比如产品投放初期，关注用户数、订单数；后续考虑用户活跃度、回购率、客单价，等等。对电商企业而言，除定期分析外，还需分析各类活动效果，以进一步优化方案或者挑选最合适的方案，留下某个分析模型便于后续活动对比预测；着重分析广告投放，在预算内让营收最大化；分析如何增强用户黏性，提高用户活跃度等。

按"人、货、场"为脉络来沉淀标准的数字分析。这里介绍用户留存分析、转化漏斗分析、商品分析和交易分析等几种分析维度。

1. 用户留存分析

关注用户留存分析可帮助企业提升用户黏性，为运营提供方向。分析内容主要包括用户的人数、不同阶段留存率、访问数；可以包括分次天留存、7 天留存、14 天留存及 30 天留存等。

2. 转化漏斗分析

通过分析用户在电商平台触发的痕迹，提炼用户关键节点的访问、购买、付款等信息，形成转化漏斗分析，方便企业监控产品与用户关系，寻找优化空间，提高销售转化率。

3. 商品分析与交易分析

平台通过监控用户对产品的浏览、关注、购买及售后情况，研究其产品的各项指标，指导厂家优化销售结构、活动选品，从而触动购买欲望。交易情况能直观展示平台的竞争力和交易活跃度。

四、数字分析师应具备的专业能力

企业要做好数字分析，就要有专业的团队。数字分析师首先需要有相关的专业知识，有教育背景、基本素质和技能经验。专业知识方面，要求分析师具备统计学、心理学、社会学、营销学及财务管理等方面的知识，这些知识能够培养分析的思维和技能。同时，分析师应具备一定的逻辑思维能力，以及坚持不懈、认真细心、对工作严谨负责的态度，还要有一定的沟通能力。

（一）逻辑能力

数字分析师应具有较强的逻辑分析能力，达到假设合理、层次分明、推理严密。比如当企业遇到难题时，信息可能是不对称的，数字分析师要依据清晰的逻辑、合理的假设、系统的层次及严密的推理，找到关键点，提出解决的意见和建议。数字分析师还要对数字敏感，具有数字直觉能力。

（二）技能经验

数字分析师在技能方面，需要了解数据库结构，至少掌握一种编程语言，包括 ASP、Java、PHP、C++、Hadoop 等。在经验方面，需要有数据库开发、测试、优化和管理等相关经验，熟悉数据分析的过程。

（三）业务分析能力

数字分析师的业务分析能力，着重从以下五个方面来加强：

①问题识别能力；

②方案设计能力；

③分析方法能力；

④展现演示能力；

⑤价值应用能力。

（四）市场规模估算能力

市场规模是一个产品在市场上的被需求量、意愿购买人群量和实际销售额，根据市场的不同维度和层次分级分析。数字分析师应有对市场规模进行估算的思路与能力。主要的思路有构成关系、类比关系、惯性关系、相关关系等。构成关系是根据预计的用户量，与意愿购买比例计算估计的方法，该方法适合量化指标；类比关系是找出类似区域作同比，简单列举；惯性关系是参照上一时期或上一阶段的购买人群和数量进行的估算；相关关系是利用现有市场，综合考虑正面、反面因素得出定量的分析。培养市场规模的估算能力时，要注意：

①了解和认识业务特征，理清上下游逻辑关系；

②从多维度建立分析模型时，要注意选择最简单、数据最可靠的维度，通过回归分析和时间序列分析法进行预测，关注数据的时效性和匹配度；

③基础数据要取自官方权威发布的数据；

④引进概率论，对多角度分析时，以风险系数进行方案的修正。

（五）强化数字分析的深度、广度和时效性

数字分析师要对企业有深度了解，知道企业的现状和问题所在，以及问题产生的深层原因。结合市场及行业的情况，可以进一步挖掘数字后面的含义，提高分析的意义。各期数字要有可比性，描述要全面，所采用的数据要有时效性，尽量使用最新数据。同时，多采用图片、表格形式，因为它们更容易产生视觉冲击，容易产生共鸣。

（六）专业分析态度

数字分析师是用数字来反映或折射现状，因此要理性决策、系统分析，避免从众心理，避免偏见，不受思维定式的影响。同时，培养合理怀疑、换位思考的思维习惯，通过假设检验等方法，核实分析结论。

（七）熟练掌握分析模型

数字分析师应当熟练掌握各种分析模型，如分析竞争对手，可以采用波特五力分析法；分析外部环境，可以运用 PEST 分析法；分析用户偏好，可采用科特勒的用户决策流程。熟练运用各种分析模型，通过数字信息系统建立模型算法，提高分析的能力。数字分析师还可以充分利用回归分析、方差分析、t 检验等分析模块来辅助分析。Excel 作为常用的分析工具，可以实现基本的分析工作，在商业智能领域 Cognos、Style Intelligence、Microsirategy K Brio、BO 和 Oracle 以及国内产品如大数据魔镜、FineBi、Yonghong Z-Suite BI 套件等，都可以为数据分析提供辅助。

（八）熟练掌握数字分析步骤

数字分析师应当对数字分析的各步骤了如指掌。一般的步骤是明确分析思路→数据采集→数据处理→数据分析→图表展现和报告撰写。运用思维管理方式，以统计和运筹知识，通过信息系统的操作，完成报告。

五、"数字资产表"体现企业价值提升

大数据时代，仅靠财务数据评判企业价值，已远远不够。有些企业财务收入表现很好，甚至是增长，但股价却下降；有些创业企业，他们的财务报表可能乏善可陈，但他们在用户增长速度、用户活跃度、用户画像以及渠道数据、产品数据等方面都取得了很好的成绩，这些成绩支撑着他们的高估值。"数字资产表"旨在指导企业推进以"用户数据、产品、渠道和财务"等不同维度提升企业价值，是在传统的利润表、资产负债表、现金流量表之外形成的数据报表。其融合了价值管理与企业管理，通过数据和价值的连接，揭示用户数据与财务之间的关系，帮助企业将数据变现，并实现事前决策。

（一）数字资产表的主要内容

（1）企业绩效：融合了四大维度的分析指标，搭建业务、财务相结合，内部、外部相结合的企业绩效分析体系。

（2）数据资产：构建企业内部数据管理体系，配套数据管理技术，建构一套完备的数据治理体系。

（3）四大分析维度：用户、产品、渠道和财务四个维度的分析体系是第四张报表的核心，从财务、业务、内部和外部等方面全方位地评估企业的价值。

（4）企业价值：解构企业价值动因，通过四大维度和数据资产的评估，形成可量化的企业价值衡量标准。

（二）数字资产表编制的三个维度

数字资产表可以从内容运营、活动运营及用户运营三个维度来积累数据，形成数字资产表的核心内容。

1.内容运营维度

内容运营维度反映用户、平台与产品三者之间的关系。厂家通过文字、图

片、视频、音频方式对产品或业务进行描述，在APP、H5或PC端等平台进行发布，用户通过阅读或体验发布内容，变为可转化的流量。这里，要求厂家发布的内容与用户高度契合，方能保证内容流转效率和数字平台营销转化率。平台在采集到产品与用户信息后，需要保证双方的交易顺利完成，并维护两者的关系。数字营销平台通过数据埋点，跟踪、抓取用户信息，了解内容的传播到达程度、传播时间及轨道的长短，得出潜在的价值。由于数据可实现适时变化，方便了厂家或营销团队适时调整营销策略，契合用户喜好去精准推荐内容。

在这个维度中，数字营销平台适时生成报表，显示网页浏览量、分享量、用户数量、用户画像、所处地域、社交影响力等信息。通过这张表，厂家可以了解到用户群体在哪、是谁、通常什么时候活跃（购买曲线）、关注的热点是什么、什么产品能契合、哪些人是意见领袖。这些信息为企业和厂家产品价值提升提供了清晰可视的指引。

2. 活动运营维度

活动运营维度是反映厂家不同的营销活动带动的产品销售的前、中、后期及总结性阶段的情况。该维度可以了解到以下相关信息：

（1）活动的前期策划、活动主题是否鲜明、易记，是否能激发客户兴趣。

（2）活动宣传是否到位、是否有效传导到针对人群、时间是否恰当。

（3）广告投放是否渠道恰当、时间是否吻合、投入产出比率的高低。

（4）监测结构是否完整、效果是否显著，是否实现投放渠道监控、用户交互监控、交易监控、售后监控、优惠发放监控等。当监测发现预期与实现有偏差时，能即时自动形成报表，反馈到企业。

（5）事后评估效果是否达到预期，收益率（ROI）是否理想，品牌曝光率、产品曝光率是否达到预期。查找活动存在问题及改进措施，形成活动分析报表。

3. 用户运营维度

用户运营维度是以用户为中心进行分析。主要是围绕用户的获取、激活、留存、转化、传播来开展，并对其进行优化，形成系列报表，反映企业用户数据及潜在的商业价值。该维度主要从以下三方面进行分析。

（1）对用户进行分级管理。根据用户不同习惯，可按来源渠道、注册新旧、下单频次、购买量大小、重复购买率、留存与流失数量等来区分，管理不同用户，分析渠道质量。

（2）用户活跃指标分析。通过了解用户活跃情况分析相关指标，如活跃天数、访问频次、评论或分享频次、购买频次等。

（3）用户转化率分析。通过用户下单量、付费额、咨询量、重复购买率等，了解优化购物场景，实现千人千面、精准推介，实现营销闭环。

目前银行业、电商零售业、视频网站等互联网公司受数字化浪潮冲击最大，上市公司也需要其他指标来客观估量市值，因此它们应该最早尝试这一新工具。随着业务边界的消亡、科技革命的深入、全渠道的扩张，任何企业都将成为某种意义上的"数字化企业"，数字资产表的使用范围将会不断扩大。

第三节　数字化财务的未来

数字化财务从杂乱的电子联接中，走向系统的、有规划的整体建设。数字化财务的未来，脱离了信息孤岛，紧紧抓住"降本增效、融合创新、极致体验"三个方面融合发展，重新定义企业价值，构建"财务、运营、技术、增长、生态、客户、产品、人才"集成的企业体系，为企业赋能。

数字化财务的未来，随着数字中台、智能化、机器人等创新，从企业顶层设计开始推动财务发展；公共设施和数字基础服务推动财务创新；业务数据化和服务数据化逼迫财务转型；信息技术支持企业财务提升。财务正向中台化、产业化、智能化、场景化推进，管理会计与新技术的融合，为企业实现综合价值提升创造新的天地。

一、数字中台构建是财务发展的方向

未来财务的发展，离不开新型数字管理理念和 IT 技术框架支持，数字中台能保障企业在未来实现数字化转型，有助于解决企业在用户个性画像、商品智能推送、营销线上监控、数字资产价值体现及企业生态发展上的应变和响应能力不足的问题。

企业数字化建设的两大核心是：客户极致体验和数字平台。供给侧改革及反向驱动需求链，均面临着客户及消费者对新产品的认同，通过线上、线下体验（更多的是线上体验），打破时间、空间的限制，实现整个经济活动及经济链条无时间壁垒。数字中台则是实现的基础。

基于企业的数据中心和财务共享服务平台而建立的数字中台，能进一步提高财务共享服务中心抓取和分析数据的能力，更加快捷地处理数据，将各节点（分公司、各授权员工、业务单位）纳入系统，适时共享。数字中台与共享中心的关系，实际上是分与合的关系，是局部与总部的关系。共享中心与企业互联网架构，是搭建企业数字中台的核心，数字中台是共享中心最终要走向的目标。

（一）数字中台的作用

（1）数字中台作为企业的主营业务系统，可起到业务梳理、整理、综合、编排、流程规范等作用，甚至能起到企业内部资源资产配置的作用，实现复杂业务简约化、规范化、模式化、计量化，并且由于其有良好的复制和灵活性，可以随着业务变化而快速调整，能适应新的业务场景。数字中台是企业数字能力共享平台，是平台的平台。数字中台通过统一的标准和流程，实现资源统筹调度，互联互通，信息共享。

（2）由于中台系统连接并支撑各个前台业务，能友好而无缝地打通各业务的关键点，让看似无关联、差异大的业务，通过特定的人、事、物产生相关性，从而实现业务的互相扶持和竞争，形成资源资产的有效流动，促进业务优化和发展。

（二）数字中台建设四步法

数字中台的建设需经业务规划、领域分析、中台实现、业务运营四个步骤。

1. 业务规划

企业要有明确的中台建设的愿景和强烈的战略意识，做好数据梳理，明确需要开展的业务模式，在有了清楚的认识后，进行详尽的描绘。这也就是我们通常所说的做好业务规划。该业务规划，不仅会影响到数字中台的建设，而且会影响企业未来的组织架构，是非常重要的一步。

2. 对企业所处领域进行详细分析

可以请一些外部咨询机构，结合企业实际情况来分析－通过分析明确顾客需求、用户群体、数据流向，确定硬件分布和部署，实现企业战略和战术定位。该步可采取问卷、调研等方式来完成。

3. 中台的搭建

主要是确定服务接口，并建设服务治理基础设施。可以咨询专业的数据服务公司，如 MohTech，协助企业构建数字中台。典型的中台是把内部通用性技术平台、支撑平台打包后建立联接，形成技术中台；或把现有的数据仓库、数据治理平台、数据运维平台整合，形成数据中台等。企业可以选择外采的方式，购入开发的"容器"放支持产品，如 SEB、Portal、IDM、MDM、BI 等技术中台、数字中台可提供能力支撑。由于数据量日趋庞大，技术要求越来越高，数据来源越来越隐秘，自建数字中台的企业已越来越少，而找合适的数据平台服务商，是很多传统企业数字化转型的最快捷、最佳的方式。

4. 数字中台建立后

可推动业务运营和财务管理的转型升级，达到业务运营。

（三）如何寻找数字中台的合作伙伴

首先要考虑的是合作伙伴的业务能力。合作伙伴要对企业所在行业有深刻的了解，业务流程精准清晰，组织架构趋同或可改造，完成从业务流程到财务系统的链接。

其次要考虑合作伙伴的服务能力。拥有系统的数字中台矩阵，数字产品多样化、多元化，满足企业所需业务要素，同时具有二次开发及迭代升级能力。

再次要考虑合作伙伴是否拥有先进的技术能力。所建设的数字中台应具有界面友好、技术先进、架构严谨、安全性良好、兼容性强大、有很强的外展性和国际性。

最后考虑合作伙伴的运营能力。数字中台的原点是促进企业数字发展，有利于企业的经济效益及业务达成，是适应市场、行业、本企业的业务、营销的产品，拥有在现阶段或未来产生经济回报的价值，为企业提供高效运营的产品。

搭建数字中台，需要一定的成本。企业应按自身发展阶段来确定数字化的推进。一般来说，企业建设中台应具备以下先决条件：一是企业已具备一定的规模，已有一定的数据储备；二是企业有多种产品链或产品业态，产品之间互相有重复叠加业务，有重复的功能模块；三是企业的管理模式有重复设计，结构复杂，上下游沟通需求强烈。

二、智能化引领财务的未来

智能化是当今世界和科技界最热门的话题，也是可预见的未来。智能化一般是指由互联网与信息技术、计算机网络技术、行业技术、智能控制技术汇集而成，用于满足人类特定需求的应用。

智能化的特点主要有：

一是具有感知能力，这是产生智能活动的前提条件和必要条件；

二是具有记忆和思维能力，能够利用已有的知识对信息进行分析、计算、比较、判断、联想、决策；

三是具有学习能力和自我适应能力，不断学习积累知识；

四是具有行为决策能力，形成决策并传达相应的信息。

（一）财务智能化

数字化财务的未来，其中一个就是财务智能化。财务数字化提供的数据基础、组织基础和技术基础，使财务智能化的达成成为可能。

财务的最初目标并不是实现智能，是在不断地提高会计核算效率、提升会计信息质量和增强管控能力的同时，对智能化提出的需求。在标准化的财务信息构建体系的基础上，随着财务共享服务中心的搭建，连接、共享、数字中台等理念不断植入财务共享服务中心。财务数字化系统通过具有学习能力的智能提升，对复杂的叠加态、多元态的业务，能有效地进行细化、分析、分解，智能化地完成非标准化作业，挖掘出数据的相关性，识别业务形态，并根据一定的算法，推算出新的模型和规律，从而形成具有实际价值的财务模型库，为财务智能化提供了基础。尤其是当财务机器人（RPA）技术不断应用于财务共享时，财务共享服务的效率得到进一步提升，智能财务的应用雏形逐渐显现。

财务智能化的具体路径是：财务共享服务平台向采购、信息、人力、税收等大共享平台转变，融合管理会计工具，数据、算力、算法等方面的能力不断提升，为后台提供高质量的数据服务。此时，数字中台这一信息系统分离了前台业务和后台服务与决策，充当数据采集与转换中心（大数据中心）的角色。当更多的人工智能技术应用到数字中台时，智能财务又向前迈进了一大步。随着财务智能化的发展，凭证和票据自动识别、自动审核和自动账务处理可以实现。

财务智能化有助于：

（1）降低差错率。智能化使分析的一致性和准确度得到提高，避免了人为判断的主观影响，能改善决策制定流程。

（2）为财务人员对海量交易数据进行高速、有效分析并发现风险提供技术支持。该技术能够监控交易活动并发现舞弊行为。

但必须看到，这仅仅是弱人工智能技术的产物。当效率提升与数据积累到一定程度时，颠覆性创新使得人工智能的应用产生更多的应用场景，这将为强人工智能技术的应用提供可能。

（二）商业智能

财务数字化转型与智能财务的实现，不仅需要应用数字技术，还需要组织架构、业务流程的再造及集团管控模式的转变，更涉及思维理念与企业文化的转变。这里，引出了"商业智能"（business intelligence，BI）概念，是商业辅助决策的解决方案。

1. 商业智能的主要内容

（1）BI能依据各种方法、技术和软件，提高企业运营能力。

（2）通过组建企业级数据仓库，建立数据全局视图。

（3）利用工具处理分析数据。通过查询和分析工具、数据挖掘（data mining）、联机分析处理（QLAP）等工具，对数据进行分析和处理，形成有用的信息。

（4）构建基于商业智能的智能财务数字化平台。

（5）获得多维度、立体化的数据。从BI系统，按不同用户需求分类取得信息，支撑管理层决策智能化。

2. 商业智能的四个层面

（1）信息系统层面。主要涵盖业务信息系统、财务信息系统、决策分析系统等。

（2）数据分析层面。包括一系列算法、工具或模型，通过它们对获取的数据进行自动或人工参与，分析信息，得出结论。

（3）知识发现层面。将数据转为信息，并发现信息内所反映的认知、知识。

（4）战略层面。获得的认知或知识可辅助企业的战略实施，帮助企业形成新的战略方向。

（三）区块链在财务数字化中的运用

区块链技术是一种集分布式记账、共识机制、智能合约等新技术为一体的新型应用模式，以极低的成本巧妙地解决了诚信的问题。其防伪、防篡改的特性，构建出更加共享开放、更透明可信并可核查追溯的体系，可用于任何数字形式的资产认证、记录、登记、注册、存储、交易、支付、流通。区块链的核心价值在于去中心化及不可篡改，是一个巨型的账本，可以实现财务数据规范、透明、真实的终极目标，在财务管理的发展中，必将起到不可替代的作用。区块链在财务数字化运用方面的优势如下：

（1）去中心化提高数字处理能力。区块链技术去中心化的特点，以及数据交叉验证、共同监管的功能，使其无需通过中介来传递数据。企业通过区块链网络，可以开展点对点交易，免去了流转中授权的环节，提高了结算和支付的效率，有效提高资金流转和使用效率。

（2）大大降低财务管理成本。由于区块链技术的每个区块都与上一个区块相连，可以无障碍地溯源，形成完整的数据链条，保证信息无偏差。由此进行的交易，有足够的互相监控，无需银行、律师就能自动核实。其代码简单，边际成本为零。同时，还能帮助企业降低搜索成本，企业在需要时通过区块链发布相关信息，其他企业很容易找到供应商，降低选择成本。

（3）提高财务信息真实性。区块链的块间链接，头部是通过两个区块连接起来，第二个区块是第一个区块的哈希指针（即含有一个"时间戳"把区块链连起来），使得企业基于业务产生的财务信息透明、规范，不可修改。以区块链搭建的财务信息系统，企业交易均在区块链技术的支持下被记录，流程清晰，结果明朗，提高了财务信息的可信度，提高了企业的诚信。

（4）实现数据到价值的转换。区块链通过数据的集合，可以把数据转换为价值。比特币是区块链最典型的运用，由于其被认可为数字资产，比特币交易就实现了价值的转移。

第八章 数字化背景下的企业财务智能化转型

第一节 企业财务转型的起点

财务转型势在必行。财务转型的核心思路是将企业中最能创造价值的管理活动从原有的财务部门分离出来，放到业务层面与企业层面，在降低成本、增强管控能力的同时，明确财务在企业价值链管理中的定位，努力为创造企业价值服务。当然，转型不是为了摆脱会计核算，而是在夯实会计核算基础的同时，将重心转移到管理决策支持、预算预测、税务筹划、财务分析等更能创造价值的活动中来，最终支持企业整体的发展战略。

财务共享服务中心的建立对于大型企业来说，是一个难得的发展机遇，它有利于财务人员转型，甚至可以说财务转型始于共享服务。财务共享服务中心基于流程再造、信息系统整合，将会计基础核算等低附加值、标准化的工作集中起来，提高效率、降低成本，把财务人员从繁杂的核算中解脱出来，集中精力从事业务财务和战略财务，推进财务、业务、战略一体化的转型之路。

一、新经济下财务共享服务框架详解及智能增强

财务共享服务模式在中国是在 2005 年前后兴起的，尽管这个时候西方国家对财务共享服务的应用已经日趋成熟，但作为后来者，我国的财务共享服务发展呈现出逐渐加速的趋势，在最近五年中，财务共享服务的热度飞速上升，已然成为国内大中型企业财务组织的标配。

在这个过程中，财务共享服务中心从设立到运营全过程的管理水平都在快速提升，到今天，已经形成了相对完善的财务共享服务管理框架，并在政府、企业、高校和各类协会组织的共同推动下，逐渐成为国内财务共享服务中心特有的管理模式。

（一）财务共享服务中心设立管理

1. 框架详解

财务共享服务中心设立管理框架详解，如表 8-1 所示。

表 8-1　财务共享服务中心设立管理框架详解

项目	说明
财务共享服务中心立项	能够站在企业立场，充分评估财务共享服务中心设立对企业经营发展带来的利弊影响，客观评价财务共享服务中心的投入产出情况、匹配和适应情况、变革管理的唯点及应对措施，能够在判断财务共享服务中心建设对企业有利后，积极推动管理层和各相关方的认可，并获取充足的资源，支持后续的中心设立
财务共享服务中心战略规划	能够站在战略高度对财务共享服务中心展开规划，如总体模式的选择，包括定位、角色、布局、路径、变革管理、组织、流程、服务标准、系统及运营平台、实施等规划内容
财务共享服务中心建设方案设计	能够在财务共享服务中心建设启动前进行充分的建设方案设计，包括组织、人员、系统、流程、运营、制度等方面，方案应能够涵盖框架和详细设计，并在最终落地方面做好充分的工具设计准备
财务共享服务中心实施	能够有效地组织项目展开对财务共享服务中心的实施，制订合理的实施计划，有序推进组织架构和岗位设立、人员招聘及培训、系统搭建及上线、流程设立及运营等各方面工作，实现财务共享服务中心从试点到全面推广的实施落地
财务共享服务中心业务移管	能够在财务共享服务中心建设，有效地推动业务从分散组织向财务共享服务中心的转移，通过推动签订服务水平协议、业务分析、流程标准化及操作手册编写、业务转移培训、业务中试和最终正式切换，实现移管目标

2. 智能增强

在通常情况下，管理层都会要求财务共享服务中心的设立具有一定的前瞻性和领先性。自十几年前开始，财务共享服务中心的建立本身就具有强烈的创新特征，我们需要向管理层阐明所采用的技术手段能够达到当前的市场水平或竞争对手水平，并能够对企业自身的管理带来提升。很多企业在这个过程中也同步进行了与支持财务共享服务相关的信息系统建设，但总体来说，并没有超出当前互联网时代的技术水平。

而今天，在展开财务共享服务中心建设的过程中，无论是进行立项还是规划都必须考虑到即将到来的智能革命对财务共享服务的影响。

可以预见，基于信息系统的高度集成，数据信息能够自由获取，规则的自动化作业辅以人工智能作业的新的共享服务模式正在到来，也会在不久的将来逐步取代当前基于大规模人工作业的共享服务模式。实际上，这一进程一直在进行，只不过受限于技术手段和数据质量，我们所能感受到的仅仅是优化性的进步，就是在积极进行自动化替代人力的尝试。

因此，今天我们在建立共享服务中心的规划过程中，必须要充分考虑到未来智能化技术对财务共享服务中心的影响，为当前财务共享服务中心的建设留下向智能化进行转型和拓展的接口。同时，我们必须认识到智能化很可能在最近的数年中出现爆发式的技术发展，财务共享服务中心必须要有充分的认知准备，紧随技术进步，及时调整自身的运营策略，切换至智能化运营平台，以维持当前建立财务共享服务所带来的竞争优势。

（二）财务共享服务中心组织与人员管理

1.框架详解

财务共享服务中心组织与人员管理框架详解，如表8-2所示。

表8-2　财务共享服务中心组织与人员管理框架详解

项目	说明
财务共享服务中心组织资源管理	能够基于业务流程清晰地梳理各环节所涉及的工作职责，并针对这些工作职责设置相匹配的岗位。在此基础上，通过提取汇总分散于业务流程中的岗位工作职责，形成财务共享服务中心的核心岗位职责
财务共享服务中心岗位及架构	能够清晰地定义财务共享服务中心在整个财务组织中的定位，明确其与现有财务部门之间的定位关系及职责边界，能够清晰地设计财务共享服务中心的管控关系，并基于岗位职责和管控关系搭建财务共享服务中心的组织架构及各架构层级的岗位设置，岗位设置应当能够做到不重不漏

续表

财务共享服务中心人员招聘	能够对财务共享服务中心的人员编制做到及时的跟踪预测，在人力产生潜在空缺可能时，能够及时展开人员招聘活动，通过合理的招聘周期规划，在人员缺口出现时及时进行人力补充，能够积极地拓展多种招聘渠道，建立与高校的紧密联系。能够建立面向同城其他财务共享服务中心的招聘渠道，必要时设置专业化的招聘岗位，或者获得HR招聘团队的有效支持
财务共享服务中心人员培训及发展	能够建立完善的人员发展体系，针对财务共享服务中心的人员特性设置与传统财务差异化的职业发展通道，实现在相对较短职业周期中的快速发展和及时激励。能够针对财务共享服务中心的人员特点设置有针对性的人员培训体系，高效提升运营人员的产能，并积极拓展员工的综合能力，以提高其主观能动性
财务共享服务中心人员考核	能够设立针对财务共享服务中心不同层级、类型的人员绩效考核体系。能够基于绩效考核体系推动财务共享服务中心运营效率的提升、成本的降低、质量和服务水平的提升。同时，也能够维持并激发各级人员的创新能力
财务共享服务中心人员保留	能够积极主动地针对财务共享服务中心的员工进行工作状态评估，对有潜在离职风险的员工进行及时主动的沟通，通过主动的行动实现人员的保留。同时，能够长期将财务共享服务中心的人员流失率控制在合理水平

2. 智能增强

能时代的到来，对当今财务共享服务中心的组织与人员管理提出了不一样的要求。

（1）从组织职责及架构设置来看，今天的财务共享服务中心在传统职能的基础上，必须要考虑一些用于自我变革的职能。实际上，有不少财务共享服务中心还在纠结是否要用自动化来替代人工，并顾虑因此对现看团队的利益影响。与趋势逆行是不可取的，我们应当在当今的组织中一方面继续针对传统的集中化人工作业模式展开运营的提升；另一方面应当设立创新科技组织，积极主动地展开自我颠覆。通过应用新技术，主动降低对人力的依赖，从而在这场变革中掌握主动。

（2）对于这一变革时期的人员管理，要充分做好面对自动化带来人力释放影响的准备工作。将分散的人员集中起来是一场变革，在这个过程中，我们已经经历了一次减员的挑战。而今天，把集中在财务共享服务中心的人力再消化掉是另一场变革。这一次，我们应当在人员的职业发展上有针对性地考虑未来智能化的影响，提前做好人员的非共享技能培养，以帮助部分人员在智能化过程中逐渐分流至其他岗位，而减少刚性人员裁减带来的剧痛。

（3）在人员的考核上，应当更多地关注对于人员创新能力的提升，传统的财务共享服务模式过于强调效率，这使得财务共享服务中心的员工并不热衷于使用新技术来改造现有的工作模式，而更倾向于一个稳定的工作环境。这对财务共享服务中心适应智能时代的发展变革要求是不利的，多一些主动的求变精神是智能时代财务共享服务的必由之路。

（三）财务共享服务中心流程管理

1.框架详解

财务共享服务中心流程管理框架详解，如表8-3所示。

表8-3 财务共享服务中心流程管理框架详解

项目	说明
财务共享服务中心流程体系定义	能够基于企业所处的行业特征，识别自身的全面的会计运营相关业务流程，并搭建业务流程体系，对业务流程进行清晰的分类，定义流程子集。能够完整地识别、定义业务流程场景，并建立流程场景与流程的映射关系
财务共享服务中心标准化流程设计	能够基于业务流程体系展开财务共享服务中心的业务流程设计，标准化的业务流程体系应当能够清晰地定义流程的输入，输出、执行标准、质量标准、匹配的流程场景等关键信息。能够通过流程图，流程描述等方式进行流程展示
财务共享服务中心标准化流程维护和执行监控	能够建立财务共享服务中心业务流程体系的维护和执行监控制度体系，由相应人员关注流程的日常维护，并定期针对业务流程的执行情况进行评估检查。能够针对流程中的执行问题采取及时的行动，对流程进行修正
财务共享服务中心流程持续改进	能够建立起业务流程优化和持续改进的机制，营造有效的流程优化氛围，鼓励各级员工提出优化建议，并能够建立起建议的评价和采纳机制。对于所采纳的优化建议，能够设立项目团队进行积极推进。此外，不定期地开展流程优化检视活动，主动发现优化机会也是十分重要的

2. 智能增强

传统的流程优化过程中，我们试图通过对流程环节的挑战、运营方式的转变来找到优化机会。当然，财务信息化在这一过程中也发挥了重要作用，高度的业务系统和财务系统的对接，以及专业化的财务共享服务运营平台的建立，也大大提升了财务共享服务的流程效率。

而智能时代的到来，也让我们对流程优化有了更多的机会，如机器流程自动化技术成为人们关注的热点，它通过在全流程过程中寻找流程断点和人工作业的替代机会，在很多企业业务流程优化陷入瓶颈后，再次提升了流程自动化程度。

更值得期待的是，财务共享服务业务流程将伴随着基于规则的初级人工智能的应用，以及基于机器学习的人工智能的到来而获得更多的改进机会。在新技术的影响下，现有财务共享服务的流程会先从多人工模式转向"人智结合"模式，并最终迈向智能化模式。在这个过程中，业务流程的优化和改变并不是一蹴而就的，如会伴随着技术一步一步地改进，并最终实现从量变到质变的转换。

同时需要注意的是，智能化对财务共享服务业务流程的影响是端到端的。也就是说，财务共享服务运营的输入流程也在变化中，而前端的流程智能化进程也会对财务共享服务后端的运营模式产生重大影响，很多时候，财务共享服务中心从人工向自动化、智能化的转变根本上就是前端流程直接带来的。

（四）财务共享服务中心运营管理

1. 框架详解

财务共享服务中心运营管理框架详解，如表8-4所示。

表8-4 财务共享服务中心运营管理框架详解

项目	说明
财务共享服务中心绩效管理	能够针对财务共享服务中心制定完善的绩效评价标准，设定相应的KPI，并进行有效的管理考核。财务共享服务中心的绩效标准应能够进一步细分至各业务团队，并最终落实到每个员工

财务共享准入管理	能够针对财务共享服务中心设立业务准入评估模型，对于服务对象的共享需求能够展开准入评估，判断其是否符合财务共享服务的运营特点，并予以纳入共享。必要时需要建立独立于共享中心与服务对象的准入评估机构，以实现对难以达成共识的准入事项的仲裁
财务共享SLA及定价管理	能够针对纳入共享服务中心的业务产品，定义共享服务中心与其服务对象之间的服务水平协议。服务水平协议应当对服务双方均能够进行有效的约束，规范服务对象的输入标准，规范共享服务中心的产出标准。基于服务标准，结合财务共享服务中心的成本能够设定公开透明的内部转移价格
财务共享管理人员管理	能够对财务共享服务中心的管理团队展开有效的培养及管理，有效评价管理团队的管理能力，及时优化管理团队的人员构成，建立起有效的管理团队成员的选拔和晋升机制。同时，也需要建立必要的考核和淘汰机制，针对关键岗位建立必要的轮换机制
财务共享风险与质量管理	能够针对财务共享服务中心建立风险管理和质敬管理机制，积极推动RCSA、KRI、重点风险事件管理等操作风险工具在财务共享服务中心的应用，积极推动全面质量管理、六西格玛管理、精益管理等质量管理工具在财务共享服务中心的应用，构建良好的风险、和质量文化环境
财务共享服务管理	能够对财务共享服务中心的服务管理建立科学、专业的管理体系，构建清晰的服务方法、服务工具，对财务共享服务中心的服务满意度水平进行有效的衡量，并积极推动服务优化，提升服务对象的满意度
财务共享信息系统管理	能够积极推动财务共享服务中心作业相关信息系统的优化和改进，主动提出改进和优化业务需求，并配合信息系统管理部门共同实现对信息系统的优化提升

2. 智能增强

对于财务共享服务中心的运营管理来说，不少财务共享服务中心还停留在依靠人工进行管理分析的状态。因此，提升财务共享服务中心的运营管理水平，首先应当提升运营管理的基础信息化水平。

在提升基础信息化水平方面以借助信息系统实现绩效指标的管理，并应用于绩效看板和绩效报表。在准入评估方面，可以进行系统化的评估流程执行，并将评估模型系统化。在SLA和定价方面，能够基于系统进行SLA的各项指标的计算和出具报告，并据此结合定价标准测算出具各服务对象的结算报表。在风险管理方面，能够将 RCSA，KRI 及重大风险事项管理三大操作风险管理工具系统化，并应用于财务共享服务中心。在质量管理方面，能够将质量抽检、质量结果反馈、质量报告出具等质量管理过程系统化。在服务管理方面，能够构建邮箱及热线系统，以支持客户服务的专业化。

而在新经济下的智能时代，我们能够在上述信息化手段建立起来的基础之上，引入大数据技术，提升对财务共享服务中心在绩效分析、风险发现、质量评价、服务跟踪等方面的深入管理，依托更为丰富的数据输入，提升财务共享服务中心运营管理的层次。

（五）财务共享服务中心外包及众包管理

1. 框架详解

财务共享服务中心外包及众包管理框架详解，如表 8-5 所示。

表 8-5　财务共享服务中心外包及众包管理框架详解

项目	说明
服务模式战略管理	能够明确自营、外包、众包等财务共享服务中心实现模式的优缺点，选择符合企业自身需求和特点的战略决策，选择适合自身的管理模式，进行财务共享服务的建设
外包供应商适择管理	在引入外包的财务共享服务模式下，能够对外包商的规模、与分包内容的匹配情况、成本、服务能力、交付质量等方面进行有效的评估，建立外包商评价机制及外包商资源池，能够根据需要，选择适合企业情况的合适的外包商
外包商交付管理	能够对外包商的交付过程实施有效的管理，建立交付过程管理规范，必要时设置驻场交付管理经理，对交付质量、交付时效、交付成本等关键交付指标进行主动管理，与外包商建立良性互动，持续改进外包商的交付能力
众包平台搭建	对于选择众包模式的财务共享服务中心来说，能够搭建满足众包模式需求的众包平台，平台支持任务的拆解及发布，支持用户进行高效的众包作业，支持任务完成后的组装，支持特殊情况的处理。对于财务共享服务中心来说，也可以考虑选择第三方众包平台直接发布任务

续表

众包平台用户获取、服务及管理	对于自建平台的财务共享服务中心来说，需要积极主动地推广平台，获得支撑平台任务作业处理的公众参与，能够对平台参与者进行培训和服务管理，提升平台用户的作业技能与作业效率，帮助平台用户与财务共享服务中心获得双赢回报
外包及众包风险管理	能够有效地管理外包及众包过程中的潜在风险，关注外包商之间的信息及数据安全问题，加强外包商现场及现场作业情况下的信息安全管制。对于众包用户来说，能够通过技术手段拆解任务单元，减少任务单元的信息量，并实现任务单元的随机分散处理，减少用户还原完整信息的可能性。同时，应当加强相关作业平台的网络安全

2. 智能增强

外包与众包模式是企业财务共享服务中心采取轻资产运营的产物。外包模式由来已久，是相对传统的业务模式，而众包模式本身是智能时代的创新产物。无论是外包还是众包，都能在从人工运营向智能化运营过渡的过程中，帮助财务共享服务中心解决人工智能作业所需要的数据输入的问题。

结合 OCR 技术，并辅以外包或众包，财务共享服务中心能够在现阶段比较好地完成财务业务处理输入数据的采集工作。这些数据的获取能够让我们有机会在财务共享服务中心应用基于规则的自动化作业或机器学习技术，在国内还需要大量依赖纸质原始凭证的环境下，率先一步实现智能技术的应用。而在未来，前端数据的全电子化实现，将替代对外包或众包的需求，并最终迈向全流程的智能化处理阶段。

二、大型企业财务共享服务中心建设的战略思考

随着国内财务共享服务中心的风潮渐起，不少大型企业也加入了建立财务共享服务中心这个行列。但是大型企业建立财务共享中心和单一企业是不一样的，需要面对和解决更多的问题。我们从大型企业财务共享服务中心的建设策略、建设风险和实现路径三个方面来展开战略思考。

（一）大型企业实施财务共享服务的策略

大型企业建立财务共享服务中心需要面对自身独特的复杂性，并结合其特

点选择合适的实施策略。

1. 大型企业实施财务共享服务需要面对的复杂性

对于大型企业来说，其财务共享服务的实施将存在以下复杂性。

（1）多业态

大型企业经过多年的经营发展，有相当一部分已经实现了从单一业态向多业态的转变。对于此类企业，特别是对业态众多、跨度较大的企业来说，在实施财务共享服务时，在跨业态业务流程的整合与标准化、信息系统的整合与统一方面都将面对相当的复杂性。

（2）高速增长

多数大型企业已经进入高速扩张和发展的阶段，基于投资兼并方式扩大自身规模的发展模式更是常见。在这样的背景下，实施财务共享服务要考虑到未来发展增速带来的拓展性，以及在投资兼并模式下，新企业进入企业后系统不统一、制度标准差异化的环境复杂性。

（3）高定位

对于大型企业来说，在当前阶段建立财务共享服务中心必须考虑到方案及实现后效果的领先性，以获得管理层对项目的支持。因此，在项目设立之初便会设定较高的目标定位，也为财务共享服务的实施带来一定的复杂性。

（4）技术环境复杂

大型企业的信息化建设往往错综复杂，如财务系统众多、业务与财务系统间的数据交互复杂等。在这样的环境下实施财务共享服务，其配套信息系统建设将影响现有的系统架构和接口，其技术难度也更高。

在这样的复杂环境下，实施财务共享服务需要进行更全面、更严谨的准备，并在顶层设计和落地实现两个方面均予以充分的策略考虑。

针对大型企业财务共享服务的建设，在顶层设计层面，从"管模式"和"控变革"两个角度进行管理；而在落地实现方面，则可以重点关注"定标准""建平台"和"重实施"三个方面的内容。

2. 大型企业实施财务共享服务的顶层设计策略

（1）管模式

大型企业的财务共享服务模式构建，需要从定位、角色、布局、路径四个方面进行规划设计。

第一，定位规划。财务共享服务中心的建立将带动整个财务组织的变革。因此，需要清晰地规划设计财务共享服务中心与企业总部财务、下级机构业务财务之间的关系。在财务共享服务中心建立之前，应当明确其在整个财务组织中的管控、汇报关系，明确各项业务横向与总部其他财务部门、纵向与基层财务之间的职责边界。同时，还需要考虑财务共享实施后，如何推动基层释放的财务团队的转型。

第二，角色规划。财务共享服务中心的建立未必在企业层面，所以需要明确企业或总部财务在建设过程中的职能和角色。常见的角色定位包括仅进行总体规划建立标准、规划并兼顾财务共享服务中心建设的项目管理、规划并直接负责共享服务中心的建设落地等。应当及早明确企业或总部的角色定位，并进一步明确其与下级机构之间的角色分工。

第三，布局规划。大型企业财务共享服务中心有单一中心和多中心两种模式，多中心模式又可基于流程，业态板块、区域或灾备等区分各中心的布局定位。企业建设财务共享服务中心时，应当提前明确布局规划，根据自身特点选择合适的模式。在选择时，可从业务的多元化程度和对业务单元的管控力度两个方面综合考虑。

第四，路径规划。大型企业的财务共享服务中心建设难以一蹴而就，需要分批次有序推进，在推进路径上可以按照流程、地域或业务单元推进等多种不同的模式开展。各种推进模式均有利弊，总体来说，按流程推进对财务自身来说复杂性较小，而按地域或业务单元推进对业务部门的影响较小，企业可根据自身的实际情况进行评估选择。

（2）控变革

在顶层设计阶段，变革管理的重点是风险的预先识别以及风险预案的准备。在变革过程中，需要将更多的精力付诸风险事项的过程监控。财务共享服务中心的建设需要重点关注和管理变革风险，好的变革管理，能够为项目的成功落地带来重要帮助。

3. 大型企业实施财务共享服务的落地实现策略

（1）定标准

大型企业的财务共享服务设立需要着重关注标准化，从组织、流程、服务水平三个方面进行规划设计。

第一，组织架构标准化。在大型企业财务共享服务的推进过程中，组织架构标准化能够加速管理复制的速度，增强组织管控的力度。组织架构标准化首先需要对组织的职责进行有效的识别，先行建立流程和职责的标准化，在此基础上构建统一的管控关系和标准化的岗位体系。

第二，业务流程标准化。业务流程标准化首先应当构建清晰的流程分类体系，定义业务场景并建立业务场景和流程之间的对应关系。此后，基于细分动作，进行属地、职责、支持系统的标准化定义，并形成流程模板，进而汇编流程手册。推进流程标准化对大型企业的业务规范将起到至关重要的作用。

第三，服务水平标准化。大型企业的下级单位数量众多，人员规模庞大，推进服务标准化尤为重要。财务共享服务中心应当明确其对客户的服务模式、服务边界，并建立制度化的服务规范。在和下级单位客户进行内部结算时，还需要制定相关的指导标准，以明确双方的权利责任关系。服务管理相关内容也可以通过服务水平协议的方式进行规范和标准化。

（2）建平台

大型企业的财务共享服务中心需要建立相关的作业系统支持平台和统一的运营管理平台，具体应该做到以下几个方面。

第一，规范系统平台建设的要求。企业在建设财务共享服务中心时，应当对未来系统平台的架构进行规划设计，明确财务共享服务支持系统的主要功能、系统架构以及与外围系统进行集成的总体要求，进行合理的系统选型、需求设计、功能开发。同时，系统平台的建设，还需要设计完备的上线策略，妥善安排相关人员的培训。

第二，建设运营支持平台。大型企业财务共享服务中心的人员数量、团队规模相对庞大，需要建立统一的运营支持平台，以提升整体的运营效率。在企业层面建立运营管理团队，形成自上而下的抓手尤为重要。在具体实施时需要明确企业财务共享服务支持平台的职能职责、工作方式，明确各级财务共享服务中心的运营绩效要求，并对结果实施评价。

（3）重实施

财务共享服务的最终落地是一个注重细节、复杂的过程，需要相关各方投入资源和精力。对于企业和总部来说，更应当积极地参与各业务单元财务共享服务的建设过程，树立标杆，推动全局计划的落地实施。

大型企业财务共享服务的建设需要谋定而后动，从顶层设计和落地实现两个方面进行全面考虑，控制实施风险，提升实施效果。

（二）大型企业实施财务共享服务的变革风险

大型企业实施财务共享服务的变革风险包括与业务部门相关的风险、与财务人员相关的风险、与业务领导相关的风险及其他风险四个方面。

1. 与业务部门相关的风险

（1）业务流程转变带来的满意度降低的风险

第一，风险描述。实施财务共享服务后，业务流程将发生重大改变，报账凭证将从面对面服务转变为异地服务，由于信息传递链条加长，如果管理不当，业务部门的服务满意度将存在下降的风险。

第二，应对措施。在流程设计上应充分考虑上述因素带来的影响，减少对业务的冲击，减少不必要的审批环节，提升流程流转效率。同时，加强对全流程的时效管理，借助信息化手段提升业务处理效率，推动服务体系的建立，提升业务部门员工的满意度。

（2）财务共享后基层业务部门对变革抵触的风险

第一，风险描述。由于对财务共享不理解，担心被集权或利益被触及，财务共享服务中心的实施必然会面对来自机构业务和财务人员的抵触。

第二，应对措施。在实施方案中应充分安排沟通宣导，解决其关心的核心利益问题，获取各级领导和基层员工的支持。在实施过程中应尽量降低员工的抵触程度，缩短抵触周期。此外，应当明确业务部门比较敏感的领域不会发生变化，如资源配置权力、与银行等合作机构的关系等。

（3）财务共享后业务财务支持能力下降的风险

第一，风险描述。财务共享服务后，由于基础财务核算和出纳职能上移至共享服务中心，如果没有及时落实基层财务的转型和业务支持模式，容易导致基础财务支持的脱节，带来业务部门的不满。

第二，应对措施。在进行财务共享服务方案设计的同时，应当同步考虑基础财务转型后的工作内容的设计，财务共享的实施不应当削减基层财务过多的资源，而应当保留适当的人员实现结构化转型。

2. 与财务人员相关的风险

（1）财务共享服务后人员调动和分流的风险

第一，风险描述。财务共享服务后，基层员工存在调动至共享服务中心、转型至业务财务、分流至其他部门甚至离开公司的可能性。人员的抽调存在员工难以适应异地变迁，产生抵触情绪的风险。

第二，应对措施。针对基层财务人员进行财务共享宣导，帮助其及时了解财务人员的未来工作意向，在人员安排上尽可能实现匹配。积极做好调动和分流人员的安置工作，以保障变革平稳推进。

（2）财务共享服务后基层财务人员转型的风险

第一，风险描述。在基层财务中涉及转型业务财务的员工，由于长期从事核算和出纳工作，此类人员的转型受其工作经历、学习能力的影响，可能出现部分人员转型困难的风险。

第二，应对措施。通过多种方式加强对基层财务人员转型的培训，同时，针对业务财务工作建立自上而下的指导体系，对各项工作建立标准化和模板、化的工作指引，降低转型后的工作难度。

3. 与业务领导相关的风险

（1）标准化对业务领导管理习惯改变的风险

第一，风险描述。在财务共享服务建立过程中会进行大量的标准化，在对业务制度（如分级授权体系）进行标准化的过程中可能会影响业务领导的管理习惯，从而带来抵触的风险。

第二，应对措施。标准化的建立仍应当保留适当的管理自由度，通过管理模式套餐的方式，平衡差异化的管理需求和标准化的诉求。

（2）信息系统建立后对业务领导审批习惯改变的风险

第一，风险描述。实施费控系统和影像系统后，业务领导的审批模式将从纸面审批转变为电子审批，业务领导难以再见到实物单据，带来审批习惯的转变，部分领导难以适应，会带来抵触风险。

第二，应对措施。需要公司从文化和理念上进行自上而下的转变，明确业务领导审批应更多地关注业务的真实性与合理性，财务审核的重点则是管控原始凭证的真实性。

4. 其他风险

企业实施财务共享服务的其他风险主要表现为信息系统设风险。

第一，风险描述。财务共享服务的实施需要完善的 IT 系统的支持，在较短的时间内完成费控系统、共享作业系统、影像管理系统等多个信息系统的部署。同时，需要打通系统间的接口，尽可能实现业务的自动化处理，提高业务处理效率。由于涉及多家供应商，对系统建设的项目管理存在风险。

第二，应对措施。借助第三方监理进行统一的 PMO 管理，通过统一协调的管理平台，保障系统实现进度，控制实施风险。

（三）大型企业财务共享服务中心的四种建设路径

总体来说，大型企业在建设财务共享服务中心时有四种可选路径。

1. 一盘棋模式

在这种模式下，企业业态往往比较单一，由企业总部牵头并主持财务共享服务中心的建设，各项具体工作也由企业来统筹完成。企业总部制定全企业财务共享服务中心的总体规划路径，组织并负责实施推广。各业务单元在企业总部的统一领导下，全力配合共享服务中心的建设工作。因此，共享服务中心的建设往往是一鼓作气完成的，上线的时候就是一个统一的完整的共享服务中心。这种模式可称为"一盘棋"的模式。

2. 由点及面模式

在这种模式下，企业业态单一或者各业态的相关程度较高。企业总部在各业务单元分别选出几个试点单位，各业务单元试点单位分别建设各自的财务共享服务中心。之后，由企业总部根据各试点单位的建设成果，组织专人统一分析、提炼，形成企业统一的共享中心模式，并指导各板块其他成员单位进行推广与优化。这种模式可称为"由点及面"的模式。

3. 制度先行模式

这种模式比较适合相关多元化企业。可以由企业总部先行出台企业整体的财务共享服务中心的规划与指引（包括组织建设与汇报关系、业务模式、服务机制、系统功能、制度体系等），各业务单元遵从总部的规范，结合其具体业务特征，自行建设财务共态板块的多中心模式或者一个大中心下多个分中心模式。

4. 上下结合模式

这种模式在实际中的案例并不多，可以考虑在非相关多元化的企业内进行尝试。在这种模式下，企业总部建立一级财务共享服务中心，将各业务单元具有共性的或易于集中的业务进行共享（如费用报销、资金结算等）。各板块将剩余的交易处理业务进行共享，形成二级共享服务中心（如应收、应付管理等），二级共享服务中心向一级共享服务中心汇报。二者需同步建立，因此从路径的角度可以理解为一种并行路径，可称为"上下结合"的模式。

第二节　企业财务转型的方向

在当今这个商业世界剧烈波动的市场环境下，不管是高效的资金交易管理、资产负债及资金的流动性管理，还是财务风险管理，司库的职能都是企业流畅运转的重要齿轮，也被称作企业的生命血液。司库是企业管理层的核心组成，当企业确保司库领导力已经得以实现时，将会为出色的财务绩效搭建平台，铺平道路。因而，对于财务转型来说，司库建设是一条不容忽视的路径。如果说财务共享服务是基于财务视角解决会计核算问题，那么司库则是基于资金视角来考虑如何解决出纳问题，进而优化企业金融资源的配置效率。对于解决出纳问题的这一主线来说，最终进化升级完成后，将形成以司库长领衔的一套独立的组织与运作体系，也就是所谓的司库体系。

一、企业司库的概念

根据《现代汉语词典》（第7版）的解释，司库是指团体中管理财务的人。根据郭道扬的《会计史研究》（第1卷），司库的历史可以追溯到隋唐时期财计组织中所设置的金部、仓部、库部、司农寺、太府寺等职位。目前普遍认为司库的英文为"Treasury"，按照《牛津高阶英汉双解词典》（第7版）的解释，是指英国、美国和其他一些国家的财政部，或者是指城堡等中的金银财宝库。而与之相关的另外一个英文"Treasury"才是指一个俱乐部或者组织的司库。根据这些解释，我们可以初步得出一个结论，司库可以是一种与管理国家财物有关的职位或者岗位，也可以是用来保存这些财物或者汇集这些财物的地方，如金库、国库。

司库概念运用到企业，则最早可以追溯到欧美国家的20世纪70年代，作为企业战略目标实现的重要手段之一，司库首先在一些大型企业和跨国公司中进行应用。企业司库也从最早的现金管理发展为流动性管理、财务规划与决策、投融资决策、风险管理、信用管理、企业员工养老金管理、与银行及其他金融机构的关系管理、融资渠道管理等众多领域。随着企业经营成熟度的提升，管理者愈加认识到财务管理在企业管理中的核心作用，更为重要的是，人们逐步认识到现金管理在财务管理中的核心地位。基于这种认识，企业司库逐步从会计职能中独立出来，成为与企业会计部门平行的企业司库管理职能部门。

如今，在更为先进的网络信息技术和金融系统的推动下，企业开始将与司库管理相关的功能进行更为专业化的集中管理，提升企业资金管理的效率，降低资金使用成本和资金使用风险。商业银行也在这一时期，从自身业务发展的角度出发，开始推出各种现金管理业务，包括成立司库管理部门，以期在产品创新、人员配置、技术服务咨询等方面去对接企业司库管理的部门或者职能，争取更多的高端企业和机构客户。

二、企业司库在企业中的角色定位与职责范围

（一）企业司库在企业中的角色定位

企业司库在企业中的角色定位是一个复杂的决策问题。在大多数情况下，

它会受到公司的规模与复杂程度、行业的运作和发展阶段、母子公司所在国家、投资者的性质、企业面临的风险的性质与规模、公司的信用实力、财务主管的经验与素质、企业历史、文化和组织结构、企业发展的生命周期与阶段、行业性质等多种因素的影响。

举个例子，在职能定位方面，司库的角色在很大程度上取决于个体企业和组织类型。工程公司可能会在长期债务或者资金融资时需要具有税务技巧的司库；零售和消费者组织可能会需要具有贸易谈判技巧的司库，他们可能需要与交易目标公司谈判；制造公司可能需要营运资本的专业知识以加速采集和收款流程；

全球性企业可能会重点关注跨国的资金管理运作技能。此外，对于中小型企业，司库更多地发挥服务或者管控的角色，大型企业则期望其发挥服务与管控并重，并在此基础上与战略结合创造价值。这样就使得司库在不同环境下呈现出不同的角色定位。

通常而言，企业的首席财务官负责企业全面的财务管理工作，其下设财务部门和司库部门，分别由财务总监和企业司库负责，他们的下面再设置有若干岗位。司库要和财务总监一起向首席财务官报告。

财务总监的主要职责是根据外部监管需求、利益相关者需求及企业内部的管理需求，通过各种会计核算的信息系统功能提供他们所需要的信息，以供首席财务官进行决策使用，这是一套财务管理信息系统。其具体职责是充分利用财务报表核算体系、司库管理体系为管理的各种需求提供信息决策使用。为了更好地发挥这种信息决策功能，增加其价值的创造能力，许多跨国公司和跨地域的大型企业会将其中的核算职能逐步外包给财务共享服务中心去完成，这使得更多的会计核算人员从低附加值、重复程度高、劳动力密集型的工作中解脱出来，去从事更加具有价值的业务型财务和战略型财务，并积极研究各个层次管理者的需求以便提供给管理者决策所需要的信息。

企业司库则从资金管理的角度负责流动性管理、全面管理企业财务风险、安排企业内外部的融资、进行短期和长期投资、管理企业与银行及其他金融机构的关系，制定和执行企业司库管理的政策和程序，这是一套财务管理理财职能系统。企业司库管理系统结合财务管理信息系统的组织架构特征与变革，也逐步构建了一套战略决策层、操作层、基础流动性管理层的组织架构体系。并且，许多跨国公司和跨地域的企业公司也开始将基础流动性管理的职责外包给财务共享服务中心去完成，这时的财务共享服务中心充当了"支付工厂"的角色，大大释放了企业司库基础操作层面的人员，提高了现金的可见性，这使得企业司库管理的运作更加与业务和战略决策层面结合，能够更加释放企业司库的价值创造功能。

（二）企业司库在企业中的职责范围

虽然不同特征的企业司库角色定位不同，不同的角色定位会导致司库的职责范围不同，但其大体的职责范围还是一致的。

关于企业司库的具体工作职责，世界上最为著名的两个资金管理的行业协会团体：美国的 AFP 协会组织（The Association for Financial Professionals）。英国 ACT 协会组织（Association of Corporate Treasurers）分别有着不同的论述。AFP 认为，企业司库是面向企业和其他机构的综合性财务和金融服务，具体包括：（1）财务规划及财务分析；（2）流动性管理；（3）企业投融资决策；（4）风险管理与养老金管理；（5）内外部银行关系管理；（6）制定和执行司库政策与程序等职责。ACT 所定义的企业司库职责涵盖了五个核心要素：（1）公司理财；（2）资本市场与融资；（3）现金与流动性管理；（4）风险管理；（5）司库运行与控制。

两个协会关于企业司库的具体职责差异主要表现在公司理财职责上。根据 ACT 的论述，公司理财是关于企业发展战略与计划、制定投资决策，并对公司价值产生积极影响的实践活动。其主要的任务包括降低公司的加权平均资本成本、确保公司的价值被投资者公允评估，以及确保投资者能够从公司获取与其所承担风险相对应的回报。在许多企业中，公司理财确实变成司库的职责，但是其主要还是发生在一些较少收购与兼并的企业之中。在其他的企业中，由于公司理财是一个非常专业的职能，其复杂的战略计划往往花费大量的财务管理时间，因此，其通常需要由专业的律师和金融专家制定。

三、企业司库管理精要

（一）司库设计

司库设计是指将司库的功能、人员和流程组织起来，使其高效有序地运行。由于实现目标的路径和模式可能不止一个，所以在为组织机构设计有效的司库时要参考一些其他因素，包括成本，决策和决议所需的周转时间、广泛而严格的控制、资本的可用性和多样性、不同地域的法律环境、公司遵循的会计惯例和业务运营所在地的会计环境、税收、自动化程度、当前和未来的交易量，经营规模的增长、竞争对手和行业情况的动荡预期等。此外，司库的三大职能——交易管理、资产负债表和流动性管理、风险管理，也是司库设计要考虑的基础性要素。

在司库设计过程中，要重点关注以下八个关键要素：（1）系统设计。系统设计涉及各个方面和诸多因素，需要综合考虑；（2）人员和组织结构设计。人员和组织结构设计是指确定合适的人员，使他们掌握合适的技能，并将其放在合适的岗位上，且有合适的报告途径。它还与集中化程度和外包决策有关；（3）流程设计。创建在具备可控制、可衡量、可切换的完备流程的基础之上，流程设计为司库职能构筑堡垒；（4）控制设计。强大的控制要素是针对实施和执行过程中潜在危险和情况的保护措施。即使司库设计的其他要素都已具备，一个薄弱的控制设计将会削弱已实施的司库设计和流程的力量；（5）账户结构设计。设计合适的账户结构是一个经常被忽略的要素。临时账户开立不仅会提高成本、降低控制力度，还会导致降低透明度，达不到现金的最优配置。在有些国家，监管状况也会影响与账户结构相关的决策；（6）现金流设计。现金流可以在不同的时点以不同的形式或币种发生在不同的地域。集中管理这些现金流可以降低成本，增强控制和提高现金流的可见性，从而大大提高效率；（7）资本结构。司库在交付过程中需要考虑的一个重点是确保企业资金充足，且企业为资本所支付的价格在该情况下是最低的。此外，资本结构是影响企业的信用评级、财务认知和绩效的因素之一，也是潜在投资者和贷方评估的重要方面之一；（8）风险架构。风险架构包括风险管理和风险结构，是司库设计的最重要的要素。

（二）司库政策

1.框架

通常，司库政策分为正文和附件。其中，正文包括司库管理的整个思维过程和方法，附件包括特定的执行方面。

原则上，董事会批准司库政策的正文和附件，并且给予司库管理团队在首席财务官的监督下定期实施司库政策的灵活性。

为了确保与市场和业务发展同步，企业可能需要在每个季度对附件进行审查，而对整个政策和政策本身的绩效只需每年进行一次审查即可。

司库政策的正文一般分为以下5个部分：（1）基础，包括基本原理、背景和理念、范围、运营和控制、目标、政策批准和审查、不合规和异常解决方案、和会计政策的一致性、行为准则等；（2）角色和职责；（3）交易管理；（4）资产负债表和流动性管理；（5）风险管理。

附件，包括需要管理的风险、要旨、风险管理和投资的数额及时间范围、授权的产品和安排、授权的签署人和限制、风险管理工具（如预算价格）、情景等。

2.政策实施中的注意点

（1）异常情况处理

司库的规模越大，异常情况就越容易发生。司库政策必须包含：处理异常情况的要素、解决方案和调整方法、程度和追踪等。企业要对每一个异常情况进行审查，并确认该类异常情况已包含在政策中。刚开始，司库政策可能不包括所有类型的政策。因此，除了从根本上纠正问题，司库还必须确保新的异常情况或者问题类型及其解决方案包含在司库政策中。

（2）贴近市场

通过定期市场监测来管理风险并不是一件轻松的工作，司库要贴近市场、理解市场动态，市场出现有利变动时，抓住机会，当市场出现不利变动时，及时采取相应措施。为此，市场信息系统几乎是司库在风险管理中不可或缺的工具，能够为司库提供市场动态，并且通过各种媒体定期进行信息更新。

（3）竞争策略

司库部门的竞争策略是制定政策和方法的重要参数。如果该企业或者司库部门处于领导地位，司库可以选择反行业策略。许多司库，尤其是成长型企业的司库，在确定方法之前，一般会考察市场最佳实践和行业动态。

（4）选择正确的产品

正确的产品对对冲十分重要。有时，企业会选择一些对企业而言并不是最恰当的对冲产品。

3. 审查

（1）限额及其使用情况的审查

限额和限额使用情况的审查对司库政策来说也很重要。限额一般是指市场因素的最大（或最小）风险程度。如果出现经常性的限额违反，司库需要分别从合理性、运营或者交易商纪律的角度来对限额进行审查。类似地，如果存在大量未使用的限额，司库也要审查该限额对特定市场因素来说是否设置得过高。此外，司库政策也包括对交易对手（投资或者存款）和授权人员的限制，同时要注意对这些限制的审查。

（2）政策的成功和失败

董事会和首席执行官通常会将在实施后不久就能够生成利润的司库决策或者政策视为好的司库决策或者政策，而在短时间内，如果该政策使企业遭受损失，也会给该政策蒙上一层阴影。这个思维过程会不断强化。

（3）和企业商业计划的联系

司库政策中与增长、现金流、融资、投资和风险管理等有关的所有政策都必须和企业的商业计划紧密相连。那些管理出色的企业会更加注重商业计划和远景。它们，在最开始就会将司库对计划的意见考虑在内，并会就商业决策和策略的实施中涉及的资产负债表、风险或者其他实施要求做足准备。

4. 实施

司库政策的实施在政策制定过程中通常会被忽略和低估，通常涉及以下几方面的问题。

（1）经销商相关限制

在和市场相关的交易中，制定和交易者相关的交易限制是一个探索的过程，企业可以通过时间积累找到平衡点。这些限制涉及经销商使用频率、在不耽误决策的前提下各种限制适用的情况、增加的授权、对交易商相关限制的经常性违反。

（2）寻找合适的价格到决策所花费的时间

有些时候，一些级别较高的交易需要得到高级管理层的批准，但是由于频繁出差和繁忙的会议日程，高级管理层可能无法立即做出批准。因此，当存在大量未决策交易时，企业可以进行目标级别交易预批准，或者确定每个交易的授权范围。毕竟，市场机会稍纵即逝，可能等不及首席财务官结束会议后再做决定。

（3）输入和核对

每一条信息输入都要有一个输入者和核对者，尤其是后台的信息输入。不管输入信息的规模如何，除非是手动，否则输入信息都必须经由单独的办公人员批准。工具、支付、账户转账等也必须由两个人操作，以确保某种级别的控制。在某些情况下，从重要性角度讲，也要设置无须批准的阈值。

（4）独立的后台部门

从控制的角度来说，后台部门的独立性很重要，尤其当司库是一个较为积极的领导者时。同样，中台部门报告也要独立于前台部门和后台部门。

（三）司库系统

1.司库管理系统背景

（1）需要司库系统的原因

系统之所以重要在于其实施所带来的最终结果，即更好的财务状况。任何项目的成功，包括系统实施，都取决于是否能够使企业获得效率，进而获得财务效益。只有当系统实施（或者不实施）间接和直接地改善了企业的财务绩效时，我们才说该决策是成功的。

（2）司库系统的相关概念

在当今社会，司库越来越依赖技术、流程，以及基于技术的信息流。企业的系统体系，包括集中化司库、分散式中心及其拥有各自系统和联系的各个子公司。这些组成部分可能存在于一个单独的司库管理系统（TMS）中，也可能根据各自的系统职能而分布。

司库管理系统（TMS）的一些功能能够为司库在处理和支持流程等方面提供帮助。这些功能包括银行、资产负债表和资金、市场和风险、现金流、交易输入、后台部门（运营）、中台部门（流程和控制）、现金流、预测及分析。

司库管理系统（TMS）通常和企业的总账（GL）系统或企业资源计划（ERP）系统有联系，也和企业体系的其他系统有联系。风险管理、账户和现金、增值这三个关键主题是描述或者阐明各种角色和流程的唯一方法。

2.TMS 建立流程

以下将对 TMS 建立的 10 个简单步骤进行研究。

（1）项目团队和工具创造

决定系统并且帮助系统完成的项目团队应该由关键成员组成，团队关键成员应是系统直接或者间接受益人。

TMS 项目团队由项目经理领导，要包括那些对司库运作有全面了解的不同职能部门的成员，并根据运营的复杂性选择其他职能部门的成员。有些司库坚持要将所有职能部门的成员包括在项目团队中，认为这样能够激发成员的热情和积极性。建议在选择队员时要审慎。

一旦 TMS 的选择过程结束，该团队的使命就正式结束，但是一般而言，实施团队会接受项目团队成员，并作轻微调整。当然，为了保持连续性，两组队员最好保持一致。

（2）需求分析

需求分析的目的是筛选出进入信息征询（RFI）阶段的关键需求。根据 TMS 的关键特性筛选得出的清单是参考要素之一。以下方面需要重点关注：第一，现有系统环境和自动化程度，包括 ERP／GL 系统和其他实体。第二，哪些程序需要自动化？是用新系统替代现有系统，还是进行一次彻底的新的自动化？哪些程序和行为需要被替代，或者需要进行改进以提高效率？

（3）公布系统 ID

在该阶段，企业除了要做出实施决策和预估实施可用系统的大概预算外，还要收集可用的系统，以便为该商业案例做好充足准备。此外，也要通过充分的信息收集，形成一份长的供应商列表。

（4）商业案例——里程碑 1

当开始为商业案例做准备并且项目获得管理层批准时，企业就迎来了第一个里程碑。如前所述，TMS 的建立，一方面会带来潜在的成本节省和效率的提高，另一方面也会降低运营损失和控制失误的可能性，本阶段将会量化以上两方面给企业带来的收益。企业需要量化 TMS 实施所带来的初始节省和年度节省。此外，成本的量化可以使人们对系统实施的最大成本或者盈亏平衡成本有一个大体的了解。

一般而言，商业案例应该经管理层团队批准，该管理层团队包括首席执行官、首席财务官，有时还可能包括业务主管。

除了官方认可和预算外，管理层批准是对团队工作的全面性和理解性的一个良好测试。管理层的问询也会给团队提供角度和深度，帮助团队提高系统满足需求的能力和系统本身的稳健性。

（5）信息征询（RF1）——里程碑 2

信息征询（RFI）是实施过程中第二个里程碑。其目的在于识别出各种供应商，并从供应商处获得信息，最终形成一个用于 RFI 的简短列表。此外，还要确保 TMS 的性能列表包括所有相关性能。

企业要和长列表中的供应商进行联系，并且从供应商处获得能够使他们进入简短列表的具体信息。在该过程中，需要注意以下两个方面。

第一，向供应商提供足够的信息，帮助他们理解解决方法，但是也不要给予太多的信息，以免影响供应商发挥其自身的才智和创造力。

第二，鼓励供应商表现其自身价值，并向其指出他们的所思所想可能会被采用。记住该实践会丰富企业 n 身的需求列表，并且有可能使企业注意到一些一开始就忽略的方面。

（6）建议征求（RFP）

一旦 RFI 阶段收集信息完毕，需求列表和最终 RFP 模板就会确定下来。简短列表中的供应商确定，入选的供应商进入最后选择阶段。

简短列表中的供应商通常会在客户的办公室进行展示，以证明其系统和系统性能。如果可能的话，供应商可以在虚拟系统或者试验系统中给企业设置用户 ID，使团队成员能够在其方便时访问该系统，感受系统性能。此外，企业也应鼓励供应商尽可能地提供一些能够帮助企业决策的相关信息，当然，也不要提供太多信息，以防造成信息过量。

（7）选择——里程碑 3

供应商的选择和决策是第三个里程碑，也是最重要的一个。企业可以按照一定的标准给每个供应商评分，然后去掉最高分和最低分，计算得出每个供应商的平均得分。

该得分只是一个数字，企业还必须考虑其他因素，包括整体方法、期限、企业根据自身经验给出的主观感受、和供应商的关系等因素，尽可能地使该选择过程透明和可审计。

如果排名最高或者接近最高分的供应商不止一个，企业要进一步考察所有接近最高得分的供应商。在供应商选择过程中，成本因素是应该考虑的重，因素，但并不是唯一因素，企业应该综合考虑各种因素。

（8）实施和集成

一旦供应商选定，接下来就是实施 TMSO 由于在实施过程中，需要将 TMS 融合进企业的程序、现有系统和环境中，所以我们在研究实施时一并研究集成。

在实施和集成时，必须建立团队，该团队可能是选择团队的衍生团队，不过需添加来自供应商一方的成员，这样有助于转变过程顺利实现。

（9）审查和评估——KPI／里程碑 4

审查和评估是最后一个项目里程碑，评估和度量系统实施的成功很重要。在该阶段，要提前制定用于测试系统有效性和适用性的关键绩效指标（KPI），这些指标要可测量且可量化。

（10）维护

系统的持续管理、定期审查和供应商管理是一个持续的过程。司库职能部门要在 IT 职能部门的支持帮助下给予系统足够的管理。

在实践中，好的系统选择、实施和维护远比纯粹的概念要复杂得多，在每一个过程中都肯定会出现障碍，但是如果巧妙地将想法和实施相结合，付出足够的精力和脑力，司库系统会成为企业增强其盈利能力的利器。

四、司库的运营和控制

（一）工具

在司库的运行过程中会用到许多工具。从运营和控制的角度看，下列工具尤为重要。

1. 政策

司库政策是司库运营和控制的起点。司库政策要能够识别关键要素、活动、风险及缓解工具，分派任务和职责，定义限制参数和功能参数等。流程和程序必须遵循政策。

2. 流程图

流程图为严密的流程说明奠定了坚实的基础。流程图有不同的种类和标准。作者本人比较喜欢按任务画流程图，这样各个任务之间的切换点界限清晰。"传递"是流程图所体现的显著优势之一，因为在传递的过程中潜藏着发生错误的危险。所以，以文件的形式恰当地反映传递过程并尽量减少传递发生的频率和次数，就显得十分重要。

3. 流程说明

流程说明，又称标准操作规程，是司库流程中对活动和任务的详细说明文件。使用统一格式的标准化流程说明有以下几个优点：（1）提高运营的效率和效果；（2）为新员工提供现成的参考工具，便于他们迅速开展工作。为现有员工提供专业性的辅助资料，以便他们在模棱两可的情况下，对流程相关方面的问题进行查明和确认；（3）便于审计师、审查人员和监察机构连贯地了解流程，减少误解；（4）提高透明性，揭露错误产生的可能，以及改进方向，从而加强控制，提高流程的严密度；（5）提高员工的积极性、认知度和士气；（6）降低成本；（7）为先进的司库设计提供一个全公司视角的、交叉定位的标准。

4. 系统和技术

系统和技术的出现极大地提高了司库流程的效率。无论商业活动的实质是什么，其成熟程度、规模和所处的发展阶段如何，司库都毫无疑问受益于自动化和系统的建设。而越来越积极的银行系统、支付网关和供应商的自动化为强大的司库流程增加了一道壁垒。以下就系统和技术方面的两个关键问题进行探讨。

（1）为良好的系统匹配流程好，还是为现有的高效的流程配置系统好？

获取新系统的原因之一是为了改善流程。假设已存在一个经过检验和测试的强健的系统，它能提高整个流程的效率，那么把这个系统作为推动者，借此机会加强现有流程是更实用的做法，此时我们无须为了保留现有流程而改变系统。

（2）使用卓越的技术重要，还是对技术的充分利用重要？

答案是，一个系统的好坏取决于它的用法。很好地使用系统，充分发掘其潜能，比投资一个顶尖的系统但只是部分利用其能力要好。当然，任何系统都必须满足现有标准并拥有所需要的功能。

5. 一体化

对系统、流程、会计和整个公司架构内的控制的一体化会增加流程的协调性并且有效地减少重复和返工。

6. 报告

好的报告机制只花费较少的时间和人力，且具有及时性和恰当性，可以为每个管理级别进行详细的优化。过度报告会浪费时间并减少对信息重要性水平的感知度，而且从庞大的数据中识别出哪些是有意义和必要的信息需要做大量工作。而不充分报告也会有显著效果。

7. 控制

定期审查和控制流程可以确保减少意外的发生，以及因后续程序的不足而导致的损失。关于流程控制的详细综述在下面第三部分给出。

（二）不同的部门：前台、中台、后台

在企业中，跨越前台、中台和后台部门的职责划分越来越受欢迎。银行业拆借为世界许多创新和思维过程提供了最关键的中台功能。此功能会对前台和后台办公室活动进行映射，并与它们紧密联系运作，最终独立地报告并确保管理部门能够定期接收司库过程中其他两个阶段活动的定期更新。

1. 前台部门

前台部门聚焦于规划、交易或者买卖、融资、投资、风险管理、与银行建立关系，并开发账户。前台部门的关键是最终的交易决策。此功能直接对司库进行报告。

2. 中台部门

中台部门聚焦于控制、估值、协调前期和后台部门、绩效评估、模型验证、风险报告并进行监管限制。中台部门主要是对前台和后台部门进行监督，并对这些部门的控制和报告负有责任。中台部门的报告要始终独立于前台和后台部门、控制部门（如果司库不具有交易性角色）、首席财务官（CFO）及风险空头（如果控制部门监督后台部门）。

3. 后台部门

后台部门聚焦于确认交易、结算、处理事务、基础和解，并将交易数据输入企业资源规划（ERP）或总账（GL）的会计系统。如果司库也是一个进行交易的交易者或经销商，那么后台部门的报告应该是独立的，并对企业控制负有首要责任。

（三）运营和控制清单

1. 恰当控制

控制的目标是确保那些设计和实施的流程、程序、系统和政策无论是在表面上还是在实质上都得到遵循，确定司库是否存在一些会对企业造成潜在损害的财务，或者其他问题的漏洞。

司库不要希望通过控制流程了解何时发生何种情况，如流程违背、超过风险限额、流动性短缺等，也不要试图通过控制审查来考察这些情况下的纠正性措施。实际上，这些内容都在管理层批准过的司库政策和各种流程注意事项中做出规定。控制流程的目的应该是寻找出尚未被识别出来的问题，并且确定企业是否在正常情况下或例外情况下遵循了恰当的程序。

控制决定了流程的稳健性，后者反过来决定错误发生率的下降程度。从某种程度上来说，控制流程是一种风险审查，审查整个组织对司库流程的依赖性。

2. 控制确认和审查

确认和审查的目的是减少由于意外或者作意外情况下的流程中断或者资金流出。有时，这些确认是一种事后行为，如果任何失误在发生后被识别出来，管理层要意识到这些疏忽可能会导致的潜在问题。

（1）周期性

控制和确定活动的周期性和频率必须由高级管理层指定，而且需要在司库政策中做出规定。

（2）自查和主要审查的独立性

每一个单位都要各自进行季度审查。如果是审查某个人的活动，必须指定一个独立于该活动的另一个人来审查。每个人或者流程都有其控制列表。年度流程和控制审查必须由独立于这些流程和控制活动的人进行。在理想的情况下，应由审计部门或者一个独立的控制单位负责流程和控制审查。

（3）数据来源的独立性

要尽可能地保证用于审查的数据的来源的独立性。除了评估物理记录外，审查者还要对数据进行抽样检查，以确保其数据来源的独立性。

（4）抽样

当对那些无法使用系统数据的资料（如人工交易票据、发票等）进行物理验证时，审查者必须选择抽样样本，采取统计核查措施。此外，数据样本的日期不要太接近。

（5）报告

审查结果应被直接报告给司库和首席财务官（CFO）。必须给予司库在结果被传递给董事会之前对提出的问题做出回应的机会。在审查结果最终定稿和传递给审计委员会和其他高级管理层之前，这些回应也必须得到恰当评估。此外，还需要按照关键程度对每个流程进行评级。

（6）纠正性措施

审查者必须和司库就纠正性措施的实施步骤和每个步骤的实施时间达成一致，并且对这些步骤进行追踪，对已纠正的每个要素进行纠正后验证。

3.错误和控制失误的原因

导致控制失误和可能错误的常见原因包括：（1）在流程中没有制定者和确认者，或者没有遵循流程；（2）密码共享；（3）处理和交易或者审查没有独立性；（4）数据来源不充分，或者没有独立性；（5）流程衔接薄弱，尤其是人工流程衔接者通过电子邮件衔接；（6）同一个员工对中台和后台部门都有系统权限；（7）审查过程不严格；（8）异常项目的时效不充分；（9）使用无效和不安全的工作表进行报告和追踪；（10）不了解其他职能部门的职责和角色。

对运营和控制进行投资并确保有充分的基础设施来运营和控制一直是首席财务官和司库们需要考虑的头等大事之一。有些职能部门可能不需要直接向司库汇报，但是司库依旧需要对这些职能部门负主要责任。除了确保绩效不下降外，也要确保司库部门和组织内相关现金流的持续性和顺畅运营，有助于企业以一种稳定、高效的方式运行。

五、财务人员向司库管理转变

（一）财务人员在知识体系上应该更多地补充金融方面的基础知识与应用知识

从企业司库的职责范围来看，其涉及的内容横跨会计、管理、金融、经济学等多个学科领域，这不是一个简单的财务、会计专业背景的人才所能承担的，其必将随着司库职责的拓展，呈现出更多的胜任能力需求，会涉及大量的分析与判断，必须不断提高相关人员的专业素质与胜任能力，以保障司库工作有效开展。从其掌握的知识核心内容来看，主要还是金融学的基础知识和应用知识。金融学是一门应用经济学科，其核心内容是关注货币资金的经济活动。其具体学科知识内容体系涉及货币银行、商业银行、中央银行、国际金融、国际结算、证券投资、投资项目评估、投资银行业务、公司金融等学科内容。这些内容，对于财务背景专业的从业人员来说，必须逐步转变专业背景知识，不能局限于财务知识的掌握，否则就只能停留在核算和结算业务中，难以实现企业司库更高职能的发挥。事实上，财务人员知识背景的这一局限性，已经使得我国财务层司的职能局限于简单的现金预算、账户管理与资金的短期流动性管理。

公司金融这一概念最初被引入我国时，正值我国改革开放与经济快速转型之期，这时的财务人员与证券市场的结合并不紧密，与财务相应的管理则被理解为财务管理、公司财务，或者公司理财。当更多的财务人员介入企业司库管理时，公司金融学作为一门学科从会计学的分支转变成了应用经济学的分支，其关注视角也从公司本身转移到以证券市场为中心。"公司金融"的概念破土而出。相信通过这一概念前后的变化，我们也可以看到财务人员转入企业司库时，其知识领域要求的深刻变化。

（二）财务人员应该更多地关注金融监管的法律法规变化

在政策法规上，财务人员更多关注的是会计准则、财务通则、财税政策等法律法规的变化。进入企业司库后，瞬息万变的金融市场则成为财务人员需要重点关注的焦点。这其中包括货币市场、资本市场、支付结算系统的法律法规及其政策变化。其中，货币市场的法律法规包括人民币管理、外汇管理、利率汇率管理、银行卡等相关法律法规及其政策。资本市场的法律法规包括股票市场、债券市场、期货市场、资产证券化、信托、私募等相关的法律法规。支付结算系统的法律法规包括非现金支付工具监管、银行卡业务管理、支付系统监管、银行账户管理和非金融机构支付服务监管。相关的法律主要包括《银行业监督管理办法》《商业银行法》《票据法》《现金管理暂行条例》《金融违法行为处罚办法》《支付结算办法》《人民币银行结算账户管理办法》《境外机构人民币银行结算账户管理办法》《大额支付系统业务处理办法》《小额支付系统业务处理办法》《非金融机构支付管理办法》《期货交易管理条例》《贷款公司管理暂行规定》。

（三）财务人员应该通晓风险管理的内容及操作流程

企业司库不仅集中了资金，更重要的是集中了风险。风险管理的目的是帮助管理层识别企业在生产经营中存在的不确定性，分析不利事件可能造成的影响，并针对这些事件，权衡利弊得失，采取必要的应对措施。甚至包括一旦发生，应该采取必要的灾后恢复措施。企业司库建立后，其所承担的职能更多的是与外部的金融系统进行对接，而外部环境市场经常是复杂多变的，这就要求企业司库必须针对资金管理提升风险管控能力，应该加强对流动性风险、操作风险、股票价格风险、汇率风险、利率风险、大宗商品价格风险、信用风险、保险风险等风险实施专业化的管理。具体来看，可以采取的管理措施有：严格执行资金收支计划，留有充足的营运资金，确保支付，同时制订应急预案，避免支付系统风险；通过合理设置岗位、流程、权限等，利用信息化手段，对司库业务事前、事中、事后进行全过程监控，管控司库操作风险；建立客户信用评价制度，通过加强欠款客户准入管理，欠款发生过程监控，降低坏账损失风险；统一组织制定汇率风险管理政策，对所属企业规避汇率风险进行业务指导和过程监督；动态跟踪各种债务项下相关币种的利率走势，及时采取提前还款、再融资及利用利率风险对冲工具等方式合理规避利率风险。

财务人员过去所掌握的风险管理知识和技能更多的是内部的财务风险管理，其主要内容涉及筹资风险、投资风险、资金回收风险、收益分配风险等内容。即便是资金集中管理，内涵也十分有限，一般仅限于即期可以使用的现金和银行存款。对于资金的集中管理则更多地局限在提高资金的调控能力和节约财务费用上。司库概念则内涵更加，丰富，从内容上包括了一定时期内可以转化为现金和银行存款的金融资源。司库集中的过程就是风险集中受控的过程。与司库管理更多地关注外部风险相比，财务人员需要更多地掌握全面风险管理的内容及操作程序，以实现对司库风险管理职能的履行。

（四）财务人员应逐步从管理决策导向走向战略支持导向

传统的财务人员更多地强调内部管理决策的有用性。其财务管理职能的发挥主要是通过财务预测、财务计划、财务控制和财务分析于一身，以筹资管理、投资管理、营运资金管理和利润分配管理为主要内容的管理活动，并在企业管理中居于核心地位。我们可以把它归类为内部管理决策导向。企业司库管理是从更高的战略决策层面，为企业全面管控金融资源、优化金融资源配置、防范资金集中管理的风险提供支持。这时要求财务人员必须转变，从战略高度不仅关注内部，还要关注外部金融资源，并努力协调和有效配置资源，以更加全局乃至全球的视野管理企业和监控企业现金流，也就是说其职责更具有战略性。

总之，就是要求财务人员更加注重战略支持导向，不仅着眼于现在，更要着眼于未来，不仅着眼于企业内部，更要注意外部金融资源的协调和有效配置。

第九章 数字化背景下的企业财务信息化规划与创新

第一节 信息技术对企业财务管理的影响

随着时代的发展和信息技术的进步，大数据、云计算、区块链等智能技术正迅速改变着整个社会和商业环境。企业财务作为企业的重要组成部分，也需要创新求变，进行信息化规划和实践。

一、网络信息技术对企业经营环境的影响

近年来，网络信息技术不断发展并得到了普及应用，网络信息技术对各行各业都产生了影响，同样对人们的思维方式和生活习惯也产生了影响，这当然也对原有的经济形态产生了一定影响。虽然商业的本质不会发生变化，但是网络信息技术会成为催化剂。产业价值链的各个环节，以及企业经营各个层面都有可能被网络信息技术改变。

（一）网络信息技术改变人们的价值观念和行为模式

互联网作为一个信息流动的平台，逐渐形成了固有的文化属性。互联网作为人们长期浸淫其中的虚拟社会，形成了独有的网络伦理文化特征，具有虚拟性、匿名性、快捷性、开放性等特点，互联网提供的资源在空间上重塑了人们的活动场所，在很大程度上改变了人们的价值观念和行为模式。

（二）网络信息技术改变人们的生活方式

互联网是人类社会有史以来第一个全球性论坛组织形式，世界各地数以亿计的人们可以利用互联网进行信息交流和资源共享。电脑网络切入人们的私人生活和公共生活领域使人们的生活方式出现了崭新的形式，包括购物方式、阅读方式、学习方式、工作方式等。

（三）网络信息技术重构社会结构

互联网促进了社会利益结构多元化的发展，改变了原有的社会分层结构，导致社会群体的关系更加复杂。传统社会结构中各社会要素垂直的结构形态发生了变化，网络社会结构不再以传统意义上的社会结构形态进行分层，而是重新依据兴趣、爱好等方式进行重组。

（四）网络信息技术模糊了学科边界

工业革命的社会化大生产促进社会的细致分工，在这种分工制度下人们成为流水线上的螺丝钉，这需要的是专家式人才。信息借助互联网以前所未有的广度和深度流动起来，行业壁垒在信息洪流冲击之下无比脆弱，行业融合、领域交互成为新趋势，过去小范围家庭、组织内部的知识传递，变成了现在无国界的网络社交互动。不同思想的交流碰撞，在学科边缘、行业边界之上不断地摩擦出创新的火花。未来随着互联网普及将涌现出越来越多

（五）网络发展带来的产业痛点

随着网络和信息技术的不断发展，商业模式从消费互联网时代的眼球经济发展到产业互联网时代的价值经济，但无论最后采取什么样的商业工具和商业模式，最重要的还是能否提供更好的品质、性价比和服务体验问题。就目前发展而言。我国的产业互联网还存在着以下痛点，痛点之处就是最好的商业机会所在。

1.信息安全和支付安全问题亟须解决

互联网的连接与聚合能力提升，对人类社会的影响巨大，网络信息技术近年来也不断发展，但是硬件、互联网等各个方面存在的安全隐患也与日俱增，这些问题如果不能得到解决，一方面会对互联网造成巨大的破坏，另一方面也会影响用户对互联网使用的信心。网络安全主要集中在信息安全与网络支付安全两大方面。

2.网络基础设施建设亟须完善

（1）加强建设数据基础设施

应加大政府对互联网数据资产管理的重视程度与力度，主要是适度的合理

开放，条件成熟时设立数据资产交易所机制，促进数据资产的交易。

（2）加强建设网络基础设施

对于网络基础设施，主要就是网络的进一步普及和网速的提高。我国的宽带网络速度与发达国家相比还非常落后，应当改善与提升。

（3）建立并完善网络统一标准

对于互联网标准接口的基础设施工作而言，重要性则在于让大家研发的产品能互相兼容，相互适配。因此，应建立统一的标准，促进开放与协作。

我国在基础设施建设方面投入巨资，在拉动我国经济增长的同时也对改善我国投资环境起到巨大的促进作用，但是在互联网基础设施投入方面，还不够重视，今后应加大该方面的投入。

二、信息技术对企业财务管理的影响

近年来，随着信息技术的发展，其逐渐对企业管理的各个环节产生影响，财务管理作为企业管理核心内容之一，当然也受到了信息技术的影响。信息技术带给财务管理的变化集中表现在两个方面：一是信息化背景下，企业财务管理面临的环境发生了深刻的变革，市场竞争日趋激烈，知识经济初见端倪，企业管理面临的需求、需要解决的问题、解决问题的条件和方法都随之发生变化，从而激发了新的企业财务管理模式的产生，与之相适应，企业财务管理的内容、范围、方法也必须做出相应的调整。二是信息技术的广泛应用为财务管理职能的发挥提供了理想化的平台，特别是信息技术的日趋成熟，为财务管理提供了更多解决问题的理论和实践的发展。

（一）信息技术对企业财务管理实务的影响

财务管理实务指的是应用财务管理理论，实现财务决策与财务控制的全过程。信息技术对财务管理实务的影响体现在对财务控制手段、财务决策过程和财务管理内容的影响三个方面。

1. 对财务控制手段的影响

传统的财务过程，要经历"记录—汇总—分析—评价—反馈修正"这样一个较长的过程，在科层制组织中，控制过程远远滞后于业务过程，使控制难以发挥真正的作用。在信息化环境下，控制程序实现了与业务处理程序的集成，实时控制成为财务控制的主流手段。

2. 对财务决策过程的影响

一般情况下，可以将财务决策的过程划分为四个阶段：情报活动、设计活动、抉择活动和审查活动。信息化环境下，上述四个阶段均发生了根本性变革。

（1）情报活动发生的变化

情报活动不再是单纯地搜集决策所需的数据，而是经历"风险评估—约束条件评估—数据获取"三个阶段。风险评估首先对决策目标及实现决策目标的风险进行合理的估计。约束条件评估则是确定实现该决策目标所受到的各种外部环境的制约，明确为了实现该目标，可以使用的资源有哪些。数据获取则避免了手工数据的整理过程，借助于信息化平台，可以大量获取所需的数据，并依靠数据仓库技术，直接获取有价值的支持决策的数据。

（2）设计活动发生的变化

传统的设计活动是指创造、制订和分析可能采取的方案。而在信息化环境下，这一过程实际上转变为依靠工具软件或财务管理信息系统建立决策模型的过程。

（3）抉择活动发生的变化

抉择活动是指从众多的备选方案中，按照一定标准选择最优的方案并加以实施。这一过程在计算机环境下可以得到最大程度的优化，利用计算机强大的计算能力，可以模拟方案的执行情况，从而实现最优化决策，决策的科学性大大提高。

（4）审查活动发生的变化、

审查阶段要对决策进行评价，不断发现问题并修正决策。在信息化环境下，这一过程的执行提前到决策执行环节，也就是在决策执行过程中，同时完成对执行情况的跟踪、记录和反馈。

3. 对传统财务管理内容的影响

对企业个体而言，其主要的理财活动主要体现在三个方面，即筹资活动、投资活动和收益活动。相应地，也形成了企业财务管理的主要内容。信息技术环境下，它们仍然是财务管理的主要内容，但信息技术同时也扩展了财务管理的内容，主要表现在以下三个方面。

（1）信息技术促进了企业与相关利益者、银行、税务部门、金融市场之间的信息沟通，财务管理的范围也从企业扩展到相关的利益群体，诸如税收管理、银行结算管理等也成为财务管理活动中重要的一环。

（2）信息技术的发展，促进了新的管理内容的产生，如企业全预算管理、资金集中管理、价值链企业物流管理等。

（3）现代企业在信息技术的支持下，形成了连接多个企业的价值链。在完成筹资、投资和收益决策时，企业不再是一个孤立的决策单元，而是价值链上整体决策的一个环节。因此，相关决策将更多地面向价值链整体最优。

（二）信息技术对企业财务管理基础理论的影响

西方财务管理已经有较长的发展历史，先后经历了筹资管理阶段、资金管理阶段、投资管理阶段和多元管理阶段。相应的财务管理理论研究的核心内容也在不断地发展变化。现代财务管理学诞生于 20 世纪 50 年代，相对于传统的会计理论，企业财务管理并没有形成稳定的、公认的财务管理理论框架体系，对一些问题的认知还存在较大争议。一般来说，财务管理基础理论主要包括财务假设、财务目标、财务本质、财务对象和财务职能等。随着信息化进程的加快，财务管理基础理论受到了一定程度的影响，但并没有从根本上动摇财务管理的理论基石。这些影响主要表现在以下三个方面。

1. 信息技术对财务管理职能的影响

信息技术对财务管理职能最显著的影响，就是强化了其基本职能，也就是强化了财务管理的财务决策职能和财务控制职能。其中，财务决策是指根据企业的环境和应达到的目标，运用科学的方法，选择和确定实现财务目标的最优方案。财务决策包含三个基本的方面：筹资、投资和收益分配。在信息技术环境下，决策面临的环境发生了巨大的变化，决策将面临更大的风险。企业战术层面、战略层面的各项决策活动都需要信息技术的支持，实现由感性决策向科学化决策的转变；财务控制是指在决策执行过程中，通过比较、判断和分析，监督执行过程，并及时做出修正的过程。控制职能将在信息化环境下得到进一步强化，表现在控制范围扩展到企业的各个层面；控制手段借助于信息化平台进行；控制实现从事后向事前、事中的转移。

除此以外，随着信息技术的发展和广泛应用，还衍生出了财务管理的派生职能。主要包括财务协调职能和财务沟通职能。信息化环境下，任何一个决策过程都可能涉及多个部门、多个领域，单纯的财务决策或生产决策都无法满足企业整体决策的要求。例如，在制订生产计划时，必须同时考虑财务计划的配合。也就是说，随着部门间横向联系的加剧，必须有适当的手段实次部门间、各业务流程间相互协调和沟通的能力，财务管理将更多地承担起这方面的职能。

2. 信息技术对财务管理对象的影响

财务管理的对象是资金及其流转。资金流转的起点和终点都是现金，其他的资产都是现金在流转中的转化形式，因此，财务管理的对象也可以说是现金及其流转。信息技术环境下，财务管理的对象并没有发生本质变化，影响主要表现在以下两个方面。

（1）现金流转高速运行

网络环境下，现金及相关资产的流转速度加快，面临的风险加剧，必须要有合理的控制系统保证企业现金资产的安全和合理配置。

（2）现金概念的扩展

信息技术环境下，网上银行，特别是电子货币的出现极大地扩展了现金的概念。此外，网络无形资产、虚拟资产的出现，也扩展了现金的转化形式。

3. 信息技术对企业财务管理目标的影响

财务管理最具有代表性的目标包括：利润最大化、每股盈余最大化、股东权益最大化和企业价值最大化。在信息化环境下，以企业价值最大化作为企业财务管理的目标是必然的选择。这是因为，企业是各方面利益相关者契约关系的总和。企业的目标是生存、发展和获利。信息技术环境使各方的联系日益紧密。在信息技术的推动下，电子商务开始普及，企业实际上是形成的多条价值链上的节点，单纯追求个体企业的利润最大化或股东权益最大化并不能提升整个价值链的价值，反而会影响企业的长期发展和获利。只有确定企业价值最大化的财务管理目标，才可能实现企业相关利益者整体利益的共赢。

（三）信息技术对企业财务管理工具的影响

传统的财务管理中，主要依靠手工完成各项财务管理工作，财务管理处于较低水平。信息技术极大地丰富了财务管理手段，正是由于信息技术的大量应用，实际上促进了财务管理在企业中的应用。这一影响主要体现在以下三个方面。

1. 网络技术提供更好解决方案

网络技术不仅扩展了财务管理的内容，而且为财务管理提供了新的手段。传统方式无法实现的集中控制、实时控制都可以依托网络实现。分布式计算技术的应用，为财务决策提供了新的解决方案。

2. 数据仓库技术提高决策效率和准确性

数据仓库的广泛应用改变了传统的决策模式。数据仓库是一种面向决策主题、由多数据源集成、拥有当前及历史终结数据的数据库系统。利用数据仓库技术可以有效地支持财务决策行为，提高决策效率和决策的准确度。

3. 计算机技术提高数据处理能力

计算机的普遍应用提高了财务管理活动中的数据处理能力。利用计算机可以帮助用户完成较为复杂的计算过程，处理海量数据。大量工具软件的出现，可以帮助用户轻松完成数据计算、统计、数据分析、辅助决策等任务。

（四）信息技术对企业财务管理方法学的影响

1. 简单决策模型向复杂决策模型转变

传统的财务预测、决策、控制和分析方法受手工计算的限制，只能采用简单的数学计算方法。在信息化环境下，更多更先进的方法被引入财务管理活动中，如运筹学方法、多元统计学方法、计量经济学方法，甚至包括图论、人工智能的一些方法也被广泛使用。

2. 定性分析向定量分析和定性分析相结合转变

传统的财务管理过程中，虽然使用过定量分析，但并没有得到广泛的应用。主要原因有二：一是计算工具的落后，无法满足复杂的数学计算或统计分析，同时缺乏工具软件的支持，使得计算过程难以掌握；二是缺乏数据库管理系统的支持，定量分析所需的基础数据缺乏必要的来源，或者是选择的样本过小，致使得出的结论产生误差。信息化环境下，数据库管理系统的广泛建立，特别是相关业务处理信息系统的成熟，为财务管理定量分析提供了大量的基础数据。同时，利用工具软件可以轻松地完成各项统计、计算工作，定量分析不再是专业人员才能完成的任务。

3. 偶然性决策向财务管理系统化转变

系统论、控制论和信息论是第二次世界大战后崛起的具有综合特性的横向学科之一。系统及系统工程的思想、方法论和技术在20世纪70年代末传入我国，并于20世纪80年代达到了鼎盛时期，目前流行的新三论，即耗散结构论、协同论和突变论都是系统论的进一步发展。系统论是研究客观现实系统共同的本质特征、原理和规律的科学。系统论的核心思想是从整体出发，研究系统与系统、系统与组成部分及系统与环境之间的普遍联系。系统是系统论中一个最基本的概念。

财务管理也是一种支持和辅助决策的系统，企业财务管理方法是指企业在财务管理中所使用的各种业务手段。目前主要有财务预测方法、财务决策方法、财务分析方法、财务控制方法等。在很长的一段时间里，财务管理缺乏系统的观点进行分析和设计，往往只侧重于某一指标的获得或独立决策模型的应用；传统的财务管理方法面向独立的财务管理过程，缺乏系统性。需要解决的主要问题是临时性、偶然性的决策问题。信息化环境下，要求按照系统的观点认识和对待财务决策及财务控制，即做出任何一项决策时，不能仅考虑单项决策最优，而应该更多地考虑系统最优；财务控制不仅考虑对某个业务处理环节的控制，而且要按照系统控制的要求，从系统整体目标出发，自顶向下，层层分解，考虑控制的影响深度和宽度。

第二节 智能时代影响财务的新信息技术

一、大数据

（一）大数据的定义

百度百科对大数据的定义是：大数据（Big Data）是指无法在一定时间范

围内用常规软件工具进行捕捉、管理和处理的数据集合，是需要新处理模式才能具有更强的决策力、洞察发现力和流程优化能力的海量、高增长率和多样化的信息资产。

（二）大数据的特征

大数据通常是指数据规模大于10TB以上的数据集。它除了具有典型的4V特征（Volume、Velocity、Variety、Value），即体量巨大、类型繁多、价值密度低、处理速度快的特征外，还具有数据采集手段的智能化、数据应用的可视化等特点。

1.数据体量巨大

大数据最显著的特征是数据最巨大，一般关系型数据库处理的数据量在TB级，大数据所处理的数据量通常在PB级以上。随着信息化技术的高速发展，数据呈现爆发性增长的趋势。导致数据规模激增的原因有很多，首先是随着互联网的广泛应用，使用网络的人、企业、机构增多，数据获取、分享变得相对容易；其次是随着各种传感器数据获取能力的大幅提高，使得人们获取的数据越来越接近原始事物本身，描述同一事物的数据量激增。社交网络（微博、Facebook）、移动设备、车载设备等都将成为数据的来源，数据来源的广泛必将带来巨大的数据最。

2.数据类型繁多

大数据所处理的计算机数据类型早已不是单一的文本形式或者结构化数据库中的表，它包括订单、日志、博客、微博、音频、视频等各种复杂结构的数据。大数据环境下的数据类型分为结构化数据、半结构化数据、非结构化数据。以最常见的Word文档为例，最简单的Word文档可能只有寥寥几行文字，但也可以混合编辑图片、音乐等内容，成为一份多媒体的文件，增强文章的类数据，就是结构化数据。这类数据可以简单地理解成表格里的数据，每一条都和另外一条的结构相同。每个人的工资条依次排列到一起，就形成了工资表。

3.数据价值密度低

大数据中有价值的数据所占比例很小，大数据的价值性体现在从大量不相关的各种类型的数据中，挖掘出对未来趋势与模式预测分析有价值的数据。数据价值密度低是大数据关注的非结构化数据的重要属性。大数据为了获取事物的全部细节，不对事物进行抽象、归纳等处理，直接采用原始的数据，保留了数据的原貌。由于减少了采样和抽象，呈现所有数据和全部细节信息，可以分析更多的信息，但也引入了大量没有意义的信息，甚至是错误的信息，因此相对于特定的应用，大数据关注的非结构化数据的价值密度偏低。

以当前广泛应用的监控视频为例，在连续不间断监控过程中，大量的视频数据被存储下来，许多数据可能是无用的。但是大数据的数据价值密度低是指相对于特定的应用，有效的信息相对于数据整体是偏少的，信息有效与否也是相对的，对于某些应用是无效的信息对于另外一些应用则成为最关键的信息，数据的价值也是相对的。

4. 数据处理速度快

速度快是指数据处理的实时性要求高，支持交互式、准实时的数据分析。传统的数据仓库、商业智能等应用对处理的时延要求不高，但在大数据时代，数据价值随着时间的流逝而逐步降低，因此大数据对处理数据的响应速度有更严格的要求。实时分析而非批量分析，数据输入处理与丢弃要立刻见效，几乎无延迟。数据呈爆炸的形式快速增长，新数据不断涌现，快速增长的数据量要求数据处理的速度也要相应地提升，才能使大量的数据得到有效的利用，否则不断激增的数据不但不能为解决问题带来优势，反而成了快速解决问题的负担。数据的增长速度和处理速度是大数据高速性的重要体现。

5. 数据采集手段智能化

大数据的采集往往是通过传感器、条码、RF1D 技术、GPS 技术、GIS 技术、Web 搜索等智能信息捕捉技术获得，这体现了大数据采集手段智能化的特点，与传统的人工搜集数据相比更加快速，获取的数据更加完整真实。通过智能采集技术可以实时、方便、准确地捕捉并且及时有效地进行信息传递，这将直接影响整个系统运作的效率。

6. 数据预测分析精准化

预测分析是大数据的核心所在，大数据时代下预测分析已在商业和社会中得到广泛应用，预测分析必定会成为所有领域的关键技术。通过智能数据采集手段获得与事物相关的所有数据，包括文字、数据、图片、音视频等类型多样的数据，利用大数据相关技术对数据进行预测分析，得到精准的预测结果，从而可以对事物的发展情况做出准确的判断，获得更大的价值。

（三）大数据的财务应用

1.依靠大数据提升财务的风险管控能力

其一，大数据在风险管控方面相对传统风险管理模式有更高的应用价值，这种价值体现在能够看见传统风险管理模式下所看不见的风险。其二，在金融业务领域，已经有非常广泛的利用大数据进行风险管控的案例。而在财务领域，我们要怎样利用大数据管控风险呢？设置规则来辅助进行直接、精准的风险拦截，这是人工智能更擅长的事情。我们希望利用大数据来实现一些相对模糊但是有控制价值的风险发现，以及能够进行财务风险分级。

在风险发现方面，大数据通过纳入非结构化数据并进行相关性分析，能够发现一些风险事件的可能特征，并根据这些特征进行潜在风险线索的事前预警或事后警示。在这种应用场景下，不需要大数据告诉我们谁一定有问题，只要提示谁可能有问题就足够了。而这种提示本身并不存在必然的因果关系，仅仅是大数据在进行相关性分析后的产物。

另一种应用是各种风险事项的分级。这里的风险事项可能是一份报销单据，也可能是一次信用评价。只要分析对象需要进行风险分别，都可以考虑使用大数据技术来实现。分级后的风险事项能够采用不同程度的应对策略，从而做到高风险事项严格控制，低风险事项低成本应对处理。

2.依靠大数据提升预算中的预测和资源配置能力

第二个场景是预算管理。对于预算来说，在其管理循环中非常重要的两件事情是根据历史和现状，综合企业自身、行业和竞争对手三个维度，对未来进行预测以及对资源进行有效的投放。而恰恰大数据可以在预测和资源配置两个方面发挥其自身优势，带来传统预算管理难以实现的应用价值。

首先，是预测的提升。传统的财务预测主要是利用结构化数据，构建预测模型，对未来的财务结果进行预测。而使用大数据技术，预测的数据基础可以扩大到非结构化数据，市场上的新闻、事件、评论等都可以成为预算预测的数据基础。特别是在引入大数据后，预测模型中的假设很可能发生意想不到的变化，这使得预算预测具有更高的可用性。

其次，是资源配置的优化。在传统模式下，编制预算进行资源配置时，很多时候是财务在听业务部门讲故事，资源投向受到讲故事水平的影响。而大数据的出现，能够让财务人员有可能形成一定的判断能力。如基于大数据能够形成相关产品市场热点、竞争对手的动态分析，将这些分析结果与业务部门的故事进行印证，对于是否该继续加大产品投入或者是否该改变产品的设计方向都有可能形成不一样的判断和结论。

3. 依靠大数据提升经营分析的决策支持能力

经营分析的核心在于设定目标，进行管理目标的考核，并对考核结果展开深度分析，以帮助业务部门进一步优化经营行为，获得更好的绩效结果。在这样的一个循环中，数据贯穿其中并发挥着重要的价值。

传统的经营分析模式同样面临数据量不足、依赖结构化数据、关注因果关系等问题。大数据技术有助于提高经营分析的决策支持能力。

在传统方式下主要是通过分析自身历史数据、行业数据以及竞争对手数据，再结合自身战略来设定目标的。因此，目标是否合理在很大程度上依赖于参照系数据的可用性。大数据能够帮助企业更好地认清自身情况，更加客观地看清行业情况和竞争态势。特别是后两者，在传统模式下数据依赖于信息获取渠道，而大数据将整个社会、商业环境都转化为企业的竞情分析基础。在这种情况下，目标的设定将更为客观、合理。

而在事后对目标达成情况的解读上，和传统财务模式相比，大数据基于其对相关性而不止于因果关系的挖掘，能够找到更多靠传统财务思维无法解读到的目标结果相关动因。而针对这些新发现的动因的管理，有可能帮助业务部门获得更加有效的决策建议。

二、云计算

（一）云计算的立体架构

各大厂商对云计算的谈论，概括起来主要包括SaaS、PaaS、IaaS这三个概念。

SaaS 是软件即服务，PaaS 是平台即服务，IaaS 是基础设施即服务。如果把这三个概念比作一个火锅 JaaS 是云架构下技术上的硬件，比如网络、服务器等物理架构，它是火锅的锅底，有了这个作为支撑，整个火锅才能涮起来；PaaS 是云架构下的开发平台、数据库平台等，是火锅中的食材，有了这些食材，才能做出佳肴；而 SaaS 是提供给客户在云架构下使用的软件应用，比如业务人员直接操作的 Oracle 系统，它是最终成品的火锅佳肴，将被送到客户的嘴里。

1. 云计算的含义

美国国家标准与技术研究院（NIST）的定义是：云计算是一种按使用量付费的模式，这种模式提供可用的、便捷的、按需的网络访问，进入可配置的计算资源共享池（资源包括网络、服务器、存储、应用软件、服务），这些资源能够被快速提供，只需投入很少的管理工作，或与服务供应商进行很少的交互。

2. 财务和云计算的关系

（1）IaaS 和财务

如果只使用 IaaS 的云计算模式，那么在前台的财务人员是感受不到的。因为这是一个物理架构的概念，我们可能使用的还是和原先本地部署的软件系统一样的系统服务，只是这些软件系统并不是部署在企业独有的服务器上，而是放在如电信云、阿里云或腾讯云之类的公共基础设施平台上。这种模式可以有效地降低企业硬件的投入成本，而由于硬件是一种云集群的模式，在这个集群里的系统算力可以被均衡使用，这就有可能进一步提升系统性能。国内某个大型建筑央企就是把其财务系统搭建在电信云上的，借助这种模式支持其数十万企业员工的财务应用。

（2）PaaS 和财务

如果使用的是 PaaS 模式，财务人员同样感受不到什么，但开发人员就不一样了，他们使用的不再是本地开发工具和公司内部的数据库，而是在一个租用的云端开发平台上。这件事情并不难理解，如果你在阿里云上注册了一个账号，那么就能够看到阿里云中可以付费使用的开发工具，甚至可以部署机器学习的开发环境。这种模式对于规模不大的企业来说，特别是没有资金搭建大型复杂开发环境的公司，使用平台的成本就低多了，而且还能随时使用最新的平台技术。

在 PaaS 模式下，开发平台成为即租即用的服务。

（3）SaaS 和财务

与财务人员最密切相关的是 SaaS 模式。"软件即服务"是直译过来的说法，通俗点说，就是财务的应用系统并没有建在企业里，而是放在互联网上的云平台中。用户访问财务系统，就如同访问百度网页一样，从公司内部穿透到互联网上的某个系统里。而特别要注意的是，这个互联网上的财务系统并不是我们独享的，很多企业和我们共用这个财务系统，只是在权限和数据上做了隔离。

（二）财务实现与云计算的场景融合

对于企业财务来说，要实现云计算在财务中的应用就需要挖掘相关的应用场景。我们可以看到三种场景的应用，包括采用 IaaS 模式构建财务系统架构、使用基于 SaaS 模式的财务应用系统和以 SaaS 模式提供对外服务，以下具体探讨如何实现这些场景的融合。

1. 财务系统架构于 IaaS 模式

在大型企业中，如果使用本地部署模式来构建信息系统架构，会使得 IT 架构越来越"重"，信息化成本逐年提升，从基础架构到开发、维护，每个环节都有大量的成本投入。对于国内进入世界五百强的大部分企业来说，每年都会发生高昂的财务信息化开支。而财务本身作为这些系统的重要业务应用者，是这些成本的直接承担者，并最终会通过定价收费或者分摊的方式将这些成本再进一步转嫁给服务对象。而在服务对象对收费越来越敏感的今天，控制成本、降低定价成为很多企业财务共同的压力。

将财务系统架构于 IaaS 模式之上，能够以较低的成本来实现基础架构的部署，能够以"轻"IT 的方式来实现财务信息系统的建设。

2. 使用基于 SaaS 模式的财务应用系统

SaaS 是在云计算中最容易被理解也最常被应用的一种模式，财务人更是 SaaS 模式的直接使用者。在这种模式下，财务并不构建自己企业内的独有财务信息系统，而是选择租用第三方云服务产品。这种第三方产品的提供商需要对财务业务流程有深刻的理解，能够在产品设计时充分考虑到不同企业的差异化需求，并通过灵活的后台管理功能来实现快速配置部署。企业财务选择此类云服务产品的前提是，企业在整体的信息化战略和信息安全评估上能够通过。

3. 财务以 SaaS 模式提供对外服务

一些企业的财务会尝试进行对外能力输出。这种能力输出有两种形态。

一种形态是将自身的管理经营积累转换为系统产品，并将产品面向社会提供服务输出。在这种情况下，输出方可以考虑采用 SaaS 的方式架构自身的产品，让用户通过租用的方式来使用产品，从而获得输出方所积累的管理经验。

另一种形态是财务共享服务中心对外输出，也可以简单理解为财务外包。在这种情况下，所提供的是基于 HRaaS 模式的对外服务。内地代理记账市场也在向这种模式靠拢，一些看得比较远的代理记账服务商已经在使用共享服务的管理模式，向大量的中小客户提供服务。

这里需要特别强调的是，云服务产品的开发本身是一个高复杂性和高成本的事项。由于云服务系统需要满足用户的差异化需求，对其产品设计的可配置性和灵活性要求都是极高的。同时，云服务产品还需要满足多操作平台、多浏览器兼容的需求，如果涉及移动端，对差异化移动平台的兼容则更加复杂。这些都会带来产品研发的高成本投入。

企业财务在考虑使用云计算提供 SaaS 模式系统服务的时候，需要考虑未来自身规模和发展能力，如果无法在经营上取得很好的投入产出结果，则应当慎重投资云服务产品。

三、区块链

（一）区块链的概念

1. 区块链的定义

狭义来讲，区块链是按照时间顺序将数据区块以顺序相连的方式组合成的一种链式数据结构，并以密码学方式保证的不可篡改和不可伪造的分布式账本。

广义来讲，区块链技术是利用块链式数据结构来验证与存储数据、利用分布式节点共识算法来生成和更新数据、利用密码学的方式保证数据传输和访问的安全、利用由自动化脚本代码组成的智能合约来编程和操作数据的一种全新的分布式基础架构与计算方式。

2.基础架构模型

一般说来，区块链系统由数据层、网络层、共识层、激励层、合约层和应用层组成。数据层封装了底层数据区块以及相关的数据加密和时间戳等技术；网络层则包括分布式组网机制、数据传播机制和数据验证机制等；共识层主要封装网络节点的各类共识算法；激励层将经济因素集成到区块链技术体系中，主要包括经济激励的发行机制和分配机制等；合约层主要封装各类脚本、算法和智能合约，是区块链可编程特性的基础；应用层则封装了区块链的各种应用场景和案例。

该模型中，基于时间戳的链式区块结构、分布式节点的共识机制、基于共识算力的经济激励和灵活可编程的智能合约是区块链技术最具代表性的创新点。

（二）区块链与财务管理

1.跨境清结算

从目前国内的清结算交易来看，清结算面临的问题并不严重，反而是在跨境清结算交易的过程中面临较大的压力。在跨境付款过程中，非常重要甚至可以说绕不开的是 SWIFT 组织。它通过一套基于 SWIFT Code 的代码体系，将各个国家的银行构建为网络，并实现跨境的转账支付交易。对于这套体系来说，高昂的手续费和漫长的转账周期是其极大的痛点。而对于在整个交易过程中处于中心地位的 SWIFT 来说，改变自身的动力并不强。但区块链技术的出现为打破这种基于中心组织的清结算体制带来了可能。去中心化的区块链交易使得全球用户有可能基于更低的费用，以更快的速度完成跨境转账。

2.智能合约

智能合约同样是一个涉及双方甚至多方信任的场景。当然，从单纯的合约概念来说，它并不是一个财务概念，而是企业之间进行商贸活动的契约。但是在区块链技术的支持下，合约的可信度得到很大的提升，并且基于电子数据完成合约的签订和承载后，合约背后的财务执行就可以更多地考虑自动化处理。简单地说，智能合约所有的触发条件都是可以用计算机代码编译的，当条件被触发时，合约由系统而非一个中介组织来自动执行。

在没有区块链的时候，智能合约依赖的中心系统难以得到合约双方的认可，而区块链的出现，使得这一同步于互联网提出的设想成为可能。而基于智能合约自动触发的财务结算、会计核算等处理都将极大地简化财务处理，并有力地支持智能财务的实现。

3.关联交易

在财务领域，关联交易的处理一直是困扰财务人员的一个难题。由于关联交易各方的账簿都是由各自的属主管理的，这就关联交易发生后各方账簿进行记账和核对的工作异常复杂。与有一个中心的账簿不同，在关联交易模式下没有中心，也没有区块链下可靠的安全记账机制，这就使得很多时候关联交易核对出现问题。一些大型企业也试图解决这样的问题，但在区块链出现之前，大家的探索方向是试图构建一个中心，让所有的关联交易方在这个中心完成交易登记，从而实现类似于银行清结算的对账机制。而区块链的出现，让我们可以探索另一条道路，既然无中心了，那么就更加彻底，通过区块链的去中心化特征和其可靠的安全机制来实现新的关联交易管理模式。

4.业财一致性

另一个和关联交易有些类似的场景是长期困扰我们的业财一致性问题。如果说关联交易是法人与法人之间的交易，那么业财一致性要解决的就是业务账与财务账之间的关系。相比来说，构建一套业财区块链账簿体系更加复杂由于在企业中各个业务系统在建设的时候往往都是以满足业务发展为基本出发点的，这就使得多数的业务系统根本没有考虑对财务核算的影响，也正是这一点导致当下不少大型企业中业财一致性成为难点。如果使用区块链技术来解决这一问题，就需要在业务系统和财务系统底层构建一套分布式账簿，并由此取代现在的业财会计引擎的模式。从将业务数据自行记录传输至会计引擎转换为会计分录进行记账的模式，转变为业务和财务双方平行账簿记账的模式。业务和财务都同步保留业务账和财务账，从根本上实现业财一致。当然，这个过程可能会造成海量的数据冗余，且技术实现也更为复杂。

5.社会账簿和审计的消亡

最后要研究的是一种终极场景：如果整个社会的商业行为完全都基于区块链展开，那么对于财务来说，就不会再是每个企业自行记账的模式了。每个企业都是区块链上的一个节点，企业与企业之间所发生的所有交易都通过区块链进行多账簿的链式记账，这就很难出现假账。而同时，高可靠性的全社会交易记载，对税务、财政等监管模式也会带来极大的影响，很可能发票也失去了其存在的价值。监管审计、第三方审计都可能失去其存在的必要性，并最终导致审计的消亡。

第三节　新经济下的财务信息化规划

一、财务信息化概念架构

（一）软件架构

对于财务来说，软件架构这件事情听起来还是有点复杂的，说得通俗一点，就是要搞清楚，一个系统中有哪些构成部分，这些构成部分是怎样相互发生作用的。那么所谓的新经济下的财务信息化架构，就是要搞明白，和传统财务信息化架构相比，多了哪些构成部分，以及各部件之间相互作用的方式发生了怎样的变化。"有什么功能"可以称为功能架构，功能加上交互关系后形成的架构可以称为逻辑架构。而在实际的软件架构设计中，还有多个视角的架构理解，如开发架构、运行架构、物理架构、数据架构等。

（二）财务智能化功能架构解析

1. 功能架构中的数据层

这里先要说的是智能财务信息化架构下的数据层。和传统财务信息化架构相比，最重要的是数据的内涵发生了变化。在传统架构下，处理的主要是结构化数据，而在引入大数据技术后，结构化数据已经无法满足财务信息系统对数据的需求，非结构化数据被引入，并且成为非常重要的构成部分。

因此，在功能架构的数据层中，系统对结构化数据和非结构化数据同时提供相应的管理功能，从数据的采集管理、对接管理、存储管理等方面进行相应的功能支持。

2. 功能架构中的智能引擎层

智能引擎层是架构中的另一个重要层次。之所以叫作智能引擎层，是希望在搭建智能时代财务信息系统架构时，能够对关键的支持技术进行组件化，并以引擎的形式来支持不同业务场景的应用。引擎层是一个公用的技术平台，在不同的应用场景中，能够灵活地调用相关引擎来实现配套的业务应用，从而实现整个财务信息化架构底层技术工具的共享。在智能时代的财务信息化架构中，可抽象出的引擎主要包括以下几个方面。

第一，图像智能识别引擎。图像智能识别引擎主要用于广泛地进行图片信息的识别方面，能够支持对结构化数据的采集；另一方面，也能够支持对非结构化数据的信息提取。同时图像智能识别引擎可以利用机器学习来提升自身的识别能力，从而扩大可应用的价值和场景。

第二，规则引擎。规则引擎作为初级人工智能应用，会在整个财务信息化中发挥重要的作用。通过灵活、可配置的规则定义，支持在财务流程中基于规则进行大量的判断、审核、分类等应用。规则引擎的完善，一方面，依赖于经验分析后的完善；另一方面，也将基于机器学习引擎来辅助规则完善。

第三，流程引擎。流程引擎无论在哪个时代都十分重要，好的流程引擎能够全面提升财务信息系统的水平。而在智能时代，流程引擎的驱动仍然是规则引擎，而规则引擎又基于机器学习得以完善优化，并最终带来流程引擎能力的提升。

第四，大数据计算引擎。大数据计算引擎是相对独立的，基于大数据的技术架构，能够处理海量的包括结构化数据和非结构化数据的计算。大数据计算引擎的实现，能够使财务在大数据方面的应用场景得到真正的技术支持，而不是传统计算模式下的伪大数据。

第五，机器学习引擎。机器学习引擎应当能够实现监督学习和非监督学习，通过大量的不同业务场景的数据学习训练，形成相应的优化规则，并依托规则引擎作用于各种业务场景中。从这个意义上来讲，机器学习引擎有些像规则引擎的后台引擎。

第六，分布式账簿引擎。对于区块链的应用，需要在底层搭建各类分布式账簿，而我们可以考虑通过引擎化的方式，将这种分布式账簿的搭建变得更为标准和可配置。当然，这需要区块链技术实现进一步的抽象——从技术概念走向业务简易应用的概念。有了分布式账簿引擎，基于区块链的应用可以得到进一步的加速。

3. 功能架构中的业务应用层

业务应用层是最重要的一个层次。在业务应用层中，我们从财务业务模块和技术两个角度实现了场景功能的匹配，从而形成了相对清晰的智能时代财务信息化应用的功能场景蓝图。它可以成为有意致力于智能时代技术深度应用的企业的思维导图，并据此展开规划和实践。下面我们从财务业务模块的视角来逐一说明。

第一，共享运营。对于共享运营来说，在智能化方面的应用场景是相对较多的，这也是由其作业运营的特点所决定的。信息技术的进步，本身对运营效率的提升就是最直接的。

第二，资金 / 司库管理。在资金管理中与共享流程密切相关的部分已经被归入共享运营中体现，而针对资金管理和司库管理来说，主要的应用在于提升基于大数据对资金和司库管理的分析、决策能力。此外，物联网技术对于账户UKey、用印安全管理也将发挥重要作用。

第三，会计报告。会计报告对新技术的应用主要集中在区块链对关联交易以及业财一致性的支持上。同时，类似于智能编辑，这样的场景可以应用于会计报告的智能化。而在这个领域，也会引发对未来套装软件是否能够支持智能化应用的思考。

第四，税务管理。税务管理在税务风险控制方面可以应用人工智能技术来进行支持，在税负分析、税费预测等领域也可以考虑引入大数据，充分利用企业内外部数据来提升分析质量。此外，税务管理中所涉及的不少应用场景也会前置到其他业务或财务系统中。

第五，成本费用管理。成本费用管理在费用分析方面可以考虑与大数据相结合，而在移动互联网方面，可以进行服务及商品采购的前置和线上管理，从而获得更好的管控效果。

第六，预算管理。预算管理的技术应用主要集中在大数据方面，通过大数据，加强对预算预测和资源配置的管理能力的提升。

第七，管理会计。管理会计本身在技术层面的起步就比较晚，因此它的实现仍然基于传统技术方式。但在管理会计报告的编制中，可以考虑采用智能编辑模式，盈利分析可以考虑引入广义数据，增强分析的实用性。

第八，经营分析。在经营分析这个领域，大数据能够有较大的应用空间。通过数据范围的扩大，相关性分析的引入，经营分析能力能够得到提升。

二、财务与科技的信息化协同

（一）来自协同问题的挑战

1. 财务内部信息化协同面临的挑战

（1）信息化建设在财务部门之间的分散

很多企业的财务信息化建设并没有实现统一集中的管理。在通常情况下，财务信息化建设是各个不同的职能部门从自身的业务需求出发进行的，比如，负责会计报告的部门建设了核算系统，负责预算的部门建设了预算编制系统，负责资金管理的部门建设了资金管理系统等。在这样的背景下，系统建设完成后，相关系统的后续运维和优化也保留在了相应的业务部门。从需求和系统建设的关联角度来看，这样的管理模式未必是坏事情，但是当不同部门管理的财务系统要实现整合、集成甚至内部平台化的时候，就会出现问题。部门间系统管理的割裂，成为系统间有效集成的障碍。而在智能时代，对数据和流程的集成提出了更高的要求，信息化建设在财务部门间的分散将成为掣肘。

（2）智能化认知程度在不同部门之间的差异

智能时代信息技术的广泛应用，需建立在财务的各个领域对智能技术达成共识，并且基于这种共识共同推动智能技术的基础建设上，在此基础上进一步架构不同业务应用场景。而如果财务的各个业务部门之间未达成同等层次的共识，则会造成不同部门在技术路径选择、资源投入等方面产生分歧。当然，分歧的产生并不是一定会阻碍财务向智能化道路的迈进，但必然在这个进程中带来更多的争议和损耗，并最终造成这一进程的放缓。也不排除在极端情况下，因为分歧过于严重，使得整件事情回归原点。

2. 科技部门内部信息化协同面临的挑战

（1）基于独立而非产品平台的后遗症

受到财务部门需求的影响，科技部门在建设系统时，往往也是根据财务的划分，建立了一个个不同的、独立的系统，在进行集成的时候，不同的系统之间进行数据的交互打通。在这种模式下，科技部门内部往往会为每个系统配备相对独立的项目团队。而由于财务部门本身缺乏统筹，科技部门内部也容易放任各财务系统的项目团队各自发展，并最终造成割裂。在这种情况下，就会产生后遗症。由于每个系统都是各自打地基的，地基之间无法打通，造成各个系统的风格不同，系统管理方式不同，并导致用户体验差，且系统维护困难。而更严重的是，科技部门各个项目团队之间缺乏技术交流，一项新技术在某一系统应用后，其他系统团队毫不知情，更不要说技术共享了，这与智能时代高频技术革新的需求格格不入。

（2）新技术团队与传统财务科技团队的割裂

不少公司对智能化技术的研发往往并不是从财务开始的，更多的技术是为了满足业务场景研发出现的。一些企业在进行了大量业务场景的实践后，做了技术提炼，并构建了智能技术的各类实验室，如大数据实验室、区块链实验室、人工智能实验室等。而这些实验室在形成通用的技术基础后，又进一步反哺业务场景。在这个循环中，很遗憾的是，作为服务于后台业务的财务科技团队往往成为局外人。科技部门内部前后台团队的割裂，以及新技术实验室和传统实现团队之间的割裂，都可能让财务无法分享到最新的技术成果。

3. 财务部门与科技部门之间信息化协同面临的挑战

（1）需求场景和技术对接渐行渐远

财务部门与科技部门之间对接的关键在于如何把业务需求转换为系统实现的语言。在传统的财务信息化阶段，这一直就是让人纠结的问题。很多企业的财务部门不了解科技部门的思维方式，而科技部门也难以理解财务和会计的语言，导致二者之间的需求转换往往会出现偏离。好在不少企业意识到了这个问题，并设法在二者之间设置了衔接团队，进行业务需求的转换。

但在智能时代，原本设置的衔接团队会面临更大的挑战。一方面，财务的衔接团队会发现，基于智能技术的需求场景的挖掘更加困难，由于对新技术的理解不够深刻，往往对这些智能技术能够做什么没有吃透，在这种情况下，显然更难以想清楚能够解决怎样的业务问题了；另一方面，科技部门也更容易沉迷于对技术本身的研发，成为"技术控"，反而忽视了对财务应用场景的支持，就技术论技术，难以结合业务实际。这两个方面的问题最终造成需求场景和技术对接渐行渐远。

（2）条状对接和技术平台发生冲突

如果科技部门的组织设置与分散的财务模块相匹配，就会带来科技部门内部的协同问题。而如果仅仅科技部门单方进行努力，将其内部的割裂团队打通，形成技术平台，那么即使有所进步，也还是没有从根本上解决问题，反而会进一步引发新的问题，造成来自财务部门的条状需求和科技部门平台建设之间的冲突。

在科技平台化、财务分散化的模式下，财务信息化建设仍然分散在各个不同的财务部门内，而相关业务需求的提出是以各个财务部门条状向科技部门进行传达的。在这种情况下，已经实现了平台化的科技部门在面对这些时间不一、规划不一、深浅不一的需求时就会面临问题。由于无法进行像之前独立系统团队模式下的自主响应，科技部门内部需要对接收到的需求进行统筹评估，需要向需求方反馈平台的统一规则，并引导需求方去接受平台的约束。这一过程往往也伴随着大量的沟通和冲突。

4.企业与业务单元之间信息化协同面临的挑战

（1）标准化和个性化的冲突

对于企业来说，如果财务信息化有条件构建在一个相对标准化的架构之上，那么这是一件好事情。在实践中，也有很多企业一直致力于实现这样的大集中架构模式。但是对于具有多元化特征的企业来说，要做到这一点极其不易。

企业内部的业务单元有其各自的业务发展诉求。特别是对于多元化企业来说，不同业态下的业务单元其个性化诉求尤为强烈。在这种情况下，要在企业层面建设一个相对标准化的平台来满足不同业态的个性化需求，就会造成企业标准化和业务单元个性化诉求之间的冲突。如果一味地满足企业的需求，业务单元的发展就会受到影响；而如果完全满足业务单元的诉求，对企业管控也会带来显著的伤害。如何平衡二者之间的关系，构建能够同时解决标准化和个性化诉求的平台成为核心问题。

（2）渐进和突发的冲突

在财务智能化建设的节奏上，对于企业来说，往往希望能够遵循所制订的计划，有条不紊地完成信息化建设。而对于业务单元来说，很多时候信息系统的建设需求存在突发性，往往为了解决业务痛点，需要进行紧急的系统建设。在这种情况下，对于企业来说，渐进的节奏会受到突发情况的冲击，如果无法及时对业务单元进行响应，则会加剧二者之间的冲突。而如果业务单元一味地强调自身的突发性，不考虑整个企业信息化建设的节奏，也会带来问题。渐进和突发的冲突是在企业信息化、智能化建设中不得不面对的挑战。

（3）在信息上二者之间穿透和独立的冲突

企业和业务单元之间还面临着信息"穿透"和"独立"诉求的冲突。对于企业管控来说，实现对业务单元的信息穿透是信息系统建设的重要诉求，要做到这一点，大集中的财务信息化建设模式是核心。但对于业务单元来说，保持其信息的独立性或私密性，也往往是其所希望做到的。二者之间的博弈关系一方面取决于企业管控的形态，另一方面也会夹杂着监管要求的影响。特别是对于上市公司来说，信息的独立性就存在监管要求，企业与业务单元在信息"穿透"和"独立"上的分歧或冲突是天然存在的。在刨除监管因素后，信息穿透力度更多地取决于企业在管控模式上对业务单元的控制力度。

（二）财务信息化协同体系

1.财务构建统一的信息化中枢

对于财务组织内部来说，要打破信息化的建设边界。打破边界的方法可以考虑在财务体系中构建统一的信息化中枢，这个信息化中枢可以是实体组织，也可以是虚拟组织。实体组织可以体现为财务信息化团队或部门的形态，如某领先互联网企业内部设有财经IT部，某大型国有商业银行有会计信息部这样的组织，这些实体化的专有组织能够在财务体系内部起到统筹协调的作用。而对于没有条件设立统一财务信息化团队的企业来说，可以考虑设立虚拟机构，如设置财务信息化管理委员会之类的跨部门统筹组织。尽管它在力度上弱于实体组织，但也能够起到一定的统筹协调作用，并且在财务信息化架构搭建和重大项目的推进过程中发挥重要作用。

2.科技面向财务的团队和架构的私人订制

对于科技部门来说，要实现与财务的紧密协同，应当考虑构建面向财务提供服务的专属团队。在这样的专属团队中，应当从组织架构上打破传统按业务模块独立设置团队的模式，构建能够更好地匹配未来的平台化架构，包括专属需求分析团队、架构师团队、公用平台研发团队和场景实现团队面向财务的私人订制。需求分析团队应当能够有效支撑智能技术与财务需求团队的对接；架构师团队能够站在产品化和平台化角度，科学构建财务信息化架构；公用平台研发团队应当能够打通财务各业务模块的底层，对可公用的技术功能进行组件化研发，并实现在不同业务场景中的应用；而场景实现团队则在公用平台的基础上，针对不同的业务场景需求来进行技术实现。通过这样一个平台与客制化相结合的科技团队组织来实现对财务智能化的有力支持。

3.科技内部市场化实现新技术引入

对于科技内部各类"黑科技实验室"之间的协同，不妨考虑引入市场化机制。由于各类"黑科技实验室"主要的服务对象是企业的业务场景，而对于作为后台的财务场景来说，要想获得大力度的支持并不容易。在这种情况下，引入市场化机制，通过内部交易的形式，向"黑科技实验室"付费购买相关技术支持，能够充分调动"黑科技实验室"协同的积极性，也能够更好地从机制上让财务和业务站在同一条起跑线上。当然，并不是所有企业都有条件去建立内部市场化机制，必要的时候，寻求行政命令资源的支持也是可行之路。

4.企业推行产品平台并定义自由度

对于企业来说，要满足标准化与个性化的平衡，不妨考虑将企业自身视为财务智能化产品的提供商，在企业层面构建基于产品化理念，设计信息化平台。在产品的设计过程中，企业应当充分引入业务单元来进行产品化需求的论证和设计，通过大量的调研形成需求，并最终搭建平台。各个业务单元在实际部署信息化时，企业将其当作一个产品客户，通过进一步的需求调研，引入实施方法论，在产品化平台的基础上进行配置实施和少量且可控的客制化开发。

通过这种模式，企业财务能够搭建一个开放式的财务智能化产品平台，并借助平台实现管理的标准化和自由度的定义。

在财务智能化进程中，财务与科技的协同是一个技术与艺术并存的话题，找到合适的平衡点、实现双赢是财务智能化之路成功的关键。

三、成为智能时代的财务产品经理

智能时代财务管理的基础是信息技术，对于财务来说，好的技术平台的支撑，能够帮助企业在智能化道路上走得更远，也能够让企业有更多的机会去实践财务创新。而在这个过程中，传统的财务信息化支持人员已经难以满足要求，企业需要智能时代的财务产品经理来助力企业走上财务智能管理之路。

（一）财务产品经理的概念

产品经理是随着产品形态的发展而发展的。早期的时候，产品大多数是实体化的，如家里的电视机、洗衣机等都是实体化产品，产品经理则是管理这些实体化产品全生命周期，从概念提出到设计、生产、营销、销售、配送、服务等全过程的角色。而随着社会的发展，产品的形态也在改变，能够解决问题的东西不仅仅是实体，一个好的创意、管理方法也都可以称为产品，产品经理不再局限于"理工男"。而当信息技术、互联网快速发展后，软件产品、互联网产品快速风靡，面向软件和互联网的产品经理成为重要人群。但无论哪一种产品、哪一种产品经理，其本质都是一样的。

优秀的产品经理的价值就在于要做出能够解决问题、让客户满意的好产品。

具体而言，产品经理要做到：（1）从各种各样的需求和想法中找到要解决的问题，以及相匹配的产品方向；（2）为产品做一个长期的布局和规划，知道什么时候该走到哪里；（3）进行产品设计，参与产品的开发、测试和上线；（4）参与产品推广方案的设计，用营销思维让客户接受这个产品；（5）积极进行产品培训和用户支持，得到更多改善产品的反馈；（6）关注市场动态和竞争对手，随时进行产品规划的调整。

（二）财务产品经理的定位

首先，财务产品经理应当是财务组织中的一分子，其核心职能是设计财务信息系统来解决财务工作中各类业务场景所遇到的问题。因此，将财务产品经理设置于财务团队内部能够更好地发现用户的问题，并设计出更有针对性的产品解决方案。

其次，财务产品经理应当将主要精力放在搞明白需求、设计出用户体验卓越的好产品上。同时，充分挖掘工程师们的"黑技术"，把好的技术应用到财务场景中。财务产品经理既不应当越位工程师的角色，也不应当任由工程师团队替代。

最后，我们也要意识到，财务业务人员并不适合在没有经过充分训练的情况下直接成为财务产品经理。财务产品经理是一个复合型人才的角色，其核心能力在于财务知识与技术能力的有机融合。纯粹的业务人员来设计产品会缺少全局观，难以把握架构和流程，并在与工程师的对接过程中出现翻译的偏离。

（三）智能财务产品经理的特质

1. 新技术的敏感性

作为应用技术来解决财务问题的财务产品经理，对技术的敏感性是不可或缺的。特别是在智能时代，技术快速迭代，对这种能力的要求更为突出。当前处于信息化时代向智能时代转变的边缘期，在这个期间，技术的多变和创新的层出不穷会成为常态，每一个财务产品经理都应当具备高度的技术敏感性，把握时代赋予的机会。

2. 新技术的财务场景化能力

对于财务产品经理来说，一旦敏锐地捕捉到新技术的出现，最重要的一件事情就是能否将这些新技术用于解决实际的问题，也就是这里要说到的新技术的财务场景化能力。实际上，业务问题出现的载体是业务场景，空谈一项技术是没有任何意义的。但作为财务产品经理，能够识别出业务部门的痛点，抽象出业务场景，分析出什么样的技术能够解决怎样的场景问题，那么其就是一个高水平的产品经理。

3. 产品化和平台化架构能力

在传统的财务信息化模式下，由于技术变化相对缓慢，高度定制化的信息系统也能够满足不少的用户需求，且保持稳定性。但随着智能时代的到来，技术的加速革新，缺乏扩展性的定制系统将难以承载业务需求，产品化和平台化成为趋势。

对于财务产品经理来说，产品化和平台化架构能力的形成并不是那么容易的。在传统模式下，只需要就问题解决问题，用西医的方法就足够了，而在产品化和平台化架构下，需要用中医思维来解决问题，能够站在一定的高度上对财务信息化产品中各个功能组件和关联关系进行具有前瞻性的规划，并能够在技术实现上植入充分的可配置性和扩展性。这种能力的形成无论在专业上还是在思维能力上，都对现有的财务产品经理提出了更高的要求。

4. 产品价值挖掘能力

在智能时代，好的产品经理不能仅仅技术过硬，还需要会讲故事。对于所负责的产品，能够充分挖掘产品的价值，并与产品的相关方达成共识；能够更好地获得资源保障，更好地获取用户的信任并形成更可靠的需求；更好地获得管理层的支持，保障产品设计最终落地。

在通常情况下，智能时代的财务产品经理应当能够讲清楚产品实现在成本、效率、风险或管控、决策支持、客户体验等方面的价值。通过这一系列的价值共识，把产品推入高速发展的轨道。

（四）从财务IT成长为智能产品经理

1. 专业深度的成长

专业深度尤为重要。在智能时代，如果要成为合格的产品经理，就需要进一步加强技术知识的储备。当然，这种加强并不是要求达到工程师的水平，而是要在现有的运维、需求分析能力的基础上，补充新技术领域的相关知识。

同时，专业深度还体现在对产品化、平台化架构方面的知识体系的完善上。当然，相关的具体工作将由科技部门的架构师团队来完成，但作为产品经理，需要有能力判断和评价架构师的设计，并有能力参与相关架构设计工作。

2. 专业广度的成长

对于财务产品经理来说，要打造出智能时代的财务好产品，就必须能够更加深入地承担起业务场景与信息技术相结合的中间角色。这个中间角色在业务层面要求财务产品经理具有更加广阔的专业视野。

财务产品经理应对财务的各业务领域有广泛的了解，如核算、预算、资金、管会、经营分析、税务、共享等。具备了这些财务专业范围内的广度，能够帮助产品经理实现第一个层次——财务各职能团队与科技之间的对接。

然而，财务产品经理不能仅仅满足于这个层次的专业广度，还需要进一步将视野扩大到各中前台业务中，需要覆盖到公司经营的各类业务系统，并能够对业务与财务端到端的全流程数据流转和系统架构有所掌握。在这种情况下，才能更好地通过信息技术实现业务与财务的一体化。

3. 认知创新的成长

对于产品经理来说，需要更多地去研究和学习创新的工具和方法。创新本身是一门科学，而并非是守株待兔式的等待创意的过程。对于财务产品经理来说，如果要想培养出自身的创新能力，需要积累大量的跨界知识，而不仅仅是财务和科技类的知识。很多时候，创新的灵感来自貌似不相干的领域的突发刺激，当积累了足够广度的素材后，所谓的各种创新工具和方法才有可能发挥作用。

当然，实践是创新的根源，作为智能时代的财务产品经理，需要积极地将想法付诸行动，哪怕是推演都能帮助我们加深思考，并在深度思考的过程中获得认知和创新能力的提升。

参考文献

[1] 王世渝. 数字经济驱动的全球化 [M]. 北京：中国民法制出版社，2020.12.

[2] 闫德利. 数字经济：开启数字化转型之路 [M]. 北京：中国发展出版社，2019.11.

[3] 刘继承. 数字化转型2.0数字经济时代传统企业的进化之路 [M]. 北京：机械工业出版社，2021.11.

[4] 郭萌. 数字经济企业财务金融面临的危机与挑战 [M]. 哈尔滨出版社股份有限公司，2021.03.

[5] 罗进. 新经济环境下企业财务管理实务研究 [M]. 北京：中国商业出版社，2019.06.

[6] 董俊岭. 新经济环境背景下企业财务会计理论与管理研究 [M]. 中国原子能出版社，2019.03.

[7] 孙彦丛，郭奕，扶冰清. 数字化时代的财务中台 [M]. 北京：中国财政经济出版社，2021.06.

[8] 徐燕. 财务数字化建设助力企业价值提升 [M]. 华南理工大学出版社有限公司，2021.12.

[9] 陈春花，徐少春，朱丽，钟皓，刘超. 数字化加速度工方式人力资源财务的管理创新 [M]. 北京：机械工业出版社，2021.06.

[10] 周建新，计效园等. 铸造企业数字化管理系统及应用 [M]. 北京：机械工业出版社，2020.06.

[11] 李曦寰. 超越颠覆金融数字化转型战略与管理 [M]. 北京：中国金融出版社，2020.12.

[12] 王连娟，田烈旭，姚贤涛. 数字化时代企业知识管理案例研究 [M]. 北京：北京邮电大学出版社，2020.01.

[13] 刘涵宇. 数字化思维传统企业数字化转型指南 [M]. 北京：机械工业出版社，2022.01.

[14] 叶怡雄. 企业财务管理创新实践 [M]. 北京：九州出版社，2021.03.

[15] 杨启浩，张菊，李彩静. 现代企业财务管理与管理会计的融合发展 [M]. 吉林科学技术出版社有限责任公司，2021.06.

[16] 胡椰青，田亚会，马悦. 企业财务管理能力培养与集团财务管控研究 [M]. 长春：吉林文史出版社，2021.05.

[17] 邹娅玲，肖梅峻. 财务管理 [M]. 重庆：重庆大学出版社，2021.01.

[18] 朱学义，朱林，黄燕. 财务管理学 [M]. 北京理工大学出版社有限责任公司，2021.01.

[19] 胡娜. 现代企业财务管理与金融创新研究 [M]. 吉林人民出版社有限责任公司，2020.06.

[20] 张顺华. 中小企业财务管理问题研究 [M]. 吉林出版集团股份有限公司，2020.06.

[21] 郭艳蕊，李果. 现代财务会计与企业管理 [M]. 天津：天津科学技术出版社，2020.05.

[22] 付艳. 小企业财务核算与管理研究 [M]. 沈阳：辽宁大学出版社，2020.01.

[23] 陈德智，毕雅丽，云娇. 金融经济与财务管理 [M]. 长春：吉林人民出版社，2020.04.

[24] 于艳. 企业财务管理实践应用 [M]. 北京：中国纺织出版社，2019.09.

[25] 王玉珏，聂宇，刘石梅. 企业财务管理与成本控制 [M]. 长春：吉林人民出版社，2019.12.

[26] 李俊秀. 企业财务管理的转型与创新研究 [M]. 昆明：云南人民出版社，2019.07.

[27] 刘媛，姜剑，胡琳. 企业财务管理与内部审计研究 [M]. 黄河水利出版社，2019.07.

[28]阮磊.内部控制与企业财务管理绩效研究[M].长春:吉林大学出版社，2019.03.

[29]杨林霞，刘晓晖.中小企业财务管理创新研究与改革[M].长春:吉林人民出版社，2019.12.

[30]武建平，王坤，孙翠洁.企业运营与财务管理研究[M].长春:吉林人民出版社，2019.10.